「プライベートバンキング」刊行にあたって

　この「プライベートバンキング」は、公益社団法人日本証券アナリスト協会が2012年10月に公表した富裕層ビジネスを主体とする「プライベートバンキング（PB）教育プログラム」（PB資格試験制度）のためのテキストで、上下2巻、「はじめに」に続く7つの章で構成されています。

　執筆陣は当協会の「PB教育委員会」のメンバーであり、いずれもわが国のプライベートバンカーを代表する方々です。さらに当協会スタッフも参画してこのほど刊行に至ったものです。

　テキスト作成にあたっては、プライベートバンカーを目指す人々が勉強するために利用するのみでなく、自らの人生設計に役立てたい人達の学習の一助にしたい、さらには広くわが国の金融文化の向上に資するものであって欲しいとの強い願いも込めています。実務的なテキストであると同時に、一般の読者にも広く読まれるよう、事例を多数盛り込んであります。

　振り返ってみますと、わが国では、富裕層あるいは、いわゆるマス富裕層を対象顧客とするプライベートバンキング（PB）業務、これに携わるプライベートバンカーという職業は、時に盛り上がりを見せても、残念ながらこれまでのところわが国の金融文化の中で根付いているとは言えません。

　個人の金融資産が1,800兆円にも上る一方、高齢化・少子化が急速に進む中で、運用にとどまらず如何に円滑に資産を承継していくか、事業承継を進めていくかは、個人にとっても、サービスを提供する金融機関にとっても、さらに国民経済的にも喫緊の課題です。しかしながら、こうした金融サービスは未だ試行錯誤の段階にとどまっているのが実情であり、早急に金融資産運用のみならず、信託や不動産、税金等のノウハウを含め、有機的に組み合わせた包括的なサービスを確立し、現状を打開していく必要があります。

　それだけにPBの業務範囲は極めて広く、一方、PBを志す人々にはこれまで

i

体系だった適当な勉学や実務習得の機会がなかったのも事実です。

　こうした状況を踏まえ、いわば業種横断的な組織であり公益法人でもある当協会、また50年余にわたり証券アナリストという金融のプロを育成してきた当協会こそが、PB教育になお踏み出す必要があると考え、このテキスト作成に至ったものです。

　PBに求められる知識の全体像については2011年5月に当協会「PB教育研究会」（現PB教育委員会）が公表したPB基礎知識体系（PB CKB）をご覧いただければと考えています。PB基礎知識体系は「プライベートバンキング」下巻に付録として掲載しています。

　それにしてもPBに関して学ぶべきことは膨大であり、これを全分野をカバーした一連のテキストとして纏めるには無理があります。従って、このテキストではPBにとって重大な意味を持つリレーションシップ・マネジメントや職業倫理をはじめ、必要とされる分野にわたってコメントするとともに、税の関係についてはその多くを市販の書物を活用し、また狭義の資産運用については、当協会発行のテキスト「資産運用・管理の基礎知識」を提供して対応しています。読者の皆さんにはこの点ぜひご理解いただきたいと思います。

　わが国の法令をはじめとする各種制度や取引慣行は複雑でありPBにとってやりにくさがあることは確かですが、グローバル化がマクロ的にもミクロ的にも急進展する中で、欧米中心に富裕層ビジネスとそれをめぐる教育活動は国境を超えて活発さを増しています。これらに対応していく上でも所要の知識を本格的にかつ体系的に学んでいく必要があります。

　このテキストが皆さんの知識の獲得、実践の面でお役に立つことを、そしてPB資格取得の上でも大いに貢献することを願っています。

公益社団法人　日本証券アナリスト協会

専務理事　前原康宏

はじめに

はじめに

1．プライベートバンキング（PB）教育プログラムの全体像

⑴　プライベートバンキング（以下PBと略称）教育プログラムは、富裕層やいわゆるマス富裕層に多様なサービスを提供するプライベートバンカーを本格育成するための、日本で初めての教育プログラムです。

　金融機関の窓口担当者や顧客担当渉外員、PB業務に従事するスタッフ・管理職、さらにその上級幹部クラスを含む幅広い層を対象に、PBに関する知識や考え方を実務に即した視点から効率よく学ぶ機会を提供します。

　また、自らの生涯設計や資産保全に役立てるべく自らのために学びたい一般の方々も念頭に置いています。

⑵　PBに関するテキストは実務重視の方針の下、2011年５月に公表したPBの基礎知識体系（PB CKB）に則った７科目、①リレーションシップ・マネジメント、②ウェルスマネジメント、③不動産、④税金、⑤信託・エステートプランニング、⑥マス富裕層、⑦職業倫理で構成されています。

　学習範囲が広汎にわたり、各章に出てくるテーマが相互に絡み合っている点が特長です。顧客の立場を尊重し顧客の利益を優先する、言い換えれば、顧客の信認を基本に置くプライベートバンカーに成長していただきたいとの願いから、リレーションシップ・マネジメント（顧客との良好な関係を築く方法）と職業倫理の２つの科目を特に重視しています。

(3) PB資格のグレードは初歩的なものからPBビジネスのリーダーに見合う
ものまで3ランクとし、いずれも資格取得のための試験を課していま
す。

①いちばん易しい「PBコーディネーター」資格はPB分野のごく基本的
な事項を学習します。

②その上の「プライマリーPB」資格は、顧客のニーズを正確に理解
し、比較的複雑かつ広範な顧客にも対応できるレベルを目指します。

③「シニアPB」資格は豊富な知識で顧客の相談に応え、投資政策書と
して顧客とともに具体的対応策をまとめあげることができるレベルで
す。

このうち「PBコーディネーター」資格と「プライマリーPB」資格に
ついては、いつでもどこでも受験が可能なコンピュータ試験で判定し
ます。一方「シニアPB」資格については、投資政策書に関する筆記
試験で判定します。

(4) 継続教育も重視します。PBの業務分野は税務や不動産をはじめ、法令、
実務が広汎かつ複雑であり、制度変更も頻繁です。また日々新たに進歩
している分野でもあり知識の陳腐化も早いため、継続的な学習が欠かせ
ません。このため当協会では資格を更新制とし、更新にあたっては実践
的な継続教育を受けるよう義務化しています。

継続教育の内容は広汎な分野にわたり、形態もPBセミナー、PB補完
セミナー、PBスクールなど多様です。セミナー要旨や動画のネット配
信を用意するなど、地方在住者や業務多忙でセミナーに直接参加できな
い方にも十分配慮したサービス体制を整備しています。PB資格保有者
のスキルの向上をできるだけ効率的かつ相対的に低コストで支援しま
す。

2．プライベートバンキングの意味するところと日本の現状

(1) まずPBとは何かを考えましょう。PB先達の欧米では、PB業務のことを

「富裕層の資産の保全ならびに効率的な次世代への承継を支援するための、金融資産の運用を中心とする包括的な個人金融サービス」と捉えています。

　もともとのプライベートバンク（Private Bank）という名称は、スイスでのプライベートバンク[注]という銀行経営形態とスイスの銀行で提供されている秘密口座（＝numbered account）のイメージが相まって、富裕層向け金融サービスとして国際的に広く認知されるようになりました。

　こうしたプライベートバンクの持つマーケティング上のイメージに便乗する形で、スイスのプライベートバンクとは異質の資本形態を取る欧米の金融機関が、自らの富裕層向けサービス部門のことをプライベートバンクと称し、その業務に携わる顧客担当者のことをプライベートバンカーと呼ぶようになったのです。本テキストにおいても、プライベートバンカーという時は、この意味で用いることとします。

（注：PB発祥の地スイスでは、200年以上前からジュネーブを中心に個人の銀行家（以下パートナーと呼ぶ）が出資し、無限責任を持つパートナーが連帯して銀行の債務に対し責任を負うプライベートバンクと呼ばれる銀行を中心に富裕層の資産運用が行われてきました。信託口座で顧客資産を受け入れ、有価証券による国際分散投資を一任勘定で運用することが業務の中心となっています。）

(2)　日本におけるPBの位置付けと特徴

①それでは日本でのPBはどのような位置付けにあるのでしょうか。結論から述べれば、残念なことにプライベートバンキングという概念は、未だわが国の金融文化の中で深く理解され、かつ浸透しているとは言い難い状況です。

　これには歴史的、制度的なさまざまな要因があるのですが、つきつめれば、㋑相続税などの税制が欧米に比べて複雑なこと、㋺土地制度も特殊であること、㋩富裕層のみならずマス富裕層の存在が非常に重要で顧客戦略が欧米とは異ならざるを得ないこと、㋥細分化されてい

る金融業務と複雑に入り組む業法・規制の存在、㋭金融機関における
短期の人事ローテーション等が主な要因です。

②しかし、このままでは欧米に立ち遅れることは必至です。わが国にお
いては、1,800兆円に上る巨額の個人金融資産が存在することはよく
知られています。この相当部分が高齢者によって保有されており、し
かも活性化されているとは言い難い状況にあります。

　そして、かつて土地本位制という言葉があったように資産の中での
不動産のウェイトが大きいという事情があります。

　こうした中で、急速な高齢化の進展が大きな影を落としています。
金融資産や不動産の保全、次世代以降にどう引き継いでいくかが、個
人にとって運用以上に重要になってきているとも言えます。この高齢
化の問題は、日本経済を支える中小企業や個人事業のオーナー、その
家族にとっても大きな影響を与えています。

　加えて近年のグローバル化の急速な進展の影響がPB業務との関連
でも見逃せません。投資、運用の分野のみならず、個人の生活の分野
でも同様であり、グローバル化はPBの重要性を高めるとともに、複
雑さを増す要因となっています。

③上記の①や②の事情が背景となって、日本におけるPBの立ち遅れを
招き、また現時点におけるPBの重要性、切実性を高めているわけで
す。

　そして、ここから推測できるように、日本においては本格的なPB
の推進が難しく、従って、その教育にも少なからぬ困難が伴うのが実
情です。こうした状況を打開すべく、本邦初の本格的なPB教育プロ
グラムの提供に踏み切ることとし、本テキストの刊行に至ったもので
す。

3．日本におけるPBの具体像

⑴　このテキストにおいては、実務的な視点を基本にPB業務とそれを担う
プライベートバンカーの具体像について、以下のように整理していま
す。

　　まずプライベートバンキング（PB）業務を、先に触れた欧米の定義
に倣い「富裕層ならびにマス富裕層の資産を運用・保全し、効率的な次
世代への承継を支援する金融資産運用が中心の包括的な個人金融サービ
ス」と捉えます。そしてPB業務を手掛ける金融機関の顧客担当者のこ
とをプライベートバンカーと定義します。

⑵　プライベートバンカーがカバーする仕事の範囲は非常に幅が広く、レベ
ルの差もありますが、つきつめれば「プライベートバンカーとは富裕層
（マス富裕層を含む）のために、金融資産のみならず、事業再構築・承
継を含めた生涯あるいは複数世代にわたる包括的・総合的な戦略をベー
スに投資政策書を立案し、その実行を助けるとともに長年にわたってモ
ニタリングを続ける専門家のこと」ということになります。

　　顧客から相談され、アドバイスする分野は、相続・贈与、事業承継、
税務対策、内外不動産の取得・売却、金融・非金融資産の運用など多岐
にわたるので、こうした分野については広く一通り知っておく必要があ
ります。

　　第2章ウェルスマネジメントで詳しく触れますが、投資政策書には、
ファミリー（あるいは個人）が達成したい目標、それを達成するにあ
たっての問題点・課題と提案が盛り込まれています。その内容は例えば
家族構成、資金繰り、資産の分散、相続税など納税資金、資産運用・対
策の提案ならびに期待される効果、最適資産配分の提案、ファミリー
ミッション実現の可否などです。

⑶　こうした業務を行うプライベートバンカーの職業としての特性は以下の
通りです。

①プライベートバンカーは顧客である個人の懐の奥深く入り込んで長期間、場合によっては幾世代にもわたって顧客である家族のために仕事を続けて行きます。顧客のあらゆる事情によく通じており、また、顧客から厚い信頼を寄せられて成り立つ職業です。

②プライベートバンカーはその役割を果たす上で、資産運用にとどまらず、税金や不動産、信託などの幅広い分野をカバーしなければなりませんし、状況に応じ法令や各種規制を意識しつつ内外の専門家とネットワークを構築してその力を借りながら仕事を進めて行く必要があります（たとえば税務に関する相談、具体的提案は、税理士の担当分野です）。

③読者が証券アナリストの場合、証券分析や証券の運用管理の仕事の相手方は基本的にはプロなのですが、プライベートバンカーにとっての顧客は個人が中心となる点も特徴の1つです。

④これらからも明らかなように、顧客の懐に深く立ち入った上でアドバイスし、また提案する関係上、職業倫理がとりわけ重要視されることになります。詳しくは第7章で述べます。

4．PB業務の社会的意義をどう捉えるか

　種々の制約がある中で、何故に今PB業務が必要となっているのか、改めてもう少し具体的に整理してみましょう。

(1)　世界第2位の富裕層を抱える日本

　キャップジェミニのワールド・ウェルスリポート2018によれば、同社の定義に基づく富裕層の数は、米国の529万人に次いで日本は316万人と世界第2位で、第3位のドイツの137万人を大きく引き離しています。ちなみに中国は126万人と第4位で、未だ日本の1/2未満の水準にすぎません。

はじめに

(2)　フローが重要な時代からストック資産の効率的運用が重要な時代に

　高度成長時代を通じ累積した知財や資本（以下ストックと呼ぶ）をグローバルに展開し、いかに効率的に再投資するかが今日の日本企業の経営課題になっています。

　個人としても、今後の日本人の豊かさを確かなものにできるかは1,800兆円にも上る個人の莫大なストックを如何に効率的に運用できるかに懸かっていると言っても過言ではありません。

(3)　富裕層の余剰資金の持つ意味

　一般に、純資産規模が大きれば大きいほど、投資家のリスク許容度も高くなるといわれており、その意味ではこの富裕層の持つ余剰資金がリスクマネーとして日本や世界経済の活性化に効率的に活用されるかどうかは、日本経済のみならず世界経済にとって大きな関心事でもあるのです。一方、富裕層の多くは高齢者であり、高齢者はリスクを取りたがらないので、資産の運用・保全に対するより的確なアドバイスが必要となります。

(4)　富裕層の資産運用にプライベートバンカーが果たす役割

　資産を円預金に預けているだけでは、①相続税の強化、②巨大な国債累積残高、③新興国との恒常的経済成長率の格差、④長生きに伴う老後債務の拡大等の諸々の要因から、自らの資産保全もままならずして次世代への資産移転を行うことは困難な環境となりつつあります。

　こうしたリスクに主体的に対処し、資産の保全を図るには、「全体最適」の観点から顧客の立場に立って包括的な資産運用管理サービスを提供することを使命とするプライベートバンカーの役割が欠かせないものになることは間違いないでしょう。

(5)　魅力あるキャリアの可能性を秘めたPB業務

　PB業務というものについて、個人のキャリアを対象に考えてみると、次の理由から魅力ある仕事であると評価することができるでしょう。

　第1に、PBの顧客はいずれも人生の成功者であり、学ぶべきことが多い

ix

人達です。そうした一流の顧客との出会いの中で、充実した仕事ができる業務です。

　第2に、企業金融から個人の相続対策まで包括的サービスをグローバルに提供するので、当然ながら金融に携わる者としての幅広い知識と経験が問われます。実務を重ねるごとに、よりレベルの高い智恵を手にすることができる、極めてやり甲斐のある仕事です。

　第3に、超長寿社会の中で健康寿命を延ばし、老後資金を充実させ、生き甲斐を発掘するという3つの課題への取組みが問われており、PBは今後ますます重要な業務になります。

以上のように、PB教育はその範囲が広く、また実際のPB業務推進にあたっても各種制約が少なくありませんが、一方でその役割、意義は極めて大きいものがあります。本書の各章を熟読いただき、また日々実践を重ねる形で、PB資格を取得されるよう願っています。

目　次（上巻）

「プライベートバンキング」刊行にあたって …………………………………… i

はじめに……………………………………………………………………………… iii

第1章　RM（リレーションシップ・マネジメント）………………………… 1

【本章のねらい】…………………………………………………………………… 1

■ 顧客を知る ………………………………………………………………… 1

　(1)　資産………………………………………………………………………… 2

　　①　資産形成の経緯を確認する…………………………………………… 2

　　②　資産の現状を確認する………………………………………………… 3

　(2)　人生の夢とお金………………………………………………………… 6

　　①　金銭で実現可能な夢…………………………………………………… 6

　　②　お金の効用と限界……………………………………………………… 6

　　　Column 1 ………………………………………………………………… 10

　(3)　懸念事項………………………………………………………………… 14

　　①　家族や扶養の責任を持つ人に関する課題を聴く………………… 14

　　②　家族の課題（親や配偶者介護、障害を持つ子供等）…………… 16

　　　Column 2 ………………………………………………………………… 19

　　③　財産上の課題を聴く………………………………………………… 21

　(4)　夢と懸念への対応策…………………………………………………… 25

　　①　具体的手段を聴く…………………………………………………… 25

　　②　進捗に対する満足度………………………………………………… 26

　　③　改善すべき課題を顧客と共に考える……………………………… 28

　　④　支援形態への要望（金融、非金融サービス分野）……………… 28

■ 自己（プライベートバンカー自身および所属する組織）を知る ……… 32

　(1)　SWOTによる自己分析 ……………………………………………… 32

　　①　SWOT分析の4つの要素 …………………………………………… 32

　　②　SWOT分析の活用法 ……………………………………………… 37

　(2)　SWOTの結果に基づいた弱点の補完策 …………………………… 37

① 職場での360度評価を活用し、支援を仰ぎチームメンバーの
　　知恵をデータベース化する……………………………………37

② 外部プロフェッショナルの支援を仰ぐ…………………………38

③ 自分の得意な技を周知させる……………………………………40

④ Give & Giveから始める ………………………………………42

　Column 3 …………………………………………………………43

⑤ 社外のネットワークを活用する…………………………………45

⑥ The Best of the Advisors Listを顧客に提供する………………46

(3) プライベートバンカーは生涯現役にも耐える魅力あるキャリア……47

① キャリアとPB業務との位置付け ………………………………47

　Column 4 …………………………………………………………52

(4) プライベートバンカーとしての生産性を改善する………………54

① 預かり資産残高の目標……………………………………………54

　Column 5 …………………………………………………………58

② 潜在ニーズに関する解決困難な課題に対しどのように
　　ソリューションを提供するか……………………………………59

③ RMに求められる人材の要素 ……………………………………62

③ 顧客との効果的な関係を築く ……………………………………72

(1) 市場の獲得…………………………………………………………72

① 有力顧客を支援者にする…………………………………………72

② 会員組織とネットワークの活用…………………………………76

(2) 顧客の意思決定への阻害要因を取り除く…………………………77

① 顧客の意思決定を阻害する4つの心のハードル………………77

② 課題解決に当たっての顧客の制約条件を確認する……………79

③ A会長のケース……………………………………………………79

④ 課題の優先順位を再確認する……………………………………84

⑤ 顧客による不作為を回避する……………………………………84

(3) 顧客管理の技法……………………………………………………85

① キャッシュフロー（CF）の変化を捉えた富裕層マーケティング……85

(4) ターゲット顧客別財務課題とアプローチトーク…………………90

| | ① | 医師のケーススタディ…………………………………………… | 90 |

① 医師のケーススタディ……………………………………………… 90

② 地主へのアプローチ……………………………………………… 93

③ 中小企業オーナーへのフリー・キャッシュフロー（FCF）を
切り口としたアプローチトーク……………………………… 95

(5) 効果的な顧客コミュニケーション手法の確立……………………… 100

① 既存顧客のメンテナンス………………………………………… 100

② 新規顧客開拓……………………………………………………… 102

③ データベースと管理サイクル…………………………………… 102

Column 6 ……………………………………………………… 105

【本章のまとめ】…………………………………………………………… 109

第2章　WM（ウェルスマネジメント）……………… 112

【本章のねらい】……………………………………………………………… 112

１ 基本概念 ……………………………………………………………… 112

(1) 顧客の効用、目的………………………………………………………… 112

① ウェルスマネジメントの目的…………………………………… 113

② 顧客の効用………………………………………………………… 116

(2) 顧客タイプ別の属性とニーズ………………………………………… 120

① 中小企業オーナー………………………………………………… 120

② 上場会社オーナー株主…………………………………………… 123

③ 不動産オーナー…………………………………………………… 124

④ プロフェッショナル（弁護士、会計士、医師等）…………… 124

⑤ 代々の資産家……………………………………………………… 124

(3) ライフプランニングの方法…………………………………………… 125

① ライフスタイルの２つの例……………………………………… 125

② ライフステージとキャッシュフローの変化………………… 127

③ キャッシュフローシミュレーション………………………… 127

(4) リタイアメントプランニング………………………………………… 127

① 必要資金準備……………………………………………………… 127

② 社会保険…………………………………………………………… 128

③　年金……………………………………………………………… 129

（5）資金計画…………………………………………………………… 130

　　①　個人のバランスシート作成……………………………………… 130

　　②　個人のキャッシュフロー表作成………………………………… 132

（6）個人版ALM ……………………………………………………… 134

　　①　資産形成ステージでの個人版ALMの利用 …………………… 135

　　②　資産保全ステージでの個人版ALMの利用 …………………… 135

（7）リスク管理………………………………………………………… 135

　　①　リスクとは………………………………………………………… 135

　　②　保険の役割………………………………………………………… 138

　　　　Column 1 ……………………………………………………… 142

2 投資政策書（Investment Policy Statement） …………………… 142

（1）投資政策書の役割、メリット…………………………………… 142

　　①　投資政策書とは…………………………………………………… 142

　　②　投資政策書の役割………………………………………………… 142

　　③　投資政策書を利用するメリット………………………………… 143

（2）投資政策書作成のための必要情報……………………………… 144

　　①　必要情報…………………………………………………………… 144

　　②　必要情報の収集方法……………………………………………… 144

（3）顧客の生涯目標、価値観………………………………………… 145

　　①　投資目的、生涯目標……………………………………………… 145

　　②　顧客の投資目的、生涯価値観に関する判断・考慮点………… 146

（4）目標運用利回り…………………………………………………… 147

　　①　顧客の必要資金分析に関する手法・考慮点…………………… 147

　　②　顧客の必要資金分析と運用リターン目標の決定……………… 148

（5）運用対象期間……………………………………………………… 149

　　①　運用対象期間の概念……………………………………………… 149

　　②　顧客の運用対象期間の決定手法・考慮点……………………… 150

（6）リスク許容度……………………………………………………… 151

　　①　リスク許容度の概念、決定プロセス…………………………… 151

② 顧客のリスク許容度に関する決定要因·················· 152

3 ファミリーミッション・ステートメント（FMS） ·················· 153

(1) ファミリーガバナンスの基本設計·························· 154

(2) ファミリーガバナンスの基本設計のプロセス·················· 155

　① 一族の遺産の次世代承継策······························· 157

　② 事業運営や資産運用に関する基本方針····················· 161

(3) ファミリーガバナンスの基本設計に対し必要となる分析·········· 161

　① 財務状況（個人、法人、慈善事業等）····················· 161

　② 年次キャッシュフローニーズ（個人、法人、慈善事業等）····· 164

(4) FMS設計のプロセス ····································· 165

　① 運営規則の決定······································· 165

　② 一族のヒューマンキャピタルの共有····················· 165

　③ 長期繁栄に導く基準値についてのプロポーザル提出··········· 167

　④ 近親者への人生にとって何が大切であったかのメッセージ····· 168

　⑤ 20年後のあるべき一族のイメージ······················· 169

　⑥ 一族による一族史の編纂······························· 170

　⑦ 一族の統治機構の構築································· 171

　⑧ 一族会議の運営······································· 172

4 運用目標（一世代か多世代資産保全か）·················· 173

(1) 分配重視型（一世代資産保全）·························· 173

　① 一人の人生で見た運用期間······························· 173

　② 次世代への資産承継についての考慮はほとんどなし············ 174

　③ 支出に関する制限なし································· 175

　④ 中程度期待利回り····································· 176

　⑤ 単純なスキームと税務対策····························· 176

(2) 成長重視型（多世代資産保全）·························· 177

　① 数世代を視野に入れた運用期間·························· 177

　② 次世代への資産承継に注力····························· 179

　③ 高いリターンの要求··································· 179

　④ 年間の支出は運用資産の２～４％の範囲に限定·················· 181

⑤　複雑な投資・税務スキーム……………………………………… 181

　　　　Column 2 ………………………………………………… 183

5　事業承継 ……………………………………………………… 183

(1)　手法……………………………………………………………… 183

　①　各手法の概要、メリット・デメリット…………………………… 183

　②　相続税等の税務的影響も考慮した各手法の概要、

　　　メリット・デメリット……………………………………………… 185

(2)　ケース・スタディ……………………………………………… 187

　①　後継者のいないオーナーがM&A（会社売却）による

　　　事業承継を行うケース…………………………………………… 187

　②　香港在住のオーナーが100％保有する香港法人が完全親会社

　　　となり日本法人を設立しMBOを行うケース …………………… 190

　　　　Column 3 ………………………………………………… 193

6　相続・贈与等による財産移転 ……………………………… 194

(1)　相続……………………………………………………………… 194

　①　相続税の仕組みの理解…………………………………………… 194

　②　財産評価の基本…………………………………………………… 194

　③　相続対策の基本…………………………………………………… 195

　　　　Column 4 ………………………………………………… 196

(2)　贈与……………………………………………………………… 196

　①　贈与税の仕組みの理解…………………………………………… 196

　②　暦年贈与と相続時精算課税の概要……………………………… 197

　　　　Column 5 ………………………………………………… 198

　③　贈与による相続対策のメリット、注意点、フォロー…………… 198

(3)　遺言……………………………………………………………… 200

　①　遺言の方式と効力………………………………………………… 200

　②　円滑な遺産分割としての遺言の役割…………………………… 201

　③　遺言作成のアドバイス…………………………………………… 201

　④　遺言信託の活用…………………………………………………… 202

7 資産運用・管理の基礎知識

（商品概要およびアセットアロケーション） ……………… 203

【本章のまとめ】 …………………………………………… 205

第3章　不動産 ………………………………………… 206

【本章のねらい】 …………………………………………… 206

1 不動産の３つの側面 ………………………………… 206

(1) 利用としての側面 ………………………………… 206

　① 主観的価値 ………………………………………… 206

　② 取得の判断基準 …………………………………… 207

(2) 純投資としての側面 ……………………………… 207

　① 分散投資資産としての不動産 …………………… 207

　② 取得の判断基準 …………………………………… 208

(3) 相続財産としての側面 …………………………… 208

　① 不動産資産の割合 ………………………………… 208

　② 資産税法上の特典 ………………………………… 208

　③ 保有リスク ………………………………………… 209

　　Column 1 ………………………………………… 211

　　Column 2 ………………………………………… 216

2 不動産取引の留意点と不動産投資 ……………… 216

(1) 公正な不動産情報の取得 ………………………… 217

　① 不動産に関する調査 ……………………………… 217

　② 不動産の価格 ……………………………………… 217

(2) 不動産取引の留意点 ……………………………… 218

　① 売買手続きの手順 ………………………………… 218

　② 宅地建物取引 ……………………………………… 220

　③ 不動産の売買契約 ………………………………… 220

　④ 不動産の賃貸契約 ………………………………… 221

　⑤ 不動産のファイナンス …………………………… 223

(3) 不動産への投資 …………………………………… 223

① 不動産は金融商品と異なる大きな課題がある商品……………… 223

② 不動産のリスク・リターン特性…………………………………… 224

③ 実物資産としてのリスク軽減……………………………………… 229

④ 資産価値の維持・向上、分散投資等……………………………… 230

⑤ 不動産の収益（収入支出）のチェック………………………… 232

(4) 不動産に関連する外部専門家（特徴・選び方など含む）………… 233

① 購入時（不動産売買仲介業者）………………………………… 234

② 売却時（不動産売買仲介業者）………………………………… 235

③ 賃貸（不動産募集管理業者・賃貸仲介業者）………………… 236

④ 管理（建物管理委託業者）……………………………………… 236

⑤ 銀行・ノンバンク………………………………………………… 236

⑥ 建設会社…………………………………………………………… 237

3 不動産の関連税制 ……………………………………………………… 237

(1) 保有に関わる税金………………………………………………… 237

① 固定資産税………………………………………………………… 237

② 都市計画税………………………………………………………… 238

③ 地価税……………………………………………………………… 238

④ 特別土地保有税…………………………………………………… 238

(2) 取得に関わる税金………………………………………………… 239

① 登録免許税………………………………………………………… 239

② 不動産取得税……………………………………………………… 239

③ 印紙税……………………………………………………………… 239

④ 消費税……………………………………………………………… 240

(3) 収益に関わる税金………………………………………………… 240

① 法人税……………………………………………………………… 240

② 所得税……………………………………………………………… 240

4 不動産の法令制限 ……………………………………………………… 241

(1) 法令上の規制……………………………………………………… 241

① 都市計画法………………………………………………………… 241

② 建築基準法………………………………………………………… 241

③　消防法……………………………………………………………… 242

④　区分所有法………………………………………………………… 243

⑤　借地借家法………………………………………………………… 243

⑥　土壌汚染対策法…………………………………………………… 245

⑦　宅地建物取引業法………………………………………………… 245

⑧　金融商品取引法…………………………………………………… 246

⑨　民法（相隣関係）………………………………………………… 247

⑩　各種条例、行政指導……………………………………………… 247

(2)　不動産の遵法性について……………………………………………… 248

　　Column 3　…………………………………………………………… 250

5 不動産の相続・贈与 ………………………………………………… 251

(1)　相続財産の評価………………………………………………………… 251

①　更地………………………………………………………………… 251

②　借地………………………………………………………………… 252

③　底地………………………………………………………………… 253

④　建物………………………………………………………………… 253

⑤　貸家………………………………………………………………… 253

⑥　貸家建付地………………………………………………………… 253

⑦　小規模宅地の特例………………………………………………… 254

(2)　不動産の相続・贈与…………………………………………………… 254

　　Column 4　…………………………………………………………… 255

6 海外不動産 …………………………………………………………… 255

(1)　海外不動産の購入……………………………………………………… 256

①　どこの国で買うか………………………………………………… 256

②　どんな不動産を買うか…………………………………………… 256

③　どうやって投資する物件を選ぶか……………………………… 257

④　資金はどうするか………………………………………………… 257

⑤　管理はどうするか………………………………………………… 258

(2)　海外不動産の譲渡……………………………………………………… 258

①　いつ譲渡するか…………………………………………………… 258

② どうやって譲渡するか……………………………………… 258

③ 譲渡で手に入れた資金をどうするか…………………… 258

(3) 海外不動産の税務…………………………………………… 259

(4) 海外不動産の管理…………………………………………… 259

(5) 海外不動産と信託契約……………………………………… 259

7 不動産を取り巻く経済環境 ………………………………… 260

(1) 不動産の証券化……………………………………………… 260

① J-REIT ……………………………………………………… 260

② 海外REIT …………………………………………………… 260

③ これらを合わせた投資信託………………………………… 261

④ 不動産特定共同事業………………………………………… 261

⑤ 不動産信託受益権…………………………………………… 261

(2) 内外経済と不動産市況……………………………………… 262

【本章のまとめ】……………………………………………………… 265

索引……………………………………………………………………… 266

目　次

参考：**目　次**（下巻）

第4章　税金 ……………………………………………………… 1

【本章のねらい】……………………………………………………… 1

❶ 日本の税法体系 ………………………………………………… 1

❷ 個人の税法体系 ………………………………………………… 3

（1）所得税…………………………………………………………… 3

（2）住民税ならびに事業税………………………………………… 4

❸ 法人の税法体系 ………………………………………………… 5

（1）法人税…………………………………………………………… 5

❹ 消費税 …………………………………………………………… 6

❺ 個人および法人の国際税務 …………………………………… 7

❻ タックスプランニング ………………………………………… 8

（1）税制改正の流れを読む………………………………………… 8

　①　改正を前提として考える……………………………………… 8

　②　相続税の増税への対応策の基本的考え方 ………………… 8

　③　税制改正の概要………………………………………………… 9

（2）相続の現場とその対応………………………………………… 25

　①　大事なことは、「財産分け」…………………………………… 25

　②　納税ができない………………………………………………… 25

　③　株、不動産が売却できない…………………………………… 25

　④　遺言書があれば、財産の名義は変えられる……………… 26

　⑤　分割が決まらなければ節税はできない…………………… 26

　⑥　未分割では取得費加算の特例が利用できない…………… 27

　⑦　資産価値変動時の未分割リスク…………………………… 27

　　　Column 1 ……………………………………………………… 28

（3）相続対策から生存対策へ　～収入を生む資産活用のすすめ～……… 29

　①　高齢化社会と資産活用………………………………………… 29

　②　生存対策としての資産活用の実例…………………………… 30

（4）　相続対策から生存対策へ　～事例紹介～ ………………………… 31

　　①　元会社員Aさん（65歳）のケース ………………………………… 31

　　②　大地主Bさん（78歳）のケース ………………………………… 37

　　③　資産経営者になったCさん（66歳）のケース ………………… 43

　　Column 2 ……………………………………………………………… 48

7　事業承継における自社株対策 ………………………………………… 49

（1）　事業承継に際しての課題 ……………………………………………… 49

（2）　税制改正が事業承継に与える影響 ………………………………… 50

（3）　事業承継実務のステップ …………………………………………… 51

（4）　事業承継の事例紹介 ………………………………………………… 53

　　①　中小企業オーナーの自社株の親族内承継 ……………………… 53

　　Column 3 ……………………………………………………………… 58

　　②　事業承継と納税資金対策 ………………………………………… 59

　　Column 4 ……………………………………………………………… 64

8　金融商品取引に係るタックスプランニング ………………………… 65

（1）　金融商品に係る税務の問題 ………………………………………… 65

　　①　税制改正の影響 …………………………………………………… 65

　　②　多岐にわたる所得区分 …………………………………………… 66

（2）　事例研究 ……………………………………………………………… 67

　　①　金融商品のタックスプランニング事例 ………………………… 67

【本章のまとめ】 …………………………………………………………… 82

第5章　信託・エステートプランニング ………………………… 84

【本章のねらい】 …………………………………………………………… 84

1　信託の活用 ……………………………………………………………… 84

（1）　信託の基本 …………………………………………………………… 84

　　①　信託の基本構造 …………………………………………………… 84

　　②　信託の基本的機能 ………………………………………………… 92

（2）　個人向けの信託商品 ………………………………………………… 93

　　①　金銭の信託 ………………………………………………………… 93

② 証券投資信託	95
③ 有価証券の信託	95
④ 不動産の信託	96

(3) 新信託法の下で活用可能になった信託類型のうち、
主として事業に関連するもの……………………………………97

① 受益証券発行信託	97
② 限定責任信託	97
Column 1	98
③ 事業信託	99
④ 自己信託	101

(4) 新信託法の下で活用可能になった信託類型のうち、
個人富裕層に関連するもの…………………………………… 102

① 遺言代用信託	102
② 後継ぎ遺贈型の受益者連続信託	103
③ 受益者の定めのない信託（目的信託）	106
Column 2	108

(5) PBにおける信託の活用とメリット …………………… 109

① 争族、財産散逸などの回避	109
② 財産保全、運用に関するリスクの排除	110
③ 創業者の「知恵」の伝承	110

(6) 受益権の評価と信託の課税方法…………………………… 111

① 受益権の評価	111
② 主な信託の種類と課税方法	112
③ 受益者等が存しない信託	116
④ 信託に対する特殊な課税の考え方	118

(7) 事業承継支援への信託の活用…………………………… 124

① 遺言代用信託の活用	124
② 自社株承継のための信託の活用	125
③ 受益権の分割による相続財産圧縮	128

(8) 民事信託の活用…………………………………………… 128

① 民事信託（家族信託）とは………………………………………… 128

② 民事信託に適する活用例〜未成年である子の財産管理………… 129

⑼ 高齢者、障害者のための信託の活用……………………………… 130

① 高齢者の意思の伝達………………………………………………… 130

② 障害がある子のための信託………………………………………… 132

⑽ 教育資金贈与信託…………………………………………………… 132

⑾ 日本版「プランド・ギビング」信託……………………………… 133

⑿ 外国信託の活用……………………………………………………… 134

① 外国信託（米国におけるトラストを中心に）………………… 134

② 日本人居住者にとっての外国信託の取扱い…………………… 137

　Column 3 ……………………………………………………… 138

2 一般社団法人、一般財団法人について ……………………… 138

⑴ 定義…………………………………………………………………… 138

① 一般社団法人、一般財団法人とは……………………………… 138

② 一般社団法人が注目される理由………………………………… 139

③ 一般社団法人の要件……………………………………………… 139

④ 非営利徹底型法人と共益型法人………………………………… 140

⑵ 税法上の取扱いと利用方法……………………………………… 140

① 一般社団法人の法人税の税務…………………………………… 140

② 一般社団法人の利用方法………………………………………… 141

3 成年後見制度について …………………………………………… 142

⑴ 成年後見制度………………………………………………………… 142

① 成年後見制度とは………………………………………………… 142

② 成年後見制度の概要……………………………………………… 142

③ 成年後見人の業務………………………………………………… 143

④ 法定後見と任意後見の相違点…………………………………… 144

⑤ 成年後見人の問題点……………………………………………… 145

⑵ 法定後見制度………………………………………………………… 145

① 補助………………………………………………………………… 145

② 保佐………………………………………………………………… 146

③　後見 ･･･ 146

(3)　任意後見制度 ･･･ 146

❹ エステートプランニング ･･･ 147

(1)　エステートプランニング ･･･ 147

①　エステートプランニングとは ･･････････････････････････････････ 147

②　PBにおけるエステートプランニングの意味 ･･････････････････ 149

③　グローバル・エステートプランニングの必要性 ･･･････････････ 151

(2)　日本版エステートプランニング ･･･････････････････････････････････ 152

①　日本でエステートプランニングが必要とされる理由 ･･････････ 152

②　エステートプランニングの手順 ･･････････････････････････････ 152

③　顧客タイプによるエステートプランニングの基本的考え方 ･･････ 155

④　エステートプランニングの担い手 ･･･････････････････････････ 164

(3)　日本版エステートプランニングのケーススタディ ････････････････ 165

①　サンプル顧客のプロフィール ･･････････････････････････････ 165

②　エステートプランニングのアプローチ方法 ･･････････････････ 168

③　PBによる本ケースへの提案例 ････････････････････････････ 171

Column 4 ･･ 176

❺ 富裕層へのリーガルサービス ･･････････････････････････････････ 177

(1)　相続・事業承継に関する法務 ･･･････････････････････････････････ 177

①　専門家による富裕層の資産管理の必要性 ･･･････････････････ 177

②　富裕層が留意しておくべき相続時の法務問題 ･･････････････ 177

(2)　会社のガバナンスと事業承継に関する法務 ･･･････････････････ 180

①　会社のガバナンス ･･ 180

②　経営承継円滑化法 ･･ 182

③　事業承継者以外に株式が分散しないための自己株式の取得 ･･････ 184

(3)　上場会社オーナー固有の法務 ･･･････････････････････････････････ 185

①　上場会社オーナー社長固有の問題 ･･････････････････････････ 185

②　事業承継と株式上場 ･･････････････････････････････････････ 185

③　金融商品取引法等の規制 ････････････････････････････････ 186

Column 5 ･･ 187

（4）　レピュテーショナルリスクをめぐる法務‥‥‥‥‥‥‥‥‥‥‥‥　188

　　①　富裕層の情報管理の重要性‥‥‥‥‥‥‥‥‥‥‥‥‥‥‥‥　188

　　②　レピュテーショナルリスクへの対応‥‥‥‥‥‥‥‥‥‥‥‥　188

　　③　法務専門家の活用‥‥‥‥‥‥‥‥‥‥‥‥‥‥‥‥‥‥‥‥　189

【本章のまとめ】‥‥‥‥‥‥‥‥‥‥‥‥‥‥‥‥‥‥‥‥‥‥‥‥‥　190

第6章　マス富裕層 ‥‥‥‥‥‥‥‥‥‥‥‥‥‥‥‥‥‥‥‥‥‥　193

【本章のねらい】‥‥‥‥‥‥‥‥‥‥‥‥‥‥‥‥‥‥‥‥‥‥‥‥‥‥　193

❶ マス富裕層の定義 ‥‥‥‥‥‥‥‥‥‥‥‥‥‥‥‥‥‥‥‥‥‥　193

（1）　日本のウェルスピラミッドから見たマス富裕層世帯の位置付け‥‥　193

　　①　競争上の理由‥‥‥‥‥‥‥‥‥‥‥‥‥‥‥‥‥‥‥‥‥‥‥　194

　　②　顧客の成長可能性‥‥‥‥‥‥‥‥‥‥‥‥‥‥‥‥‥‥‥‥　195

❷ マス富裕層の職業特性 ‥‥‥‥‥‥‥‥‥‥‥‥‥‥‥‥‥‥‥　196

（1）　首都圏を中心に居住するインカムリッチ・プロフェッショナル‥‥　196

（2）　営業キャッシュフローが黒字の小規模企業経営者

　　　（従業員数50名未満）‥‥‥‥‥‥‥‥‥‥‥‥‥‥‥‥‥‥‥‥　197

（3）　退職金を受け取った公務員、教職員の元共働き世帯‥‥‥‥‥‥　197

　　　Column 1 ‥‥‥‥‥‥‥‥‥‥‥‥‥‥‥‥‥‥‥‥‥‥‥‥‥　198

❸ マス富裕層の資産およびキャッシュフローの特性 ‥‥‥‥‥‥　200

（1）　インカムリッチ・プロフェッショナルの場合‥‥‥‥‥‥‥‥‥‥　200

（2）　老後も現役時代同様の豊かな消費生活を維持したいと考えている層

‥‥‥‥‥‥‥‥‥‥‥‥‥‥‥‥‥‥‥‥‥‥‥‥‥‥‥‥‥‥　200

　　①　インカムリッチ・プロフェッショナルの報酬体系‥‥‥‥‥‥　201

　　②　主なストックオプションの形態と税制‥‥‥‥‥‥‥‥‥‥‥　204

（3）　小規模企業経営者の財務・キャッシュフロー‥‥‥‥‥‥‥‥‥　205

（4）　マス富裕層の３つの財務特徴‥‥‥‥‥‥‥‥‥‥‥‥‥‥‥‥　205

❹ マス富裕層のニーズへのソリューション提供 ‥‥‥‥‥‥‥‥　205

（1）　資産形成期と資産保全期に分けて考える‥‥‥‥‥‥‥‥‥‥‥　205

（2）　資産形成期にあるマス富裕層個人の

　　　リスクマネジメントを考える‥‥‥‥‥‥‥‥‥‥‥‥‥‥‥‥　205

(3)　資産形成期のソリューション･･････････････････････････････････････ 207

　　①　給与口座引落し型の定時定額投資プログラムを用いた

　　　　強制貯蓄制度の重要性･･ 207

　　　　Column 2　･･ 209

　　②　潜在的に高い所得税圧縮ニーズ･･･････････････････････････････ 210

　　③　効率的な非課税貯蓄制度の活用･･･････････････････････････････ 211

　　④　法人税の節税を兼ねた経営者向け生命保険の活用･････････････ 213

　　⑤　将来の相続税対策も兼ねた子供への暦年贈与･････････････････ 214

　　⑥　償却資産への投資を活用した所得税対策Ⅰ（海外不動産）･････ 215

　　⑦　償却資産への投資を活用した所得税対策Ⅱ（ヘリコプターや

　　　　航空機のオペレーティングリース事業）･････････････････････ 218

　(4)　資産保全期に考えるソリューション－その1－･･･････････････ 224

　　①　ALMを考慮した老後資金の運用・管理 ･･････････････････････ 224

　　　　Column 3　･･ 229

　(5)　資産保全期に考えるソリューション－その2－･･･････････････ 230

　　①　相続税対策を考慮したアプローチ･･････････････････････････ 230

　　②　資産保全期におけるファイナンシャルコーチの役割･････････ 234

5 **マス富裕層へのマーケティングアプローチ** ･･････････････････････ 237

　(1)　過剰なテーラーメードマーケティングの罠･･････････････････ 237

　(2)　求められるパッケージ化されたサービスメニューに基づく

　　　　組織的マーケティング･･････････････････････････････････････ 237

　　①　顧客データベースの構築（第1ステップ）･･･････････････････ 237

　　②　顧客囲い込みのための外部組織との提携戦略

　　　　（第2ステップ）･･ 238

　　③　データベースや提携先と連動した投資家向け啓蒙セミナーの

　　　　実施（第3ステップ）･･･････････････････････････････････････ 240

　　④　個別顧客向けファイナンシャルコーチング（第4ステップ）･･･ 240

【本章のまとめ】･･･ 242

第7章　職業倫理 …………………………………………… 243

【本章のねらい】………………………………………………… 243

❶ 職業倫理についての考え方 ……………………………… 243

(1) プライベートバンカーにとって職業倫理とは何か………… 243

(2) プライベートバンカーにとっての職業倫理のもう一つの側面…… 244

(3) 職業行為基準の構成………………………………………… 245

❷ 法令、自主規制とＰＢ業務 ……………………………… 246

(1) 法令上の規制について……………………………………… 246

(2) プライベートバンカーにおける法律遵守の実態…………… 247

❸ プライベートバンキング（PB）職業行為基準 ………… 250

(1) 定義………………………………………………………… 251

　① プライベートバンカーならびにプライベートバンキング

　　（以下PB）業務についての一般的な定義 ………………… 251

　② 本章におけるプライベートバンカーの定義……………… 251

(2) PB職業行為基準 …………………………………………… 252

基準1　顧客への最善のアドバイス提供……………………… 252

　① 信任関係…………………………………………………… 252

　　Column 1 ………………………………………………… 255

　② 客観的かつ公平な判断…………………………………… 256

基準2　利益相反の排除……………………………………… 257

　① 十分な開示………………………………………………… 257

　② 利益相反の防止…………………………………………… 259

基準3　専門家としての能力の維持・向上………………… 262

　① 社会的役割………………………………………………… 262

　② 専門能力の維持・向上…………………………………… 262

基準4　顧客の秘密保持……………………………………… 263

　① 守秘義務…………………………………………………… 263

基準5　投資の適合性………………………………………… 263

基準6　不実表示に係る禁止等……………………………… 265

基準7　資格・認可を要する業務上の制約………………… 265

	目 次

（3）　プライベートバンカーが陥り易い職業倫理上の陥穽……………… 266

　　①　推奨商品の不適合【基準5に抵触】………………………… 266

　　②　自社商品の優先拡販【基準2に抵触】………………………… 266

　　③　無資格者による助言【基準7に抵触】………………………… 266

　　④　個人情報の漏出【基準4に抵触】………………………………… 267

4 PB資格保有者に対する懲戒 ………………………………………… 267

（1）　PB資格保有者への懲戒 …………………………………………… 268

（2）　懲戒の方法……………………………………………………………… 268

（3）　懲戒の公示……………………………………………………………… 268

【本章のまとめ】………………………………………………………… 269

付録（PB基礎知識体系:PB CKB）……………………………………… 270

はじめに………………………………………………………………………… 272

Ⅰ．RM（リレーションシップ・マネジメント）……………………… 273

　1．顧客を知る………………………………………………………………… 273

　2．自己（プライベートバンカー自身）を知る……………………… 274

　3．顧客との効果的な関係を築く………………………………………… 274

Ⅱ．WM（ウェルスマネジメント）………………………………………… 276

　1．基本概念…………………………………………………………………… 276

　2．投資政策書（Investment Policy Statement）………………… 277

　3．ファミリーミッション・ステートメント（FMS）……………… 277

　4．運用目標（一世代か多世代資産保全か）………………………… 278

　5．事業承継…………………………………………………………………… 278

　6．相続・贈与等による財産移転………………………………………… 279

　7．商品概要およびアセットアロケーション………………………… 279

Ⅲ．不動産………………………………………………………………………… 281

　1．不動産の3つの側面……………………………………………………… 281

　2．不動産取引の留意点と不動産投資…………………………………… 281

　3．不動産の関連税制……………………………………………………… 282

　4．不動産の法令制限……………………………………………………… 282

5．不動産の相続・贈与·· 282

6．海外不動産·· 283

7．不動産を取り巻く経済環境···································· 283

Ⅳ．税金··· 284

1．日本の税法体系·· 284

2．個人の税法体系·· 284

3．法人の税法体系·· 285

4．消費税·· 285

5．個人および法人の国際税務···································· 286

6．PBに関わる主要国の税体系 ································· 286

7．タックスプランニング·· 286

Ⅴ．信託・エステートプランニング···························· 288

1．信託の活用·· 288

2．一般社団法人、一般財団法人について······················ 289

3．成年後見制度活用策·· 289

4．エステートプランニング······································ 289

5．富裕層へのリーガルサービス·································· 289

Ⅵ．マス富裕層··· 290

1．マス富裕層の定義··· 290

2．マス富裕層の特性··· 290

3．マス富裕層のニーズ·· 290

4．マス富裕層へのアプローチ···································· 290

Ⅶ．職業倫理··· 291

1．顧客への最善のアドバイス提供······························ 291

2．利益相反の排除·· 291

3．専門家としての能力の維持・向上···························· 291

4．顧客の秘密保持·· 292

おわりに··· 293

索引·· 294

第1章　RM(リレーションシップ・マネジメント)

【本章のねらい】

　本章では、PB（プライベートバンキング）サービスの対象顧客とのRM（リレーションシップ・マネジメント）の在り方について基本的なアプローチ手法と留意すべき事項について学ぶことにします。PB顧客は、人生の成功者であり、代々の資産家には多くの優れた専門家が資産の保全に対し助言を与えている場合が多く見受けられます。人を見る目の肥えた富裕層に認められない限り、PB業務を担当する者に仕事の機会が提供されることはありません。富裕層に対し商品・サービスを提供するPB業務では、RMを担うプライベートバンカー自身が金融商品であると言っても過言ではありません。

■1 顧客を知る

　PB顧客を知る（KYC＝know your client）プロセスは、顧客ニーズを正しく把握し、本人の投資経験や主観的・客観的リスク許容度を前提に、最善の提案を行うために、まず最初に着手しなくてはなりません。さらにマネーロンダリングに巻き込まれるのを防ぐ観点から、顧客の意向を選別し、コンプライアンスに抵触しないかを判断して、業務を遂行しなければなりません。また、そうすることが顧客の利益にも直結してきます。さらに、一度行った提案も環境の変化に合わせての適時見直しを怠れば、資産規模が大きいだけに、大きな機会損失につながります。この意味でPB担当者にとってRM（リレーションシップ・マネジメント）の本質は、常に顧客の現状を知るということに尽きるとも言えます。

　以下、顧客との対話の流れに沿って知るべき顧客情報とは何かについて説明します。

(1) 資産

① 資産形成の経緯を確認する

イ．過去の事業や投資の成功・失敗体験を聴く

　人は誰も成功体験は話したがるものです。どのようにしてこれほどの資産を一代で築くことができたのか、その理由を尋ねることから顧客を知るプロセスは始めるべきです。一般的にこうした話題をきっかけにすることで顧客との会話がスムーズに始まります。また人生の話は、いずれも学ぶべきものが多く、当方が真摯に聴く姿勢を示せば示すほど、相手は熱を込めて話をしてくれるものです。このステージでの顧客の話は、決して当方からの提案や批判的コメントで遮ってはいけません。カウンセラーになったつもりで、終始うなずきながら、時には相手の言葉をオウム返しにして確認し相手の話を促しながら、必要な情報をしっかりとノートに取らなくてはなりません。

　相手がオーナー企業経営者なら、まず、本体事業を中心に話を聴くことから始めたらよいでしょう。証券投資の話は、当方は聞きたいかも知れませんが、この時点では慎むべきです。投資提案という当方の関心事（アジェンダ）を話すためだけに情報を取っていると誤解を受ければ、相手の信頼を得るきっかけを失うことになってしまうからです。

　資産形成の経緯を確認することは、スイスのPB業務にとって最も重要なプロセスと位置付けられています。このプロセスを徹底して行うことで、マネーロンダリングで問題のある顧客を排除することができ、包括的提案に必要な顧客の基礎情報も手に入れることができるからです。

ロ．事業や投資の基本的な考え方や哲学を聴く

　事業では、何を大切に経営しているのか、特に新規事業や大規模な設備投資や企業買収を実行する際、どのような判断基準に基づいて意思決定しているのかを尋ねます。ホームページ等で会社の沿革を見れば、いつ、どの分野で大きく業態を変えるような大型の投資を行ったか、容易に発見でき有効ですが、こうした本体事業の投資に関する一連の質問への回答の中に、有価証券投資に対する本人の好みや主観的リスク許容度等、投資提案の際必要となる情報が潜んでいるからです。

ハ．オールドマネーとニューマネーの違いを知る

オールドマネーとは、先祖代々継承してきた財産（またはその所有者）を意味します。欧米のPB業務では、オールドマネーとニューマネーとの違いを知ることは、投資目的や投資スタイルを知る上で重要だといわれています。

一般的な傾向として先祖代々の資産を受け継いだ者（オールドマネー）は守りが中心の運用となり、必要最低限のリスクしか取りたがりません。一方、一代で財を成した起業家（ニューマネー）は、過去の成功体験に照らし、自分が納得できるリスクなら、果敢に取ります。もっとも創業者ではなくとも、中興の祖として、実質的な意味で一族の事業を今日の規模まで拡大することに成功してきた経営者の場合、その資産はニューマネーとして評価すべきでしょう。しかし創業者といえども、事業を売却して引退し、売却代金を取り崩して生活している場合には、実質オールドマネーと考えるべきと言えます。

顧客が創業者か2代目以降かどうかという形式的チェックで判断するのではなく、経営している事業から継続的キャッシュフローを取り、リスクのある事業投資をしているのか実態を見て、その顧客がオールドマネーかニューマネーかの実質的な判断を行うことが必要となります。

② 資産の現状を確認する

イ．経常資金収支を確認する

超長期にわたる保全型資産運用を包括的に行うことがPB業務です。顧客事業の経常資金収支が赤字か黒字かを判断するところから始めなければなりません。

経常資金収支が恒常的に赤字なら、向こう5年以内の生活資金不足額については、運用する前に預金やMRF等で元本保全と流動性の確保を図る必要があります。こうした資金はいわば短期債務と同等で、運用に当たっては、価格変動リスクや流動性リスクを取ることを控えなければなりません。さらに赤字規模の大小や赤字の原因が構造的か循環的か等、赤字資金の規模や性質も総合的に把握しなければなりません。個人にとっても法人にとっても、

絶対に回避しなければならない財務リスクは資金繰りリスクだからです（第1章図表1－8参照）。経常資金収支の確認は、このように顧客個人の分だけではなく、顧客が支配し経営する事業に対しても行う必要があります。経営者個人の流動資産は、自らの事業への最後の貸し手の役割を果たし、会社の経常資金支出の動向によっては、会社の資金繰りニーズに経営者は常に対応せざるを得ないからです（第1章■(3)③イ参照）。

ロ．資産・負債の総額を把握する

　一般に資産から負債を引いた純資産額の規模が大きければ大きいほど、投資家のリスク許容度は高いといわれています。より正確にリスク許容度を把握するには、将来の引退後生活資金不足や未払い相続税額という将来の負債も現在価値に引き直して資産から控除したり、生命保険の予想受取額を資産として増額させたりする微調整も必要となるでしょう。その意味では年金で用いられているALM（＝Assets and Liabilities Management）の手法は、今後さらに富裕層には導入されてしかるべき資産管理ツールになると思われます。

　リスクマネジメントの本質が資金繰りリスクにあることに鑑みれば、単に純資産規模が大きいだけでなく、それに見合った当座資産（個人の場合は現預金および売却可能有価証券）の規模の大きさも重要となります。特に上場を果たした起業家が現役の社長の場合、経営上の理由から持ち株比率を一定以下に下げることができないことが多いと言えます。このため純粋な意味で投資可能な流動資産（欧米では、これをnet investible assetといい、PB顧客選択基準として用いている）の規模を把握するには、売却できないこうした株式の金額を控除して判断する必要があります。

ハ．資産の保有形態を確認する

　相続における遺産分割や事業承継ならびに総合的タックスプランニングを効果的に提案するには、資産のみならずその保有形態からも課題を探り、改善の余地を検討する必要があります。特に今後相続税の一層の強化が予想される中、過去に実施したタックスプランニングが最善ではなくなる可能性も

高く、新規アプローチのきっかけともなるので重要となります。

　グローバル化が加速する中、一族の居住地および事業資産の所在地が国外に移り、グローバル・タックスプランニングの活用の余地が生じている場合、PB業務に携わる者として、競合する金融機関とのサービスの差別化を示すことのできるこうした機会を逃してはなりません。

ⅰ）保有形態の確認

　資産の保有形態が直接保有か間接保有かを確認し、間接保有の場合には、その法人等の器（＝vehicle）の所在地を確認し、その設立目的まで把握できれば、効果的提案の機会を手に入れることも可能となるでしょう。

ⅱ）持ち分の確認

　事業会社の本体の株式やその持ち株会社の場合、一族の個人持ち分を正確に把握する必要があります。今後の相続税対策と経営支配力の維持という両面から、一族事業の株式に潜在的な課題がないかを把握するには、どうしても必要となるからです。

　特にプライベートエクイティファンドの持ち分のように、相続以外の理由では、原則期限まで売却できない有価証券持ち分もあり、流動性リスクの判断に極めて重要となります。また純資産評価（＝Net Asset Value, NAV）は、年に1回のファンドの会計監査の際、評価額が大幅に変更になることもあるので、注意が必要となります。顧客がこのような投資に慣れていない場合、顧客が思わぬ流動性リスクや予想外の評価損にさらされないようにするために、流動性リスクの有無やファンドの評価が突然下がる可能性があることをあらかじめ伝えることも重要です。またこうした潜在リスクを喚起することで顧客の全資産に関する自主的な開示を引き出すことがPB業務担当者の重要な仕事となります。

　命の次に大切なお金の問題は、個人の病気同様、必要な時に、必要な人に、必要な程度だけしか情報を開示しないものです。顧客財産の自主開示を促すに当たり、以上のような開示の必要性があることを同時に伝えていくことがポイントとなってきます。

(2) 人生の夢とお金

① 金銭で実現可能な夢

　夢（＝人生の目的）を明確にし、ゴールから逆算して、何を、いつまでにどの程度まで完成させるか、人生の重要な目標に対してマイルストーンを設定することは、夢の実現には不可欠なプロセスです。これにより緊急ではないかもしれませんが、人生の重要な目標に対し、必要な時間とお金を確実に割けるようになるからです。

　顧客の夢の実現こそがPB担当者が目指すべき最終的なゴールのはずです。資産の保全や価値の増大はそうした目標を実現するための手段にしかすぎません。後に述べるようにPB担当者の提案に顧客が共感し、その提案に合わせ顧客が行動変容を起こすかどうかは、目標を顧客が主体的に設定したものか、PB担当者がその顧客の目標をいかに深く共有するかに懸かっています。

　2011年に起こった東日本大震災を機に、改めて人生の意義を考えた人は多かったと思われます。命も、財産も形あるものはすべて一瞬にして失われるという冷厳な事実を突き付けられ、人生は結果だけではなく、そのプロセスの在り方こそが大切であり、日々の生活の中に幸福感を見いだすことの尊さを気付かされた人は多かったに違いありません。2011年に発生した震災は人生を賢明に生きるためにお金とどのように付き合うべきか、じっくり考える機会を私たちに提供してくれたと思えてなりません。

　お金というものを、経済学が定義する貨幣としての機能からだけではなく、より人間らしく生きる手段としてその効用と限界を見つめてみることで、お金との正しい付き合い方もおのずと見えてくると考えています。

② お金の効用と限界

　お金は所詮、人生をより良くするための手段であって、目的ではありません。まずこの本質を履き違えないことが大切です。このことを見誤れば私たちはいとも簡単にお金の奴隷となってしまいます。お金に支配されないためには、人生の目標が「主」で手段としてのお金はあくまで「従」の役割であることを決して忘れてはなりません。そのことを忘れ、明確な人生の目標も

ないまま、がむしゃらに働き続ければ、知らず知らずのうちに主客転倒した
ライフスタイルの犠牲者となってしまうに違いありません。

　「今一度、震災直後の心境に戻り、もしあと半年しか生きることができな
いなら、自分は何をやりたいのだろうかと深く考えてみてください。そのた
めに必要なお金が本当にあなたに必要な額のお金です。」と顧客に語り掛け
てみたらどうでしょうか。

　お金との幸せな付き合い方を身に付けるには、お金はどの分野が得意で、
どの分野が不得意かあらかじめよく知っておかなければなりません。しかし
残念ながらこうした知恵を学校では学ぶことができず、日常生活での親の言
葉や、自分自身の失敗を通じてしか学ぶことができません。だからこそ、お
金との正しい付き合い方を伝えることはPB担当者の重要な業務の１つとな
るのです。

イ．お金の得意な分野

　お金には以下の３つの重要な力があります。

ｉ）必要なものを買う力

　第１の力は、必要なものを買う力です。しかし、本当に必要ではないもの
まで買い続けていると、いくら働いてもお金は足らず、結局お金のためだけ
に働く人生となってしまいます。必ずしも自分の生活に不可欠ではないの
に、あればいいと思うものを他人との消費競争で購入し続けていると、ライ
フスタイル・コスト（生活費の中の固定費）はたちまち上昇してしまいま
す。人生の早い時期に強制貯蓄等によるライフスタイル・コストを自動的に
抑制する仕組みを導入しないと、特にインカムリッチが陥りやすいストレス
性の支出で、既に高い水準にある固定性の生活費は知らぬうちに膨張してし
まいます。その結果自己破産する富裕層が後を絶ちません。ライフスタイ
ル・コストを自然に抑制してくれる強制貯蓄機能の重要性を顧客に訴える必
要がある背景には、こうした消費行動の問題があるからです（第６章**３**(1)参
照）。

ｉｉ）他人を支援する力

　お金の第２の力は、お金の支援が必要な人を助ける力です。日本の個人保

有の金融資産を年齢別に見ると、40歳以上の人が金融資産の95％を保有しています。つまり、20歳代後半から30歳代で既に結婚し子供のいる世帯は、日々の生活費に加え、教育費や住宅取得の頭金等人生に必要な投資資金を賄うため、日々の生活に追われて貯蓄する余裕はありません。こうした現実を踏まえ、政府も生前贈与を奨励する税制度を導入し、世代間の資産移転を促そうとしています。

　しかし、富裕層の父母や祖父母が子や孫の世代を支援するに当たっては注意すべき点があります。生活資金の赤字を継続的には決して支援しないという原則を徹底するということです。さもないと一族の中にパラサイトシングルどころか、パラサイトカップルを作ってしまい、次世代の自立する力を奪うことにもなりかねないのです。例えば銀行も将来の借入金返済原資につながる工場建設資金等、健全な資金使途には積極的に融資しますが、恒常的な赤字運転資金には融資を控えるのが原則です。これと同じで、次世代への資金支援においても、教育費や医療費と住宅投資等に限定するといった銀行による企業融資と同様の財務規律が前提とされなければなりません。

iii）他人の時間を買う力（＝自分の時間を作る力）

　お金の持つ第3の力は、他人の時間を買うことができる点にあります。こうした時間は目的から見て次の3つに大別できます。

　第1が、ともに楽しむ時間を手にすることです。家族との旅行や外食といったものにとどまるだけではなく、自分の人生に大きな影響を与えてくれたメンターや恩師を交えた感謝の夕べなどの機会を意識的に作ることも大切なお金の使い方です。特に相手が年長者の場合、実行できなくなる日が思いがけず早く訪れる可能性もあるので、後悔しないようにしたいものです。

　第2が学びを支えてもらう時間を買うことです。ポスト産業資本主義の時代に入り、資本や機械設備よりも高度な知識労働者（knowledge worker）の頭の中にある価値（人的資本、human capital）やその人の持つ人脈（社会関係資産、social capital）が経営の希少資源として重視されるようになっています。知識労働者は、もはや古典的な意味での資本家に対峙する労働者ではなく、企業に「人財」を提供している疑似資本家となっています。

こうした知識労働者にとって自らの生涯学習と健康管理のために十分な時間を確保することは、今や人的資本（human capital）の生産性を高めるために不可欠な投資行動となっています。お金をかけて、個々人の不得意分野を支援してもらうコーチやトレーナーを採用することは、自らのhuman capitalの価値を生涯にわたって維持・向上させるための貴重なお金の使い道だと認識すべきです。

　第3に、自分より得意な人に代わって作業をしてもらうために使うお金があります。セクレタリーサービス、ハウスキーピング、介護者、ハイヤーサービス等、経済のサービス化が高度化すればするほど、他人から買うサービスの機会は一層増加していくでしょう。しかも年長者になり、残された人生の時間が短ければ短いほど、人の時間を買うことは自分の時間を創造することにつながるという意味でより貴重となります。年収から逆算して計算した時間給が高い富裕層顧客であればあるほど、こうした代行サービス分野では他者の時間を買った方が得策であることは言うまでもありません。

　さらに今後、語学に不自由のない富裕層の間では、海外での高度医療サービスを利用する人々の数は年々増えていきます。症例数と成功率がともに世界トップクラスの専門医から手術を受けることは、貴重なお金の使い途となるに違いありません。米国では、医療サービスが市場として確立しており、お金を払えば望む医療が購入できる市場の仕組みが既に出来上がっています。PB担当者としては海外トップクラスの医療サービスへのアクセスを顧客に提供できることも大切な仕事の1つとなってくるでしょう。

ロ．お金の不得手な分野

　次にお金の不得意分野を説明します。お金の得意、不得意の両面を知って初めてお金の限界を知り、お金との正しい付き合い方が理解できるようになります。

　お金が人生を幸せにする手段にしかすぎない以上、お金では買えないものは、いずれも人生の目的や人生の意義につながる重要なものばかりです。

　第1に、愛情・友情が挙げられます。いずれも相手と有意義な時間を過ごし、時と試練を乗り越え、互いをかけがえのない存在と確信しない限り、恒

久的関係を構築することは望めません。離婚は富裕層の最大の資産毀損要因である上、特に高齢になっての離婚は医学的に見ても短命の原因となることを忘れてはいけません。

第2は、充実した人生の基礎となるべき健康です。規律ある生活なくしては、健康な身体を長期間維持することは不可能です。健康維持でお金の果たす役割は、補足的なものにすぎません。たとえ高級スポーツクラブへ高い年会費を払っても自分自身が運動しない限り、真の健康は手に入れることはできません。

第3に仕事のもたらす非金銭的報酬について深い理解を持つことが大切となります。

仕事は、給与という金銭的報酬だけでなく、さまざまな非金銭的報酬をも提供してくれます。例えば、週日は毎日定時に職場へ行くことで規律正しい生活を促し、マズローの欲求段階説の「所属の願望」を成就することができます。また他者から仕事が評価されることで、仕事を通じ「承認の願望」が成就されます。さらに次世代に自分が長年実務で身に付けた知恵や経験を引き継ぐことで「自己実現の願望」の成就にも貢献できます。このように仕事は、私たちに金銭以外のさまざまな報酬も提供していることを忘れてはなりません。

仕事の持つこうした非金銭的報酬を忘れ、退職とは給与がなくなることであると考え、退職への備えは、お金の準備さえすればよいと単純に考えている人が多く見受けられます。しかしそれでは退職後に訪れる大きな心の変化に対応することはできません（第1章コラム1参照）。

Column1

退職後に訪れる4つのステージ

私たちは一般に、退職後、次の4つの心の変化のステージをたどるといわれています。第1ステージは、多幸症（ユーフォリアEuphoria）といわれる状況です。あり余る時間とまとまった退職金を手にして、こ

第1章　RM（リレーションシップ・マネジメント）

れまで諦めていた子供の頃からの夢の実現にまい進します。しかし、ど
れを試しても自分の満足するものを手にすることはできない現実に直面
し当惑します。自分は初老の大人で、もはや子供ではないからです。

　そして第2ステージの鬱状態（デプレッションDepression）が訪れ
ます。家庭で突然暴言を吐いたり暴力行為に及んだり、これまでとは異
なる行動を取り始め、孤独や自己嫌悪感を癒そうと酒量が急激に増える
のがこのステージでもあります。極端な場合、アルコール依存症から重
度の鬱病となり、ついには自殺で人生を終えることすらあります。この
第2ステージが「はしか」のようにほんの短い期間で終える幸福な人も
いれば、自殺で次のステージへ進めない人もいます。しかし誰もが例外
なくこのステージを経なければなりません。

　第3ステージは、方向転換（リ・ディレクションRe-direction）のス
テージです。ようやく初老になったありのままの自分を受け容れること
ができるようになり、価値観を切り換えて新たな人生で生き甲斐を求め
る旅につきます。ここに至ってようやく生活に自律的なリズムが生まれ
てきます。

　そしてついに第4ステージの安定（スタビリティ Stability）にたど
りつき、死の直前まで長い癒しの旅が続くことになります。

　この4つの心の変化のステージでおのおの心の課題を柔軟にこなすに
は、知恵と他者の支えがどうしても必要となります。いついかなる時も
本当の自分自身と向き合うことのできる精神力、環境変化への適応能
力、自分自身の変化に対応しながら生き抜く力などは、いずれもお金だ
けでは手にすることができない人生を生きる上での大切な力なのです。

　愛情や友情を育み、健康増進に努め、仕事がもたらす非金銭的な報酬
の追求を忘れず、人生を生き抜くための知恵を深める必要があります。
こうしたことはいずれもお金だけでは手に入れることはできません。

　（出所）「セカンドライフを愉しむ」（ドロシー・サンプソン著、米田隆訳）

11

図表1－1 RMにおける3つのCの役割

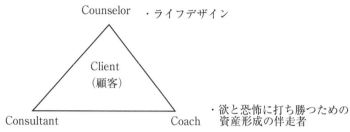

ハ．PB担当者の心得－3つのCの役割を考える－

ⅰ）Counselorの役割

　図表1－1にあるように顧客（＝client）という頭文字Cを囲んでPB担当者は3つの異なるCが付く役割を適宜果たすことが求められています。第1のCがCounselorで、その役割は顧客のライフデザイン（人生の設計図）を顧客自身の手で描けるよう支援することです。

　これは、個々の顧客の価値観を明確にするプロセスであり、客観的、合理的に解が決まる性質のものではありません。本人にとっては、いわば魂探しのプロセスとも言えます。それ故、用いるテクニックは説得ではなく、カウンセラーが一般に用いる傾聴（＝active listening）が重要となります。いろいろなタイプの人の例を出しながら顧客の反応を探り、時には顧客の思いを言語化することを支援したり、顧客が自分の思いを具体的にイメージできるよう支援することが求められています。夢を明確化するこのプロセスこそ、このライフデザインのステージでは最も大切なこととなります。

ⅱ）Consultantとしての役割

　ライフデザインがいったん明確になると第2のC、つまりConsultantとして顧客を支援する領域に進むことになります。ライフスタイルというのは、ある意味では本人の価値観の表れですが、財務的には固定性の生活費としても

位置付けることができます。例えば、ある水準の固定性の生活費をベースに一定のインフレ率と65歳で退職することを前提にしますと、現状の金融資産では65歳における平均余命（男子19.57年、女子24.43年）（厚生労働省「2017年（平成29年）簡易生命表」）のはるか手前の75歳で老後資金が枯渇するというシミュレーション結果が出たとします。これを受け、次の３つの変数を動かしながら顧客とともに財務シミュレーションを繰り返し、死ぬまで老後資金が持ちこたえられるプランを検討することになります。

第１が退職時期を延長するというオプションです。しかし、永遠に働き続けることはできませんし、高齢になれば疾病や障害の発症率も高まりますので、この選択肢だけに頼るプランニングはリスクが大きいと言わざるを得ません。

第２がライフスタイル・コストの見直しです。ただし、一度上がったライフスタイルを落とすことは頭で考えるほど容易ではありません。

第３は、預金を中心とした不作為状態となっている流動資産を、本格的な資産運用によって働かせることです。すなわち、アセットアロケーションを抜本的に見直し、具体的な商品提案を実行することになります。この領域でコンサルタントの担うべき役割は、自分の提示した数字に基づいて顧客が合理的に意思決定できるよう支援することであり、顧客への説明と説得が用いるべき主なスキルです。

iii）Coachとしての役割

第３のCがFinancial Coachとしての役割です。顧客がこれまでの元本保証のある預金と保険一辺倒の資産運用から、株式を含めた変動性のある金融商品を購入すると、市場のもたらす欲と恐怖で顧客の心が翻弄されることになります。PB担当者は、ファイナンシャルコーチとして市場が大きく下落しても毅然として顧客を導く必要があります。このような時、「あなたのライフデザインに変更がありましたか」と聞くことが大事です。顧客の答えが「いいえ」であれば、すかさず次のように言葉を続けます。「万が一の時に必要になる６カ月分の生活費等の緊急支出も５年以内の生活費以外の臨時支出に必要な資金も既に預金で十分確保しています。もし、PERやPBRが歴史的

に見てこんなに低い底値圏で保有株式を売却し預金に逃げ戻れば、15年後の長期資産形成の目標は達成できません。このまま我慢して時間とともに着実に将来の問題を解決すべきです。もし、仮に株式等もすべて売却し、0.5％以下の預金レートでの資金を運用すれば、時間とともに問題が顕在化することになるでしょう。どちらがより良い人生の選択でしょうか。」

正しい投資プロセスを経た運用プログラムであるなら、ＰＢ担当者はちゅうちょなくこのような発言が自信を持ってできるはずです。

このようにファイナンシャルコーチは、長期資産形成の伴走者として、市場が生み出す欲と恐怖を顧客が乗り超えられるよう支援し、本来の正しい長期運用が継続できるよう顧客を導く役割が求められています。

(3)　懸念事項
①　家族や扶養の責任を持つ人に関する課題を聴く
イ．カウンセラーとして傾聴する際の注意すべきポイント

本来は、本人の懸念事項から聴き始めるところですが、多くの場合、自分の課題については口が重く、最終的に「あなたが死んだら、誰があなたの代わりを務めてくれますか」と尋ねることで、ようやく重い口を開くものです。特に成功している現役の経営者で一族の家長でもある人の場合、対外的に作られた顔（分析心理学者であるユングがいうところの「ペルソナ」）を維持する必要からも、自己の弱みを開示することには極端に神経質となり、消極的となります。たとえ話をしてくれたとしても、当たり障りのない話題だけで終わることになります。その意味でも、本人の心の中に入るには相手との共感形成が必要となります。近親者の抱える切実な問題を聴き手として真摯に共有し、徐々に外堀を埋めていくアプローチが望ましいと言えます。障害を持つ子供、介護が必要な親、そして頼りない後継者の存在と少しずつ口を開き始めるでしょう。他人にも見えやすいものから徐々に見えにくいものへと、懸念事項を徐々に話していく傾向があるからです。

ロ．健康に関する課題と対処の状況を聴く

病気等に対する支援が必要な近親者の状態が改善しないために、本人の活

動が制約されたり、他者の支援が必要な場合、その人の平均余命年数以上の生活費を賄える準備がなされているかどうか、検証する必要があります。またより適切な介護施設の紹介が必要ならば、可能な限り顧客との信頼感を深めるためにも仲介あっせんの労を取るべきです。さらに、健康改善の余地があるならば、既述の通り、アメリカの医療サービス会社も含め、高度医療サービスや専門医へ紹介することも重要な非金融サービス提供の機会と捉えるべきです。

　この10年ほど、健康保険制度に不満を持つ医師や彼らを支援する企業経営者は増え、医師のセカンドオピニオンや先端医療機関を紹介するサービスが次々と出始めています。こうした業者の中で、紹介に値するフットワークのいい担当者を知っておくことは、顧客サービスという意味で役に立ちます。しかし、この場合も、高い会費の見返りに紹介手数料をPB担当者に払うとアプローチしてくる輩がいるので、職業倫理の観点からも、一線を置いて対応すべきです。

　また去り逝く人と過ごす時間が持つ価値を忘れてはなりません。お金により優れた医療・介護施設の提供がなされているとしても、病を抱え弱っていく人にとっても、また看取る側にとっても、互いの心を通わせる最期の時間は必要な限り確保できるよう配慮したいものです。

ハ．本人の健康の課題

　周囲の人間の健康上の課題が共有できれば、いよいよ本人の課題に移ります。この場合、「○○様が元気な限り何とかなりますね」と肯定的に質問をぶつけてみることからスタートし、相手の反応を見ていくことを勧めます。その際、本人の顔の表情が曇ったり、長い沈黙など言外のメッセージがあれば、それを読み取る注意深さが大切となります。こうした質問に触発され、本人が背負いきれない重荷を感じた時、「実は、私自身にも健康の課題や体力の急速な衰えの実感があり、いつまでも１人で支え切れないかも知れないと感じているのです。」と本音を漏らす一瞬が訪れるものです。これにより初めて本人の願望をしっかりと聴くことができるようになります。

② 家族の課題（親や配偶者介護、障害を持つ子供等）

イ．人間関係に関する課題を聴く

人間関係に関する懸念は、健康上の問題以上にある意味では扱いにくい問題です。本音が把握しにくいだけでなく、病気と異なり、重要ではあるが緊急性が低いため、問題把握や解決策のために適切な時期に十分な時間を割くことができず、問題を必要以上に潜伏させてしまうリスクがあります。この結果、気付いた時には同族系企業の企業価値が大きく毀損し、一族の永続的不和の原因となってしまう場合もあります。大企業の会長と社長の二大派閥が引き起こす社内抗争とある意味類似しています。

ロ．一族の不和の有無を確認する

一族の異なる利害関係を理解するにはスリーサークルモデルが参考になります（図表1－2）。

米国の同族系企業分析で用いられているもので、経営、所有、家族という3つのサークルの交わりからできる7つの領域に、一族の主要メンバーをプロットしながらおのおのの利害関係の対立原因を探ろうとする分析手法です。本人と各メンバーとの間の利害関係で何が問題になっているか、一定の仮説を持ちながら本人に一族の関係を聴いてみることが有効なインタビューとなります。初回の面談を受け、2度目の面接の際、一族関係者をスリーサークルモデルという分析の枠組みで整理して本人に提示して見せれば、大いに感謝されるでしょう。またこのことにより、本人と各メンバーとの間の人間関係に関する課題が自主的に開示されることが期待できます。また、対立感情の背景となる利害関係が体系的に理解できることで、本人もこれまで気付くことのなかった課題解決への新たな糸口を見つけることが可能となる場合もあります。PB担当者にとって、顧客が抱える人間関係への課題を共有するツールとして、米国のファミリービジネス分析で用いられているこのスリーサークルモデルは、極めて有効です。

図表1−2　スリーサークルモデル

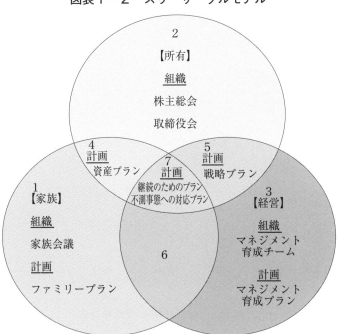

ハ．子供や孫の教育の課題を聴く（含む後継者育成問題）
ⅰ）お受験支援

　子供や孫の教育問題も富裕層顧客の抱える悩みの１つです。本人には十二分の資産がありますが、一族が代々私立の有名小学校に通ってきたわけではないので、学校へのツテもなければ、家族に代々伝わる入学準備のノウハウもありません。お受験ブームの中、娘から孫のためにと教育費の支援と目指す学校の関係者の紹介を求められ、困った結果、相談を受けることもしばしばあります。

　お受験事情に詳しくかつ受験準備指導に関して誠実に対応してくれる有識者を人脈に持つことは、PB担当者にとって重要な財産となります。成功の要諦は、進学の目標を明確にすること、本人に向いた学校を選択すること、そして選択した学校の入学試験に合った準備を実績のある塾で十分に積むことの３つを確実に行うことです。また学校によっては可能な限り学校関係者

と知己を得ることも重要になるかもしれません。幼稚園・小学校の選択という
プロセスでは子供が幼少であることから、親の影響力が強くものをいうだ
けに、中学や高校・大学の受験以上に親や祖父母が何かできることはないか
と悩むケースが多く見受けられます。富裕層顧客の正面にいるPB担当者が
こうした親や祖父母の気持ちに共感し、必要な支援を適切なタイミングで提
供すれば、生涯にわたり顧客から感謝され、顧客一族との強い信頼関係を構
築するきっかけとなります。相談があればPB担当者は自らの人脈をフルに
活用し、顧客のニーズに先手を打つ形で対応することが必要です。

ii）留学支援

留学のニーズへの対応も、同族系企業活動の国際化とともにPB担当者に
とって不可欠となりつつあります。

対外直接投資を行う日本企業の国際化は、これまで3つのステージで進化
してきたと考えられています。

第1期は1980年代半ば以降、貿易摩擦やプラザ合意による急速な円高に対
応する自動車組み立てメーカーとそのパートナーである有力部品メーカーの
北米への工場進出です。

第2期は、定着する円高による人件費の高騰から国際競争力を失った大手
製造業が、その対応策として90年代から本格的にグローバル化に着手しまし
た。低賃金労働者を求め、アジアへの現地生産工場を展開した時期です。

今やデフレに加え中長期的に経済の成熟化と人口減で国内市場が構造的に
縮小しています。このため、非貿易財の提供を行うサービス業や不動産業ま
で、成長市場が見込めるアジア新興市場に活路を見いだそうとする第3の国
際化が進展しています。

次世代教育の一環として、事業のグローバル化に対応するため、一族の子
弟を留学させる富裕層は今後も増え続けるでしょう。特に国際的視野で見れ
ばこれからは、最終学歴はグローバルに通用する国際的なプロフェッショナ
ルスクールで修士号以上を取得することが求められています。現に有力な外
資系企業の在日トップは、皆例外なく修士号以上を取得しており、語学や専
門能力は当然のこと、学校を通じて作った人脈は、ビジネス交渉の要所要所

でものをいいます。顧客である祖父母や両親は、お金に不自由がない分、自分に果たせなかった夢の実現だけでなく、一族事業の永続の可能性も賭け、子弟の留学にも心を砕いています。PB担当者としては、こうした顧客の思いに共感することが求められます。

Column 2

「顧客の期待を超えるサービス」のエピソード
『英国の名門大学に留学するご子弟の卒業論文の作成を支援する』

　顧客のご子息がスイスのボーディングスクール修了後に、欧州の有名な大学に入学されました。しかし卒業論文が大学卒業のネックとなり、心配された父親である顧客から助言を求められました。以前、米国の大学院では修士論文が学位取得の条件であったと話したことを記憶されていたからです。顧客からの要望であったというだけではなく、慶應義塾大学でもキャリア論の研究者の顔を持っている私にとって、生来若い人を指導することも嫌いではありませんでした。加えて、留学中のご子息を中学生の頃から知っていたため、親近感も感じていたので喜んでお手伝いすることにしました。

　まず、論文のテーマを絞るところから相談に乗ることとなりました。論文指導担当教授が指定した論文作成にあたり、事前に読むべき参考研究論文には私も目を通し、本人のディスカッションパートナーとしてメールと電話で対応しました。

　さらに、東北のある県の村落でヒアリング調査をする必要に迫られ、現地でのフィールド調査をすることになりました。論文を書く最終学年が始まる前の夏休みにいよいよ現地でフィールド調査をすることになりましたが、外国に住む本人や東京育ちの家族には現地に何らツテがありません。そこで、私が知人のネットワークから現地にツテを求め、本人に同行して現地の関係者に面接インタビューすることとなりました。

まずは地元の役所でマクロの統計データを把握した上で、村落の高齢者に個別面接を行うことになり、面接先も知人のネットワークの中から決まりました。しかし幾つかの村々を巡るには車が必要で、山道にも不案内です。さらに過疎の村に住む高齢者へのインタビューを必要としましたが、なまりが強いため、現地の言葉を標準語にしてもらわなければなりません。ようやく標準語への通訳（？）兼ドライバーをアルバイトで採用し、フィールド調査をスタートすることができました。

しっかりとしたフィールド調査結果に基づく論文は、論文指導担当教授にも高く評価され、無事卒業することができました。

この一件以来、ご子息と一層親しくなることができ、今は就職の相談に乗りながら、二世代にわたる家族付き合いが続いています。

iii）後継者問題

学業を終え、他社で武者修行を積んできた次世代がいよいよ一族経営に参画する時期が来たとします。ここで問題となるのが、どのように一族企業内で後継者を育成するかということです。欧米のファミリービジネスの研究においても、高等教育を身に付け大手企業や金融機関等で刺激のある実務経験を積んでしまうと、家業への魅力を急速に失ってしまうリスクが指摘されています。また一族の企業に入っても、一族の企業理念やこれまでの取引先との長期的貸借関係への十分な知識や配慮に欠け、問題の種となる場合があります。

父親が社長であるがために、いずれその後継者となる子供世代に対して番頭たちが十分な指導が行いづらいという不可避な問題を抱えながら事業承継プロセスが進むことになります。社長である父親が、次期後継者に適切な修羅場を適宜に与えることのないまま社長交代を迎えると、コーポレートガバナンス上大きな爆弾を抱えながらの事業継続を強いられることとなります。大昭和製紙が日本製紙に吸収されることが起きた背景には、こうした同族系企業の構造問題が潜んでいたことを忘れてはなりません。

同族系企業オーナーへのヒアリングの際、オーナーが非言語で発するメッ

セージの中に後継者への複雑な想いが込められている場合があります。この部分については、特に傾聴を心掛け、後継者問題について父親である社長とどの程度まで深くこの想いを共有できるかが、顧客への提案内容の精度にも反映されるでしょう。

　後継者問題は、企業に永続性があるため、ある年齢を超えた経営者にとっては自らの命以上に重要である場合があります。PB担当者の中核的な顧客は間違いなくオーナー経営者です。事業承継という大きな人生の課題が彼らと共有できればPB業務は自ずと成功するといっても過言ではありません。

③　財産上の課題を聴く

イ．本体事業の収益の構造的悪化要因の存否

　欧米PB業務では、顧客の余裕資金の運用目的を正確に把握することが投資提案に先立つ最も重要な確認事項とされています。しかし、PBの中核顧客である現役のオーナー経営者の場合、個人事業主としてのクリニックを経営する医師も含め、事業のキャッシュフローが不足すれば、経営者として自らの流動資産を取り崩し、事業の不足資金を補填する必要があります。オーナー個人が事業へのこの最後の貸し手としての役割を担っている以上、オーナー個人への資産運用を提案する前に、本体事業の損益に構造的悪化要因があるのかまず把握する必要があります。

　仮にここに大きな問題があるなら、まずは経常資金収支の赤字部門を黒字部門から分離できるかその可能性を探り、可能なら不採算部門を売却もしくは閉鎖し、赤字を止めることが必要となります。もし分離が不可能なら、規模の大きい同業他社に従業員ごと譲渡するかどうかを考える必要もあるかもしれません。買い手が付かなければ経営者として会社の借入れのために銀行に差し入れた個人保証の履行が求められ、保証履行に伴い、個人の財産まで失う可能性も出てきます。このようなことにならないためにいち早く事業を閉鎖するよう提案すべきでしょう。

　こうした一連の判断を、取引先銀行の融資担当者とは異なり顧客との利益相反のないPB担当者が、こうした企業金融（コーポレートファイナンス）全般の相談相手になることも、今後求められてくるでしょう。また新規開拓

の際、本体事業の取引先銀行と個人の取引先銀行を分離すべきであると主張するのも効果的アプローチとなります。それ故PB担当者には、コーポレートファイナンスの基礎知識がどうしても必要となります。もし、コーポレートファイナンスでの実務経験がないなら、書籍で必要な知識を補うか、所属する金融機関で適切な研修を受けるべきでしょう。

なお、オーナー系企業のキャッシュフローの把握の基本フレームワークについては、第1章3(3)①以下の記述を参照してください。

ロ．2種類の資産

資産には、不動産有効活用や有価証券運用のように報酬を支払って自分より専門知識も経験も豊かで能力の優れた外部プロフェッショナルに任せることのできる受動的資産と、大規模な不動産開発、事業や医療機関経営のように当人がその資産を運用するための意思と能力を必要とする能動的資産の2つがあります。

富裕層一族の資産把握に当たっては、あらかじめ資産をこの2つに分けてその運用状況を分析し、受動的資産については改善の余地を探り、現状の運用者が適任でない場合、他の運用者に置き換える提案も必要となります。一方、能動的資産の場合、その資産の性質から他人に任せることはできず、一族としてその事業の永続性を求めるなら、当該資産を運営する意思と能力のある後継の存在が不可欠となります。

ハ．経営者の3つの勇退パターンと5つの選択肢

次に能動的資産に関与するオーナー経営者の勇退や事業承継を考えましょう。

以下3つのパターンと5つの選択肢に基づいて、顧客の現状を整理するのが有効です。

ⅰ）相続問題が解決できるパターン

このパターンは2つの選択肢に分けて考える必要があります。1つは一族の能動的資産を継承できる意思と能力のある事業承継者がいるケースです。

この場合、通常の事業承継となるので特段問題はありません。

　一方、事業承継できる意思と能力のある者が一族の中にいないケースもあります。この場合、経営と所有を分離し、より積極的な取締役会を運営し、企業価値を向上させるガバナンスコントロールシステムを確立できるかがカギとなります。

　同族系企業の場合には、一般にはいわゆる株主と経営陣との間のエージェンシー問題（注：本来取締役は、株主の利益実現のために委任されているにもかかわらず、自らの利益を優先して行動を取ってしまうこと）に加えて大口の株式を持つ一族と少数株式を持つ一族の利益調整をどうするかという問題があります。同族系企業の経営と所有の分離は、頭で思っているようには簡単に実行できないので、提案する際には経験のあるプロフェッショナルと連携するなど、細心の注意が必要となります。

ii）一族外に事業売却するパターン

　同族間取引に適用される原則的評価方式での株式の譲渡では、株価評価が高過ぎる等の理由で納税問題が解決できずに会社を一族以外の第三者に売却するケースがあります。

　この場合も2つのケースに分かれ、①第三者への企業売却による株式の資金化と、②従業員の雇用維持や取引先関係の維持を念頭に、社内役員によるMBO方式での株式現金化の2つが考えられます。MBOの場合、子飼いの取締役の中に意思も能力もある者はいますが、たとえ同族外取引ということで株価が引き下げられても、その人たちだけでは全株の買収には資金が十分でないケースがあります。これを支援するものとしてプライベートエクイティファンドが考えられます。ある意味でホワイトナイトとして一緒に入ってMBOを実行すれば、オーナーは、株式の現金化が可能となります。

　このMBOについては、中小企業での潜在ニーズは高いものの、欧米の大型プライベートエクイティファンドが関与するには、exit（＝投資回収）が見えにくいことと、規模が小さいことが障害となっています。彼らのデューデリジェンス（買収監査）の固定費をカバーするには、どうしてもある程度の規模がなければなりません。こうした問題から中小企業のMBO

は、通常プライベートエクイティファンドの投資対象としては敬遠される
ケースが多く見受けられます。

　今後地方銀行が、低い預貸率に苦しむ中、有力貸出先を創造するため新た
に設立する自社グループのプライベートエクイティファンドを通して、こう
した中小企業に特化したMBOに投資するケースは増えるのではないかと予
想しています。

iii）会社清算

　最後の選択肢が会社清算という最も厳しいケースです。このケースは、経
営者にとって長年築いてきたのれん代が回収できず機会損失も大きい最悪の
選択肢です。しかし、将来増大する赤字資金が会社財産を毀損することにと
どまらず、個人の資産までも失うリスクを未然に防ぐためには断腸の思いで
会社清算を決断しなければならない場合もあります。速やかに毎年の累積赤
字を止め、会社の純資産が十分あるうちに負債を返済すれば、従業員に上乗
せ退職金を支払うこともできます。これにより会社債務の連帯保証人になっ
ているオーナー個人のリスクも未然に防ぐこともできます。また残った資金
で工場跡地に賃貸アパートや貸ビルを建設することができれば、豊かなセカ
ンドライフも可能となります。

　このようにPB担当者として、時宜を逸することなく、会社清算後の豊か
な個人の生活の可能性を提言することは大切です。

二．相続財産分割における公平性と効率性という２つの基準

　財産分割を一族間で考える場合、次の２つの基準で個別の資産配分が妥当
か総合的に評価する必要があります。

　第１に一族の各メンバーが継承する資産を担う責任とリスク、ならびにこ
れまでの一族の資産形成や被相続人の介護にどの程度貢献したのかを総合的
に判断し、おのおのの相続人にとって公平な財産分割であるか考える公平性
の基準があります。

　第２に一族にとってみれば外部への流出金となる相続税の支払額をいかに
減らし（＝相続財産評価額の引下げ）、必要となる納税額をいかに低コスト

で調達するかという効率性の基準があります。効率性の基準は、極端な税務リスクや負債リスクを取る相続税対策を用いない限り、定量評価が可能なため客観的に見て妥当な結論へ一族の合意を形成しやすくなります。国が利害関係者に入ることで分配のゲームがノンゼロサムゲームになることも合意形成が容易になることの要因の1つです（第1章**3**(2)③ハ参照）。

　一方、公平性の基準を満足させるための一族間の合意形成は、一筋縄ではいきません。定量的評価が困難な判断要素を含む上、感情が絡み、かつゲームとしてはゼロサムゲームとなるためです。特に、カリスマオーナー経営者の突然の死で相続会議が開かれるときなど、文字通り「争族会議」の場と化してしまいます。こうした、一族の争いを未然に防ぐため、オーナーが元気なうちに資産分配の方針を決めることを提案することも、PB担当者の重要な業務です。

(4)　夢と懸念への対応策

①　具体的手段を聴く

　顧客本人が上記(3)の懸念事項で開示した健康、人間関係、財産分野での課題に対しては現在どのような具体的な対策を取っているか、決して批判することなく、まずは聴くことが重要となります。顧客としては、十分考えた上、取っている対処法です。本当は満足していなくても、最近知り合ったばかりの他人に意見を言われたり批判を受けたいとは誰も思ってはいません。こちらが話すタイミングは、むしろオーナーがはっきりとサインを送ってくれるまで待つ必要があります。例えば、延々と1時間半オーナー本人が話し続けた後、「今日君は何をしに来たのですか」とか「あなたは、これらの課題に対して私の取ったやりかたをどう思うのか」と尋ね、こちらが話すタイミングを先方から提供してくれます。

　人は、誰も良いものは買いたいものですが、売り込まれるのは好みません。人の話を遮って自分の提案を話せば、目の肥えた富裕層は、売り込みと判断し、心の扉を閉じてしまうでしょう。

② 進捗に対する満足度

イ．進捗状況への評価方法

ここでは、財産状況に従って記述します。

ⅰ）受動的資産と能動的資産のおのおのにつきどのような頻度で見直しを行うか

　両資産ともに、少なくとも半年に１度、一族の主要メンバーによる定期的な資産の運用状況の把握と必要な見直しが求められます。受動的資産とりわけ有価証券運用に関しては、市場が大きく変動した時には、随時行うことも怠ってはならないし、市場が安定するまで四半期ごとに回数を増やして行うべきかもしれません。前述の通り、市場の激しい変動が投資家心理に生み出す欲と恐怖から顧客を守るというファイナンシャルコーチとしての役割が、PB担当者には求められているからです（第１章❶(2)②ハ．ⅲ）参照）。

ⅱ）どのような形式で見直すのか

　a．ファミリーカウンシルとその運営を陰で支えるファミリーオフィス

　欧米の富裕層一族の場合、一般にはファミリーカウンシルといわれる一族会議の場が設けられ、一族の資産運営状況や、将来の運用についての方針などが討議されます。こうした資産運営会議は、本体事業の経営会議とは別に行われており、事務局を運営する専門家以外の出席者は、一族の人間だけです。こうした事務局の運営を任されるのがファミリーオフィスといわれる富裕層の資産管理を専門とするプロフェッショナルサービス会社であり、国際的にはロックフェラー財閥のファミリーオフィスが有名です。

　ファミリーオフィスには、次の通り主要な３つの形態があります。

　まずは１つ目の形態として、１つの一族のみにサービスを提供するシングル・ファミリーオフィス（Single Family Office）があります。

　２つ目の形態が、マルチファミリーオフィス（Multi Family Office）です。当初、ある一族専用のサービス会社としてスタートしたファミリーオフィスがその後他の一族にもそのサービスを開放して、複数の一族の資産を管理しているものです。ファミリーオフィスのコスト負担増に耐えたり、また優秀な人間をファミリーオフィスの運営者としてスカウトし続けるには、

第1章　RM（リレーションシップ・マネジメント）

彼らに複数のファミリーの資産を管理させ、よりスケールメリットを追求させる裁量権を提供する必要が生じます。これにより、彼らプロフェッショナルには、キャリア開発や収益追求の機会が提供され、一族はファミリーオフィスの運営コストを引き下げることが可能になってきます。多くの著名財閥名を残したかつてのシングル・ファミリーオフィスは、そのほとんどが今ではマルチ・ファミリーオフィスとして活動を続けています。

　3つ目の形態が、マルチクライアント・ファミリーオフィス（Multi Client Family Office）で、特定の中核顧客を持たず、同規模の複数の富裕層一族に高度でテーラーメード性の高い総合資産管理サービスを提供します。このマルチクライアント・ファミリーオフィスはサービスの担い手で見ると、次の2つのカテゴリーに分けることができます。1つは、金融機関のPBチームが最上位顧客向けに提供するもので、もう1つは独立系金融プロフェッショナルが経営するファミリーオフィスです。今後、日本でもおそらくこの第3番目のタイプのマルチクライアント・ファミリーオフィスが導入され、金融機関が運営するものと弁護士や職業会計人を軸とする独立系の2系列のファミリーオフィスが登場するでしょう。その理由は2つあります。1つ目の理由としては、米国の歴史を見ても明らかですが、企業経営の透明性や規制の理由から、公開会社は当然のこと、たとえ未公開企業であっても、一族に関する個人業務を本体会社の社員が兼務することは困難となることが予想されます。今や（公開企業の場合）株主や銀行や税務署は以前よりもはるかに厳しい目で一族と会社との取引を監視する時代に入っているのです。2つ目の理由としては、終戦直後に創業した経営者が亡くなり、莫大な価値を持つ上場株式が、もはや企業経営に関与していない60歳代の次世代に続々と相続されようとしています。こうした1銘柄の株式の日々の変動に自分の資産が大きく変動されることを避けるため、相続した莫大な株式は今後売却されていくことでしょう。この結果、本当の意味で有価証券による本格的分散投資を必要とする膨大な流動資産が生じることになります。プロフェッショナルの集団によるグローバルな分散投資が求められる時代が今後10年以内に確実にやって来ると予想されます。

ｂ．ファミリーオフィスの役割

ファミリーオフィスの主な役割は、次の通りです。

・統合された税務対策

・投資戦略の立案と実行

・信託の受託者

・リスクマネジメント

・ライフスタイル・マネジメント

・帳簿管理と財務報告

・一族の一体性を確保するための諸イベントの企画・運営

・一族の慈善活動等

・一族の株主としての心得を指導する

③　改善すべき課題を顧客と共に考える

　このように顧客と話してきたら、顧客が現状の課題の取組みとその進捗状況に満足しているのか、ずばり尋ねる必要があります。その際、具体的にどの分野で当方の支援を必要としているのかも確認することを忘れてはなりません。これまで見てきたような正しいプロセスを経たファクトファインディングに基づく提案なら、顧客にとって単に売り込まれたものではなく、本人が求めている提案となるはずです。

④　支援形態への要望（金融、非金融サービス分野）

　イ．課題の原因を特定するため外部専門家を活用する

　まず顧客の課題の原因を根本理由にまで遡って特定することが重要となります。その際、必要なら国内外の弁護士や税務専門家の力も総動員する必要があるかもしれません。必要な秘密保持契約を締結すれば、電話やメール１本で第１次提案に必要な情報が迅速に提供される外部プロフェッショナルとの人間関係が必要となります。最終的には、こうしたネットワークをPB担当者個人として持っているべきですが、少なくともPBチーム単位では、迅速に動いてくれる外部専門家との連携を持っていることが必須となります。

　すべての提案が協力した外部専門家へのフィーの支払いにつながるとは限

りません。またこうした外部専門家をすべて顧問として契約するのも年間稼働率を考慮すれば経費負担が大きく、現実的ではありません。そこで提案するのが、こうした高い能力を持つ外部専門家と浮気をしない取引関係を築くことです。「○○銀行の○○さんは今回はダメでも、協力した案件の４回に１回はフィーの期待できる案件として自分のところに持ってきてくれる。しかも丸投げすることなく当方の時間を節約するために、顧客との間で自ら主体的に関与し、調査目的を明確にし、顧客サイドの事実をあらかじめ整理した上で案件を持ち込んでくれる。また常に礼儀をわきまえ、提案が顧客に拒絶された場合にも、その理由を当方に伝え、フォローすることも忘れていません。だから、彼への時間の投資は自分にとっても価値がある投資活動なのです」と、相手のプロフェッショナルに思わせるだけの行動実績を積み上げることが肝要です。

ロ．外部専門家の採用基準を決定する

ⅰ）ビジョンの共有

　多様で複雑な富裕層一族の案件に取り組む際、まず既存の出来上がった解決策に当てはめてもどうにもならないと覚悟すべきです。未知の問題に取り組む時には、自ら思考や行動がしっかりしていないと利害関係の対立する関係者を納得させるに足る妥当な結論に至ることはできません。その意味でも、パートナーとなる外部専門家と仕事のやり方や顧客選択基準に関して価値観のレベルで共有できているか、あらかじめ確認しておかなければなりません。

ⅱ）専門家としての知識と経験

　医師・弁護士・会計士・教師等いわゆるプロフェッション（＝profession）といわれる職業に携わる人々は、高度に専門的分野で自己完結する仕事をするところに特徴があります。そのため、その職業に就くためには、長期の研さん期間を要し、高い職業倫理が求められています。こうしたプロフェッションの分野での仕事の良否は、同業の他のプロフェッションでしか評価し得ないケースがあります。例えば、ある難しい症例の外科手術に

おいて患者の死亡が医療過誤に基づくものかどうかは、患者固有の病状の進行度合いや体力まで考慮する必要があり、一般人には特定することが困難です。そのため医療過誤訴訟では専門家による鑑定が必要とされます。欧米ではこうした専門家による評価のことをpeer's review（仲間による評価）として大切にし、自分たち専門職業人（プロフェッション）の自治を守り、また社会において公器の役割を果たすために自主規制団体を通じ、公益と専門家の自律的活動とのバランスを取ろうとしています。例えば、弁護士の場合、日本でも弁護士会という自主規制団体に属さない限り、弁護士活動はできません。弁護士会には、綱紀委員会を通じ、不正な弁護士活動への業務停止や除名など懲戒権限が弁護士法上与えられています。

　複雑なPB案件をコーディネートする際、外部プロフェッショナルを採用するに当たり知識・経験等から見た場合、重視すべき選択基準は次の通りです。

　第1に、当該案件分野で数多くの類似案件に携わった専門家であることです。

　第2に、自分の専門的知識や経験を補完し得るパートナーを案件実行のために動員することが大切であると考え、実行していることです。

　第3に、常に新しい案件に取り組み、過去の経験や知識にあぐらをかくことなく、学び続け、既成概念の制約を受けることなく課題解決へ創造的なアプローチで取り組む姿勢のあることです。

iii) 適切な報酬体系

　報酬が適切かを判断する上で何よりも重要なことは、提供されたサービスの対価として報酬額が適切かという点です。ここで一番重要な価値の1つが当方で必要な時に契約している担当者が十分時間を取ってくれるかどうかという点です。

　専門職の報酬には自ずと相場がありますが、その人の実績や知恵のもたらす対価として本来は報酬を評価すべきであり、一律には決め難い面があります。要は、本当に期待している中身を提供したことによる対価としての報酬であるのかを注意することです。

第1章　RM（リレーションシップ・マネジメント）

例えば、経験豊かな著名な専門家が立派な事務所を構え、未だ経験も浅く、顧客を自ら開拓できない多くの若い職員の面倒を見ているとします。加えて本人自身もライフスタイルを華美にしてしまうと、彼の事業の固定費は一気に上昇します。いったん上げてしまったライフスタイル・コストを落としてしまうと、対外的にも差し障りがあり、専門家として評判を落とし、収入の下落につながれば経営上さらに問題が悪化しかねません。こうなると、著名な大先生は顧客との面談に少し顔を出すだけで、後は人件費の安い若手スタッフに任せきりとなります。こうした若手職員には、資格試験に合格するため教科書で習う知識の提供はできても、失敗を含む多くの経験に裏打ちされた知恵の提供は期待できません。あたかも大学病院の患者のように、顧客の案件は、若いインターンの訓練の対象となるだけです。こうしたわなにはまらないためにも、シニアパートナーが必要な場面で十分な時間が割けない状況では、原則、案件は頼まないことにすべきです。シニアパートナーが十分な時間を使って、当方の話を聞き、自らがリーダーとなって解決策を検討してくれるなら、高い報酬はむしろ喜んで払うべきです。著名な専門家に依頼する時には、PB担当者として以上のことを十分留意し、顧客への助言をなすべきです。

iv）一族とのコミュニケーションの相性

人には、いろいろなコミュニケーションスタイルがあります。非常に理屈っぽく、細部まで確認しないと満足できないタイプもいれば、「○○さんから先生に任せれば万事大丈夫と言われているので、後はよろしくお願いします」という大ざっぱな人もいます。また自分の想いについては、じっくり専門家に伝え、それに対する基本的な進め方を専門家から確認した後は、要所要所で専門家からの経過報告をもらえば十分だというコミュニケーションスタイルの人もいます。法令遵守の要請から最低限の確認事項は前提となりますが、サービスを買ってもらっている顧客の満足度を上げるには、ある程度顧客のコミュニケーションスタイルに合わせざるを得ません。

顧客のコミュニケーションスタイルを事前に熟知することで、案件を進める上での段取りや伝えるべき事柄および伝え方を的確に選択することができ

るようになります。この結果、顧客と専門家双方にとってよりストレスの少ないコミュニケーションが可能となります。PB担当者は、ここでも顧客のコミュニケーションスタイルをよく知る人間として、案件に関する他の専門家を適切にリードし、顧客との有効なコミュニケーションの構築が可能となるよう支援することが求められています。

　実務経験が10年以上ある弁護士や職業会計人をPB分野の専門家として育成し、専門家の人材プールを確保するのもトップクラスのPB担当者の職業的ゴールの1つと言えるでしょう。

2 自己（プライベートバンカー自身および所属する組織）を知る

(1) SWOTによる自己分析

　企業が市場で新たなビジネス機会を発見し、市場における自己の弱みや潜在的脅威を克服するためのSWOT分析を用い、PB担当者自身が課題と市場機会を客観的に分析してみましょう。PB担当者はこうしたSWOT分析を効果的に用いることで、顧客にとって、自分のどの部分が強みで、またその強みをどのように顧客ニーズに対応させて営業の成果とすべきか的確に判断しなければなりません。一方、自らの弱みを放置しておけば、競合する他のプライベートバンカーに見込み顧客だけでなく、既存顧客まで奪われることにもなりかねません。

① SWOT分析の4つの要素

　SWOTは、自分の強み（S＝STRENGTH）と弱み（W＝WEAKNESS）という2つの内部要因と自分にとっての機会（O＝OPPORTUNITY）と脅威（T＝THREAT）という外部（環境）要因に分析の対象要因を分けて、攻めと守りの戦略行動を明示してくれる便利な分析手法です。企業研修では、一般にスタッフが自ら戦略を考えだすためアクションラーニングの一環として新規事業を検討する際、討論の手法として用いられることが多く見受けられます。

イ．市場における自己の相対的な強みを知る

　自己の相対的強みについては、サービスの質、顧客基盤、収益性の3点か

ら分析するとよいでしょう。さらに提供しているサービスについては、質の高さだけでなく、金融機関がターゲットとしている顧客層から十分な認知度や評価が得られているか併せて検証する必要があります。その際、顧客満足度で見たサービスの質や競合相手との比較で見たサービスの包括性が十分かどうか、外部の専門家の力を借り、顧客階層別に分析を行うことが有効となります。

PB業務では、顧客基盤が金融機関の競争力の基本となります。顧客がもたらす生涯にわたるキャッシュフローの現在価値を、顧客が金融機関にもたらす生涯価値（LTV＝LIFE TIME VALUE）として定義し、それを極大化することが金融機関の戦略目標となっています（図表１－３）。

図表１－３　顧客のロイヤルティの経済効果
（顧客からの生涯利益）

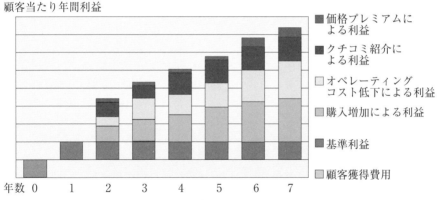

(出所)「顧客ロイヤルティのマネジメント」フレデリック・F・ライクヘルド著　ダイヤモンド出版

　LTVを向上させるには、単に顧客の保有する金融資産の大きさだけでなく、次の３点からLTVの向上に寄与する取引がなされているかを検証する必要があります。

　第１点は、いかに長く顧客でいてもらうか、別の言葉で言えば顧客の維持度（RETENTION RATE）をいかに高めるかという点です。長く取引が継続することで顧客とPB担当者双方にインセンティブが与えられる取引や報酬の設計が必要となります。

第2点は顧客紹介です。実務経験からも富裕層の顧客紹介は、同じような資産階層の富裕層から受けることがほとんどで、富裕層ではない人からお金に関することで富裕層を顧客として紹介されることはまずありません。PBでは既存顧客による顧客紹介が最も確実で優良な新規顧客獲得の手法として認知されています。このため、欧米のPBを専門とする金融機関は華やかな顧客向けイベントを催す際、既存顧客を夫婦連れで招待するだけでなく、彼らの友人を招く招待枠を提供し、顧客の満足度を高めると同時に金融機関として最高の営業開拓の場となるよう工夫をこらしています。

第3点はクロスセルとアップセルです。顧客がもたらすLTVに最も直接的に影響を与えるのは、クロスセル（＝CROSS SALE）とアップセル（＝UP SALE）です。クロスセルとは、預金や有価証券運用というPBのコア業務に加えて、相続税対象の一環として大口生命保険のような関連金融商品を販売することを指します。一方、アップセルとは、顧客は比較的満足度の高い金融機関への信頼を高めると、他の金融機関からその金融機関に資金を集中させて、取引額を増加させる傾向があることを言います。

このように顧客がもたらす生涯価値は、顧客維持率の向上、顧客紹介そしてクロスセルやアップセルの3つを同時に達成することで大きく成長していきます。

ロ. 市場における相対的な自己の弱みを知る

上記の強みで述べた着眼点に沿って競合他社との比較で自己の弱みを発見するのが1つの方法です。また過去の顧客クレームや顧客口座閉鎖時の理由確認（exit interviews）をつぶさに検討し、潜在的リスクの所在を事前に察知することも大切となります。こうしたプロセスでは、実績のある外部専門会社に委託した顧客満足度調査を行間まで読み込み、顧客の声なき声を読み取る必要があります。なぜアップセルやクロスセルが進まないのか、なぜ顧客紹介ができないのか、顧客の不作為の意味をよく分析することで、組織の構造的課題や企業文化の問題点を発見できることがあります。

自分が気付きにくい問題は、顧客もはっきりした言葉では語ってくれません。優れたPB担当者は、顧客との深い対話を通じ、こうした顧客の声なき

声の代弁者となり、自分たちの弱みをいち早く組織に伝える重要な役割を担っていることを忘れてはなりません。PB分野の顧客は、単なるリテール顧客とは異なり、預かり資産規模が大きく、社会的にも影響力が強いため、黙って消える顧客ほど金融機関にとって恐い存在はありません。

ハ．市場における機会

　他のあらゆるサービス分野と同様に、PBサービスにおいても典型的な顧客ニーズ（＝課題）に対応するものとして、商品やサービスが設計されます。

　SWOTの4要素を分析する場合、常にこうした顧客ニーズとサービス・商品がもたらす顧客満足度の両面からマーケティング戦略の妥当性を検討しなくてはなりません。そして代表的な商品・サービスについておのおのの成長性と収益性の2軸でマトリックスを描き、時系列的に見ていくことで収益性と成長性の高い顧客グループと商品・サービスの組合せのパターンやトレンドが見えてきます。また同時に組織の経営資源と顧客ニーズとのギャップも明確になってくるはずです。例えば特定の属性を持つ顧客セグメント（例：預金3億円以上の中小企業経営者）への生命保険の販売件数は成長していますが、顧客はお付合い営業を強いられている結果1件当たりの成約額が小さく、収益性は期待したようには伸びていないとします。そこには、顧客の潜在ニーズと現在提供されている商品サービスとの間にミスマッチが存在している可能性があります。こうした仮説に基づき、このセグメントの既存顧客を対象としたグループ面談や個別面談を行い、顧客の満たされていないニーズを発掘し、商品・サービス開発の手掛かりにすることができます。特に自社の強みを活かした有力な潜在市場へのアプローチが取り組むべき最も重要な戦略課題となります。つまり、外部環境の機会と内部経営資源の強みの交点に自社のビジネスチャンスがあることをSWOT分析が明らかにしてくれるからです。

ニ．市場における脅威

　セグメント別に見た特定の顧客や商品・サービスの市場が縮小し、収益性

も悪化している分野はどこでしょうか。他の金融機関も、よほどのニッチプレーヤーに特化していない限り、業界固有の構造的問題を同様に抱えているはずです。ただし、業界への脅威が自社の抱える弱みとの関係でより厳しく顕在化する場合と相対的に緩やかに影響を受ける場合が出てくるでしょう。

　例えば日本興業銀行は、1980年代半ば、長期信用銀行の最大手金融機関として大手都市銀行と遜色のない資金量を保有していました。しかし、大手都市銀行に比べ長期信用銀行3行は当時いずれも極端に大手企業に特化するホールセール銀行として機能していたため、長期信用銀行の収益は、大企業の借入れ動向に強く影響を受ける体質となっていました。

　1973年と79年の2度のオイルショックを経験し、その危機を克服することに成功したものの日本の大手製造業は、2桁台の高成長の速度をシフトダウンさせたため、内部資金で賄えるほど設備投資需要が落ち、銀行借入れでの設備投資が激減しました。その結果、皮肉にも日本大手企業のバランスシートは、自己資本比率で見ると大きく改善し、銀行に依存することなく資本市場で直接資金調達できるようになっていきました。

　こうしたタイミングで米国の圧力（日米円・ドル委員会）もあり、日本の資本市場が自由化され、格付をベースとする無担保社債の発行が解禁となりました。これを受け、日本の大手優良企業は次々と好条件で社債を発行し、手にした資金で過去の高い利回りの銀行借入れを期限前弁済していきました。中でも大手企業が発行する社債の代替的資金調達手段の役割を担っていた長期信用銀行3行への固定金利での長期借入金の返済圧力は強いものでした。

　安定雇用が強く求められる日本では、米国の金融機関のように簡単にレイオフで大量の人員コスト削減もできず、固定費をカバーするため新たな収益を求め、不動産を担保に多額の融資が可能な住専やノンバンクを通じ貸出しを拡大しました。このように大企業への融資比率が圧倒的に高い長期信用銀行3行が株式時価発行増資や社債発行の自由化の影響を最も強く受け、3行のうち2行は破綻、残る日本興業銀行も単体では存続できず、現在のみずほフィナンシャルグループに吸収されていったのです。5年の利付債という金融債券の発行銀行の特徴を活かして円の固定長期貸付市場で際立った強みを

持っていた長信銀3行は、市場の環境変化に伴い、かつての強みが弱みに変わり企業の存立基盤をむしばんだ事実は、当時を知る者にとって忘れられない教訓となっています。

② SWOT分析の活用法

SWOTの分析結果は、攻めと守りの両面で活用し得るものです。攻めにおいては、外部環境が提供する機会に対して自分の強みを活かして切り込むことですが、守りでは、弱みに突き付けられた脅威を克服することが大切となります。上述の長期信用銀行の例のように、弱みに脅威がさらされると破壊的なマイナスの力となるため、特定市場からの完全撤退も含めた迅速かつ十分な対応が求められる場合もあります。

高度成長経済には、高成長市場の持つ補償メカニズムがあり、たとえ市場でマーケットシェアを落とす大失敗をしても、絶対額では収入が増加しているため事後的に物事を正当化し得るのりしろがありました。高度成長時代が終わり、もはやこうしたのりしろはありません。自らの強み、弱みを十分に見詰めることなく、他の金融機関と横並びや後追いで事業展開しても成功する確率は低く、失敗した時のコストはかつてなく高い時代になっています。どこを捨て、どこで勝負するか戦略的事業領域の選択が求められているのです。

(2) SWOTの結果に基づいた弱点の補完策

以上、金融機関やPB部門等組織単位としてSWOT分析を活用する際の留意点を述べてきました。

ここからはRMの前線に立つPB担当者個人を単位としてSWOTを活用する方法を考えてみます。

① 職場での360度評価を活用し、支援を仰ぎチームメンバーの知恵をデータベース化する

PB業務においては、プライベートバンカー個人の力量と同じくらい、担当者を支えるPBチームの集団としての力と支援態勢の充実が競争力の源泉となります。

顧客に各メンバーの能力を専門知識・経験・人脈・パーソナリティ等、顧客への提案で意味ある要素に分解し、データベース化し広くPB部門全体で共有すべきなのです。また、課題別に作成した顧客向けソリューション提案書も同時にデータベース化し、内部や外部のどの人間の力を借りて誰がいつ、どの顧客にどう提案し、その成否はどうだったのか、関係者の名前入りでチームの全メンバーがいつでも閲覧でき、かつ関係者に直接問合せができる体制を整備すべきです。

② 外部プロフェッショナルの支援を仰ぐ

同僚のチームメンバーや社内のデータベースに解決策を求めても助けにならないこともあります。それがPB分野の仕事なのです。特にPB顧客の中核である同族系企業の経営者に助言をする場合、種々の取引でオーナー個人とオーナー企業が密接に絡んでおり、個人の側で見た最善策は企業側では必ずしも最善ではないことがあります。

同族系企業は、そのほとんどが未公開会社であり、株式増資での資金調達に制約がある場合が多く見受けられます。経営権を維持する必要から一族外に増資引受けを求めることもできず、新株発行増資をしても個人で見たオーナー一族の増資引受け能力にも限界があるからです。経営者の企業への資金繰り支援は、増資と異なり会社への貸付金が一般的となります（なお、税法上役員から法人への貸付けに対し、法人が金利を支払わなくても、その利益を得た法人側に金利の免除益課税は発生しません）。PB担当者はこのように同族系企業は、増資による自己資本充実を図ることに本質的制約があることを常に意識しておく必要があります。

このような自己資本調達の制約のため、内部資金（税引後利益と減価償却費の合計額）を超えて必要となる企業の成長資金は、銀行に依存することになります。銀行が赤字運転資金の貸出しを渋れば、過去の法人税の圧縮対策として購入した生命保険契約を解約したり、役員から法人への貸付け（実質的な社長への給与未払い）という形で対応せざるを得ません。

他方、相続税という個人の問題について、銀行とオーナー企業の関係を見ると、一族や企業からの外部流出金となる将来の相続税の支払額を合法的に

最小限にすることにおいては、銀行とオーナーは利害を共有しています。一方、オーナーに対する会社の未払金の支払い（＝オーナーが会社に持つ債権の回収）に関しては、債権者である取引銀行とオーナーとの利害関係は本質的に対立することとなります。銀行側としては、あくまでも会社のキャッシュフローと借入金残高が一定の水準（例：償還年数＝借入金残高÷（税引後利益＋減価償却費）が10倍以下）まで改善しない限り、オーナーからの貸付金を疑似資本もしくは劣後債とすることで銀行の貸付債権を優先債権として保全することを求め、法人からオーナーへの未払金の支払いを容易には承認しないでしょう。これに逆らえば、銀行側も数カ月後に迫る短期借入れの更新を拒否することで事実上の圧力をかけてくるかもしれません。もしこの銀行が他の金融機関からメインの金融機関と見なされていたら、メイン銀行が短期貸付枠を更新しないという事実を受けて、融資順位で見たその他の下位行は、一斉に融資姿勢を変更し、短期借入枠が更新されず、既存借入れの返済を強いられ、企業の資金繰りは一気に悪化します。企業として本源的収益基盤は、なんら毀損していないにもかかわらず、メイン銀行の短期借入枠が更新できないために、一連の負の連鎖の引き金を引くこととなり、資金繰り倒産の可能性も否定できない状況となります。そもそも短期借入金は長期貸付金と異なり、１年の期限が来れば法律的には銀行は全額返済を求めることができますので、単に表面金利が安いといって資金使途の回収に要する時間を十分考慮せず、すべて短期借入金で調達することには本質的に問題があります。こうしたことをオーナー自身認識すべきだし、また真にオーナーサイドに立つPB担当者なら、企業金融の常識を踏まえ適切な助言を行う必要があります。

　以上、PBの中核顧客である同族系企業のオーナーが抱える資金調達問題を例に経営者個人と法人との入り組んだ取引や税務問題を指摘しました。

　規模で見れば、大企業に比べ相対的には小さくても、多数の利害関係者を相手に複雑な課題を同時に解決していく必要があり、PB担当者は正確な知識と情報に基づき迅速な対応を取ることが求められています。また基本的には個人が絡んでいるため、ケースごとに個別事情が異なり、先例が役立たないこともあります。その場合、法律、税務、会計等の専門分野で同族系企業

での多くの類似案件を扱ってきた弁護士や職業会計人、コンサルタントの知恵が役に立つことがあります。上述のように、こうしたプロフェッショナルと長期にわたる継続的な関係を密にしておくと、たとえ複雑な案件に対して短期間で助言をするようオーナーに求められても、魅力ある提案を迅速に作成することができるでしょう。

　長期にわたり、本来の意味においてのパートナーシップに基づいて活動していますと、外部プロフェッショナルはPB担当者のことを良い意味で彼ら自身の営業マンだと認知し、パートナーのPB担当者の要請であれば、使った時間は自分の事業への投資と見なして優先順位を上げて対応してくれるでしょう。しかし、確度の悪い案件ばかり持ち込み、その上、プロフェッショナルに案件を丸投げするPB担当者だと思われてしまいますと、多忙を口実にプロフェッショナルも非協力的になるでしょう。こうした外部プロフェッショナルとの事実上の提携関係は、互いにメリットを継続的に享受できない限り長続きはしません。それ故、健全な緊張関係が大切となります（第1章**1**(4)④イ以下の記述を参照）。

③　自分の得意な技を周知させる

　まず、技術を磨くために不可欠な「累積鍛錬量」（第1章コラム3参照）を効率的に増やすには、自分だけの案件のみではなく、チームのメンバーや外部の専門家からさまざまな案件を持ち込んでもらう仕掛け作りが必要になります。

　こうした仕掛けには、次の3つの方法があります。

イ．ノウハウをドキュメント（文書）化する

　過去の実績をドキュメント化し、チームのメンバーと共有することで、自らのノウハウを他のチームメンバーに伝えられるよう精緻化します。文書化することで、漏れている留意点や不正確な知識に改めて気付くことができます。こうした不明な点を専門書で確認したり、専門家に質問することは、深い学習につながります。また教えることは一段高い学びにつながります。同じ内容でも、理解するレベルから他者に理解させるレベルに変換することで、鍛錬という観点から見た課題のレベルは一気に上昇します。私自身、実

務の課題を書籍で調べるほか、専門家と協議し最終的に案件という形でいったん処理すると、後日講演という機会を利用して具体的な案件に潜む問題を改めて抽象度を上げて分析し、体系化した知識として整理するようにしています。こうした抽象化のプロセスを経ることで類似案件での課題処理能力が高まるからです。

　ドキュメント化し、チームのメンバーに教え、知恵を共有してもらい、より高いレベルでチームに貢献し、その結果一段高い学びの成果を得ることができます。社会人としての1つの理想的な学びの姿がそこにあると考えています。

ロ．メディアへの効果的露出を演出する

　インターネットの時代となり、お金のある人や一部の著名人だけがマスメディアを利用してメディア戦略を効果的に展開できる時代は終わりを告げています。

　富裕層は、相続税対策という共通の課題と社会的に際立った存在という意味で可視性（＝visibility）が高いため、商品やサービスを売り込もうとする人間に対して厳しい選別眼と強い懐疑心を持っています。それ故、売込みよりも顧客を引き寄せることが重要となってきます。富裕層市場でのメディア露出を考える場合、特定の顧客セグメントに絞り込んだ媒体に、自分のノウハウを提供して顧客開拓し、紹介の連鎖を起こすことができれば、1人当たりの取引額も相対的に大きいため、累計額で見れば最終的に大きな取引額となる可能性があります。

ハ．専門家からのお墨付きを得る

　特定の富裕層セグメントで認知を得る有効な方法として、彼らが好んで読む雑誌に連載記事を寄稿したり、彼らが集まる勉強会に講師として招かれるようにするという方法があります。

　例えば、歯科医院を経営する顧客を増やしたいと思えば、歯科業界向けの最大手の出版社から歯科医にとってのライフデザインについて本を出版してもいいでしょう。この結果、定期的に歯科医師の集う勉強会に講師で招かれ

ることとなり、さらにその参加者の一部が顧客となってくれるでしょう。専門家である第三者の最大手出版社から認知を得ることで、売り込む必要はなくなり、良いサービスの提供者として顧客に選んでもらえるようになります。これが専門家からお墨付きを得るメリットです。

自分の得意分野が活かせる富裕層セグメントを見つけ、あなたの記事を専門雑誌に載せてくれたり、彼らの集う勉強会に講師として招いてくれる特定セグメントのインサイダーを見つけあなたのRaving fan（＝「圧倒的なファンや支持者」という意味）にすることが、こうした試みで成功する確実な一歩となります。

④　Give & Giveから始める

Raving fanを作るには、まず相手に好きになってもらうことが必要です。そのためには、まず相手が何を大切にし価値を置いているかを知り、相手の人生の目標を実現することに献身的な努力を尽くすことが有効となります。

PB業務では、セミナーの参加者が顧客になりたいと言ってくれる以外、既存顧客の紹介以外では見込み顧客に会うことはありません。紹介を受けたら次の4つのことを心掛けてアプローチすることが大切となります。

第1に、紹介を受ける人物の思考・行動特性やコミュニケーションする上で注意すべき点を紹介者から事前に十分聞いておくこと。

第2に、共感を持って相手の課題を傾聴すること。

第3に、相手から直接依頼をされた案件だけでなく、その周辺の課題についても情報提供するよう心掛けること。

第4に、こうしたきめ細かな情報提供を、短期的には見返りを一切期待せず愚直にGive & Giveの精神で提供し続けること。

この心掛けで接していくと、やがてまずあなたに相談する顧客になってくれます。相手が一流の人物であればあるほど、投資は大きく戻ってくると信じ続けることが大事です。PB顧客の太宗は既に人生の後半に入っており、残りの人生を考えて誰と時間を過ごすかを基準に付き合う人間を選択しています。目指す顧客が人間として尊敬でき、傍らに居ても居心地の良い人であれば、思い切ってあなたの時間を投資すべきです。アプローチする顧客に対

し、どの程度時間を使うべきか自分なりの基準を持たないと中途半端な顧客への関与となり、成果に結び付かなくなります。実践を積み、忙しくなればなるほど、誰を顧客にするかという厳しい選択が求められるようになります。

Column3

米国の先端心理学研究の知見を能力開発に応用する

　学校時代とは異なり、実務の世界では平均点の高さで評価されるのではなく、ある１つの点で際立って優れているからこそ評価を受けるものです。スポーツや芸能の世界を見れば学歴が成功に全く関係がないのは明らかです。弱点を克服するには他者に頭を垂れて教えを請い、自らの強みは徹底的に伸ばすべきです。

　強みは、実戦で鍛える必要があります。そして、鍛錬の過程で課題のレベルを徐々に難しくしていく必要があります。米国では、あらゆる分野の達人を対象とする心理学の先端研究分野があり、Expert Studies（＝達人研究）といわれています。

　この分野で著名なフロリダ大学のアンダース・エリクソン教授はあらゆる分野の達人に共通する鍛錬方法をDeliberate Practice（＝意図的訓練）として体系化しています。この意図的訓練の中には、１）指導者が設計した体系的な鍛錬メニュー、２）自分が強化したいと思う課題を繰り返し練習すること、３）その課題練習直後にフィードバックを受けること、４）能力向上のために徐々に課題設定の水準を高めること、５）訓練内容は決して面白くない等といった共通の要素があると同教授は指摘しています。

　こうした訓練の諸要素は私たちの学びに関する２つの重要な前提にも合致しているように思えます。

　１つは、**図表１－４**にある学びの３つのゾーンに関わる前提です。

　未だできないことを爪先立ちしながら自らを追い込んで、繰り返し訓

図表1−4　学びのゾーン

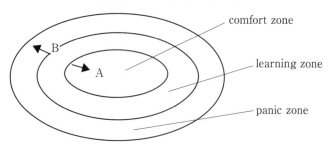

練をします。このlearning zoneにいない限り、訓練は新たな能力開発には結び付かないということが1番目の前提です。

一方comfort zoneでは、今できることを訓練しているため、新たな能力開発にはつながりません。環境が絶えず変化し、新しいスキルが求められる今日の競争社会のことを考えますと、このゾーンで訓練をしているだけでは現状維持すら困難となる学びのゾーンと言えます。

またpanic zoneでは、課題のレベルがあまりに高く、どこから手をつけてよいか見当もつかず、課題に取り組む本人はパニックになってすべてを投げ出して逃げてしまうか、責任感が強過ぎてできない課題を抱え込んだ結果、鬱状態になってしまう学びのゾーンと言えます。

人間の能力は時間とともにダイナミックに変化します。正しい課題のレベルを設定し、learning zoneで学びを継続すると、能力が向上するため、当初learning zoneにあった課題のレベルがいつしかcomfort zoneに移行していき（同図表の→Aの方向への動き）、能力向上につながらず、マンネリ化とモラル低下につながることになります。一方、かつてはpanic zoneと感じていた課題が能力向上に伴い、現在のlearning zone（同図表の→Bの方向への動き）に落ちてきます。このように環境変化と自分の能力向上という2つの動く対象を考慮に入れながら絶えずlearning zone（同図表の→Bの方向への動き）に居続けることを自分一人で行うことは、思った以上に困難で、達人レベルにならない限り実行することは現実に不可能だといわれています。

もう1つの重要な前提が累積鍛錬量に関するものです。いわゆる一流

になるためには10年もしくは1万時間という累積鍛錬量が必要だといわれています。この1万時間という累積鍛錬量の壁を超えない限り、際立った能力の習得は困難である、という実験心理学の知見がベースとなった学びに関するもう1つの前提です。

　意図的訓練をベースに自分の強みを達人の域に高めるには、働き方の中に自らの強みを鍛錬する手法を組み込むことが大切となります。学生とは異なり、社会人の場合、純粋に学びのためだけに多くの時間を割くことは、一時的には可能でも長期に継続することは現実的ではないからです。また、たとえ仕事を通じた学びであってもチームのメンバーを犠牲にし、自分だけが得る学びのスタイルでは、職場のモラル低下の要因ともなりかねません。そこで求められているのは、職場で自分の強みを活用し、他のチームメンバーを支援し、圧倒的に自己の累積鍛錬量を引き上げることだと信じています。

　詳しくは「究極の鍛錬」（ジョフ・ゴルヴァン著、米田隆訳　サンマーク出版）を参照してください。

⑤　社外のネットワークを活用する

　自分が投入する時間で顧客にもたらす付加価値を極大化しようと思えば、戦略的な提携関係にあるプロフェッショナルネットワークの力でレバレッジすることが不可欠となります。例えば都内であれば、1回目の顧客への紹介はパートナーであるプロフェッショナルに無報酬で顧客との面談に同席してもらってもいいかもしれません。地方の出張については、顧客による交通費等実費負担を条件に同行することを原則にしてもいいでしょう。こうした双方で事前に合意した合理的なルールを持つことで、顧客にはちゅうちょすることなく専門家を交えた課題の検討へ話を進めてもらうことができます。PB担当者として成功を望むならば、ぜひともこうしたルールに基づくプロフェッショナルネットワークによる機動的な支援の仕組みを持つべきです。こうした機動性の有無が競合するPB担当者との決定的差別化のポイントにもなり得るからです。

⑥ The Best of the Advisors Listを顧客に提供する

　富裕層の資産アドバイザーを対象とする米国での研修会でユニークなアイデアを聴いたので、紹介しましょう。

　富裕層には、富裕層が求める特有のパーソナルなサービスニーズがあります。受け取るものが物ではなく人の提供するサービスであるため、サービスの提供者と受益者が1時間程度で会えることが望ましいと言えます。もし顧客が住むコミュニティで顧客が必要とするおのおののサービスの分野でNo.1のアドバイザーのリストがあれば顧客にはとても役立つでしょう。顧客との対話を基に最高のアドバイザーリストを毎年更新し、資産運用アドバイザーがそのリストの作成者として情報の中心にいて、顧客への付加価値を創造する一方、あらゆる分野のアドバイザーへの影響力を強める、というのがこの The Best of the Advisors Listのマーケティングアプローチの中核的なアイデアです。

　富裕層顧客のパーソナルニーズは多様なため、サービス分野の項目も包括性という観点からは当初不完全なリストでスタートせざるを得ません。プロのゴルフコーチやマッサージ師から医師、弁護士、会計士等専門資格を持つ者まで対象は幅広いものです。そこで、顧客に対して次のようにアプローチします。「○○さんは、私の大切なお客様で、当地では名士でおられるのできっと多くの分野で一流のアドバイザーをご存知だと思います。このリスト項目に該当する地域のトップアドバイザーを教えてください。また、もし不足しているサービス項目があればぜひ遠慮なく追加してください」と依頼します。良い意味で顧客に自慢話をしてもらうことが大切なのです。このインタビュープロセスで顧客が何に関心があり、どのような価値基準を大切にしているのかをより深く、正確に把握することができるようになります。さらにリストのことで、しばしば顧客から相談も受けるようになります。またおのおのの分野のthe Best Advisorから彼らの抱える富裕層の顧客を投資運用分野で紹介を受ける電話も増え、顧客地域のトップアドバイザーとのコミュニケーションがより密接になることも期待できます。ぜひ、試してみてはどうでしょうか。

⑶　プライベートバンカーは生涯現役にも耐える魅力あるキャリア

①　キャリアとPB業務との位置付け

イ．キャリア戦略を定義する

キャリアとは、ある意味では人生そのものと言ってもいいでしょう。自分が人間として学び重ね、生活の糧を得、そして晩年になり後進の者に知恵や人脈を伝える。それは正に自分自身が生きた人生の証明でもあります。

キャリア戦略は、手に入れたいキャリアの現状とギャップを埋めるものとしても定義できます。冷静にキャリアの現状分析を、1）能力（資格）、2）顧客選択や仕事のやり方での自己裁量権の大きさ、3）報酬の水準と報酬決定の方法に対する満足度、4）仕事に伴う学びや自己表現の可能性、5）自由となる時間やワーク・ライフ・バランス等を基準とし、満足度を1から5のスケールでおのおのの項目を定量的に評価します。5年後、10年後に改めて項目ごとにどのように改善がなされ、また遅々として改善が進まないのはなぜか、その理由を具体的に探りながらモニタリングすべきです。

学問的には、キャリアとは一般には「人の一生を通じての仕事」という意味で用いられています。米国の組織心理学者でキャリア論の大家でもあるエドガー・H・シャイン教授は、「ともに進化する組織と個人の将来の要求をいかに合致させるか、そのバランスを取るところにキャリア構築の難しさがある」と語っています（詳細「キャリア・ダイナミックス」エドガー・H・シャイン著　白桃書房参照）。

時の経過とともに組織を取り囲む経営環境だけでなく、ライフサイクルの変化とともに、個人の人生の優先順位が大きく変動するため、個人のキャリアも内外の環境変化への適合を強いられることになります。キャリアの現状を次の3つの大きな観点から見て、その充実度を自らに問うべきです。

ⅰ）能力という観点からの問い掛け

社会や組織で自分が提供できる能力や才能が優れていると認められ、求められていますか。

ⅱ）好き・嫌いの観点からの問い掛け

自分のやっている仕事は好きですか。

心理学者のミハイ・セント・チクセントミハイ教授がその著「フロー体験 喜びの現象学」で「フロー」と呼ぶような体験を、自分自身の仕事を通じ得ているでしょうか。私たちは「フロー」の状況に入ると、その仕事や作業があまりに好きで夢中になり没頭してしまうため、実際には何時間も費やしているのに、あっという間に時間が過ぎるという感覚を持つようになります。結果として、頭の中での時間が物理的時間よりゆっくり進んだと感じることになります。多くの実証実験で能力開発や創造の発揮はこの「フロー」の発生が大切であるとチクセントミハイ教授は主張しています（詳しくは「フロー体験　喜びの現象学」世界思想社参照）。

iii）価値の観点からの問い掛け

自分の人生の価値基準に合致した仕事していますか。

仕事は「生活の糧を得る」という自己生存に直結する面と、「自己実現」という両面を持っていることを忘れてはなりません。

以上の３点から、今の仕事を振り返り、どのような仕事をどのような方法で実行したいのか考えてみることがキャリア戦略構築のスタートとなります。

ロ．超高齢化社会でより価値を持つ生涯現役のワークスタイル

戦後、半世紀を経て、日本人の平均寿命は1.5倍以上も伸び、高齢者の定義である65歳時点での平均余命も男性は19.57年、女性では24.43年と世界でも長寿となっています。今後の医療技術の発達や健康に関する知識の普及を考慮すれば、95歳の人生を前提にライフプランを立て、老後の資産形成を考えざるを得ない時代となっています。今や現役を引退し、公的年金の受給開始後30年を生きる時代となり、人生の後半の生き方の質が問われています。

来るべき100歳リスク時代を前提に超高齢社会で生きていくには、克服すべき次の３つの課題があります。

第１の課題は、健康寿命を延ばすライフスタイルをいかに獲得するかという「体」をめぐる人生の課題です。寝たきりで他者の力を常に必要とする期

間をいかに短くし、単なる長寿ではなく健康寿命の長さが目標とされるべきです。

第2の課題は、「心」をめぐる課題です。引退後の人生の長期化で日々生活での生き甲斐の見つけ方が大きな人生の課題となってきます。

図表1－5　長生き債務の可視化がなければ変わらぬ個人の金融行動

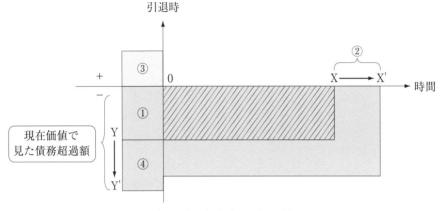

① 毎年の不足資金（生活費－年金受給額）も悪化
② 平均余命年数も医療の発達と健康知識の普及で長期化
③ 金融資産の運用レートは50％超が低利の円預金中心で低迷
④ 構造的に膨張する長生き債務

第3の課題は、「お金」、すなわち老後資金に係る問題です。加速化する少子・高齢化（人口ボーナスから人口オーナス社会へ）と国内経済の成熟化の結果、現役世代が引退世代を支える日本の公的年金の仕組みが数度にわたる制度改革を経て、大きく目減りしている上に医療費・介護コストの自己負担増もあり、引退後の毎年の生活資金の不足額は拡大傾向にあります（**図表1－5の④、YからY'へと毎年の生活不足金額は拡大傾向に**）。しかも、医療技術の発達や健康に関する知識の普及で引退後の平均余命は一層延びることが予想されています（**図表1－5の②、引退後の平均余命はXからX'に伸長**）。

こうした長寿化に伴う引退後の生活資金不足という負債は眼には見えにくいものですが、私たちのバランスシートでは構造的に膨らんでいます（これ

まで斜線部分で示されていた長生き債務は、斜線がない不足分が拡大したため、現在価値からみた負債は①から①＋④まで拡大する）。それにもかかわらず日本の個人の金融資産の50％以上が依然0.5％以下の利回りしかない預金で運用され続けています（**図表１－５の③**）。思いがあっても、働けなくなる75歳以上の後期高齢時代に入って、この生存リスクの予想外の大きさに気付いても、対応することができず本来は一番やりたくないライフスタイルを落とし、支出を切り詰める形で経常資金収支の帳尻を事後的に合わせざるを得ません。「最後が良い人生が、良い人生だ」といわれていますが、その真逆の人生となってしまいます。これが超高齢化社会での１つの怖いシナリオです。

　むしろ、前述の通り自分が好きで、得意で、価値観の共有できる仕事を、変化するライフサイクルに対応しながら、その時々のライフステージで適切だと思うワークライフバランスに基づいて生涯現役を続けることが、超高齢化社会の３つの課題を同時に解く賢い生き方ではないかと考えています。なぜなら、仕事には金銭や地位といった目に見える報酬だけではなく、健全な生活の規律、他者からの承認、自己実現、あるいは晩年の喪失感を補うものとして次の世代に知恵を伝えることができる等の非金銭的な報酬があるからです（第１章**１**(2)②ロ参照）。こうした報酬こそ、人間が人間として自分の人生を最期まで充実したものにするには不可欠な要素であり、その価値は年齢とともにむしろ増加していくものであることを理解する必要があります。

ハ．なぜウエルスマネジャーは生涯現役キャリアの目標となりうるのか

　ウエルスマネジャーは、次に挙げる諸点から考えると金融に携わるプロフェッショナルが生涯現役のキャリアを目指す対象としては理想的な職種の１つであると言えます。

ⅰ）一流の顧客と過ごす時間がもたらす価値

　富裕層はいずれも人生の成功者です。また創業者ではなくともその一族のメンバーであることから、結果として富を手に入れています。その生き方や考え方、趣味や人脈いずれを取っても関わる者に学ぶべき多くのものを提供してくれます。当方が素直に感銘すればするほど、相手の富裕層顧客からは

いろいろなことを教えてもらえます。いわば一流という名の人生の学校に入れてもらったような気分ともなります。お金以外の幅広い趣味や人脈を通じ、自然に付き合いが深まり、素晴らしい時間をともに過ごすことができます。働きながら一流の方々と得難い時間を過ごすことができるのがこの仕事の魅力の1つでもあります。このような経験を晩年まで享受できることはキャリアの目標として十分に価値あるものだと思われます。

ii）究極のノウハウが求められる世界

趣味でも奥が深くなればなるほど、学ぶべきことも多く、飽きることがありません。PBの分野は、投資主体の個人と法人が交錯するだけではなく、投資対象が金融資産や土地やその他実物資産と広範囲にわたる上、常に税を意識しなければならない仕事です。金融マンにとっては、究極の応用問題の連続と言ってもよいでしょう。多くを経験し、常に新しいことを学ぶことにちゅうちょのないプロフェッショナルにとっては、生涯現役で挑戦することに値する奥の深い究極のキャリアの対象になり得ることは間違いありません。

iii）業務の収益特性と魅力ある報酬体系の可能性

PB業務の運用では、顧客の未払い相続税控除後の純資産を極大化することが1つの大きな目標となっています。その意味でPB担当者の報酬は本来、顧客の目標に合致していることが顧客との利益相反を回避する上でも望ましいと言えます。欧米においても預り資産に対する一定フィーがこうした点からも顧客へ課するフィーとして一般的に採用されています。

この仕組みを一歩進め、視点を変えてPB担当者の上乗せ退職金制度として採用することができます。例えば、預かり資産や次世代を対象とする富裕層による暦年贈与の基礎控除枠を活用した定時定額投信購入のコミッション等、毎年安定的に期待することのできる継続的な収入のことを欧米では、recurring income（継続収入）と呼び、重要な収益管理の目標としています。この継続収入をベースにそのX倍を上乗せ退職金として支払う制度を導入したらどうでしょうか。例えば、45歳で専任PB担当者となり、65歳で受給資格を得ますが、70歳まで雇用延長を認めるとします。70歳となり退職金

を受け取った後は、直接の顧客担当から外れ、シニアアドバイザーとして若手の指導やメンターとして後進の指導を中心に活動します。そして支援するPB担当者の人数に対し、定額報酬を得て、年代に応じたワーク・ライフ・バランスを可能にした働き方を認めていきます。ラインポストは、確かに年齢による退職で新陳代謝を図る必要があるかもしれませんが、PB担当者は、50歳を過ぎてからの方がむしろその知恵や人脈の持つ顧客への価値は高まるように感じます。今後とも社会の公器としての役割を担う金融機関は、雇用延長でその積極的役割が期待されています。人事戦略としてもPB担当者のポストをラインポストではなく、専門職として育成し、多様な働き方の受皿として位置付け、生涯現役を目指すプロフェッショナルとして提供すべきではないでしょうか。

Column4

8つのキャリアアンカー

　良いキャリアを築くには、個人と組織のニーズを動学的にマッチングさせなくてはなりません。組織心理学の大家であるマサチューセッツ工科大学・スローン経営大学院の名誉教授であるエドガー・H・シャイン教授はこう説いています。企業を取り囲む経営環境は変化し、個人をめぐる環境や意識・体力もライフステージとともに変化していきます。いったんキャリアにおける個人と組織のニーズのマッチングが静学的（＝static）には合致しても、時間とともにズレが生じ、組織における自分の働き方を調整する必要があります。それ故、生涯を通じてのキャリア形成のプロセスは、静学的なものではなくむしろ動学的（＝dynamic）に調整することが求められているのです。

　生涯発達心理学の知見で見れば、言語能力や常識による推論など私たちが日常的に用いる能力は結晶性知能（＝crystalized intelligence）といわれ、現役で使い続けている限り、生涯にわたって緩やかに伸び続ける知能といわれています。その意味で人間は仕事を通じ、生涯にわた

第1章　RM（リレーションシップ・マネジメント）

り成長する可能性のある存在であることを忘れてはなりません。自らの
キャリアをどのように自律的に創造していくか、その際ベースとなる自
己のキャリアに関するコアイメージをシャイン教授はキャリアアンカー
と呼び、次の8つに分類しています。

(1)　全般管理能力志向

　　全般的な経営管理が好きで、得意で、価値あることと考え、経営者
になることを目指すタイプ。特定の1カ所で専門的なことを長くやる
ことは好きではないタイプです。組織のために必要なら、人事リスト
ラクチャリングも率先してクールにやり遂げてしまうタイプでもあり
ます。

(2)　専門能力志向

　　特定の専門分野の仕事で高い能力を発揮し、専門家として認められ
ることには強い動機を感じますが、人材や組織を管理するゼネラルマ
ネジャーの職には魅力を感じないタイプです。

(3)　保障・安定志向

　　このタイプの人は、職業を探す際、面接でも仕事のやり甲斐よりも
まず自分の給与がいくらなのかを真っ先に確認しようとするタイプで
す。雇用主による経済的な保障が何よりも重要で、収入の不確実性を
極端に嫌い、安定雇用が期待できる大手企業への就職や、公務員にな
ることを求めがちです。

(4)　自立・独立志向

　　人から指示されるのを生理的に嫌い、自分のやり方で自律的に仕事
を進めることが好きで、得意で価値があると考えるタイプです。大企
業での研究者や独立開業している弁護士や医師にもこのタイプの人を
よく見掛けます。

(5)　起業家的創造性志向

　　起業家的創造性志向のタイプとは、新規事業を創造したり、大企業
の中で新規事業に情熱を燃やして活躍するタイプの人のことを言いま
す。上記(3)の保障・安定志向のタイプの真逆に位置し、不確実な状況

で物事を推進する精神力があります。この起業家タイプの人は新しい
ことに強く反応し、特に業界初や世界初といった目標に強い動機付け
を感じる点で、(4)の自立・独立志向のタイプとは異なります。

(6) 奉仕・社会貢献志向

　世の中を、自らの手で直接より良くしたいという強い価値観と願望
を抱いています。教育、医療、社会福祉やボランティア分野で活躍し
ている人に多いタイプです。

(7) 純粋な挑戦志向

　冒険家に代表されるように、不可能といわれるような困難な課題を
求めてやまないタイプの人間です。ニッチマーケットを選ぶ起業家で
はなく、既存の大企業や規制当局の壁に真っ向から挑んだホンダの創
業者である本田宗一郎氏やヤマト運輸の小倉昌男会長も、ある意味で
はこのカテゴリーに入ります。

(8) ワーク・ライフ・バランス志向

　個人的な欲求と、家族と、仕事の適切なバランスを求めるタイプで
す。仕事だけではなく、自分の人生の総合的なゴールを成功の目標と
している人です。

(4) プライベートバンカーとしての生産性を改善する

① 預かり資産残高の目標

　プライベートバンキング業務を持続的に成功させるには、なぜ預かり資産
残高の増加を営業の目標としなくてはならないのでしょうか。これは営業目
標自身が顧客の利害に一致し、金融機関が安定的な収益源を確保できるから
です。安定した資産の増加は、顧客満足度を高め、顧客ロイヤルティが高ま
ります。その結果、顧客の維持率が高まるだけでなく、他の金融機関からの
運用資産の振替えや顧客紹介で顧客の生涯価値はらせん状に高まります（第
1章図表1-3参照）。預かり資産残高に一定の利率を掛けた収入が発生す
るところにプライベートバンキング業務収入の特徴があるため、いったん損
益分岐点売上高を達成したプライベートバンキング部門の収益は、機関投資

第1章　RM（リレーションシップ・マネジメント）

家向け運用ビジネスに比べ黒字基調を維持する傾向が強いものです。資産保全型の運用に特化するスイスのプライベートバンキングがなぜ長期にわたり安定した経営を続けてこられたのか、その秘密の1つが預かり資産残高＝固定性収入を前提とした保守的な支出管理にあるといわれています。こうしたスイスのプライベートバンキングの特徴は、わが国のプライベートバンキング業務の在り方を考える際、参考にすべき点は多いと思われます。以下、PB担当者としてどのように顧客の預かり資産残高を増加させ得るのか、行動管理目標の指針を記述することとします。

イ．目標にすべき収入を預かり資産から逆算して行動する

ⅰ）管理すべきは1人当たりの目標営業利益

人口が減少し、経済が成熟化するわが国では、収入の目標管理だけでは事後的に収益が保証されるわけではありません。高成長市場の持つ補償メカニズムが機能しない時代に入り、管理会計の観点から部門別営業利益目標を達成する必要があるので、1人当たりの営業利益額に関して予算と実績値の差異分析を月次で管理しなくてはなりません。

ⅱ）自らの直接・間接固定費を正確に把握する

可能な限り、直接・間接経費を分配した上で、各自の営業利益を算出する必要があります。その際オフィスコストや補助スタッフの人件費など分配可能な販売管理費を営業マンの費用に加えることは当然ですが、ITや人事部の関連費用等明確にPB部門に分配しにくいものについても、人員数比率や総人件費に対する部門別人件費の比率で配分するなど工夫して、各PB担当者の責任コストとして配分すべきです。PB担当者は、したがって預かり資産により自ら上げた収入から、1）取引に関わる直接経費、2）自らの直接・間接人件費、3）部門別に配分可能管理費、4）一定の割合で部門別に配分された全社共通費の自己負担分、という以上4つの費用を負担した上、それ以上の営業利益を稼ぐよう求められることになります。こうした4つの費用項目を意識しながら、PB担当者はどのような営業活動が自分の営業利益目標に最も影響を与えるのかよく理解する必要があります。そして毎月管理者による予実差異分析に関するフィードバックを受けたりチームメンバーのベストプラクティスを参考にすることで、PB担当者はタイムリーな行動

修正が可能となりまた求められるようになります。

ⅲ）自らの時間コスト（＝機会費用）を認識して行動する

1時間当たりの自分のコストがいくらなのか分かっていない人間は、給与以上の働きは決してできないものです。

自分のどの活動が不採算活動か的確に把握することなく、メリハリのある営業活動は期待できません。また目標とする営業利益を確保し、一方、将来の種まきのために投資できる余剰時間がいくらあるのか分からなければ着実な新規開拓は望めず、取引額は先細りとなります。またどの分野に投下した時間がこれまで最も投資効率が高かったかも分かっていないため、余剰時間をどの業務に投資すべきか優先順位を付けることもできません。忙しく、まじめに働いていると本人も上司も思い込んでいますが、実は会社の経費を無駄に浪費しているだけであったりさえします。

自分が1時間で稼ぐべきお金がいくらかという単純な事実を知ることで行動変容が促されます。結果だけを見る成果主義に基づく報酬体系やノルマによる管理よりも、自分の時間の持つ機会費用を知ることで、本人にも上司にもストレスの少ない月次営業会議や定時人事評価査定の機会がもたらされることになるでしょう。

参考までに自分の1時間の持つ機会費用を試算する方法を紹介しましょう。

a．自分が目標とする営業時間を設定する

年間52週間×5日＝260日。これから年間15日ある祝日と夏期・年末年始の休みを考慮しますと年間の労働可能日数は約233日となります。1日8時間労働で考えますと、営業可能時間は1年間で1,864時間となります。

b．目標収入を算出する

上述のⅱ）の4つの経費控除後の営業利益目標額を達成する収入をまず算出します。例えば、その収入がPB担当者1人当たり60百万円なら、あなた自身の時間コストは、それを1,864時間で割って、1時間当たり32,188円となります。こう計算すると自分が稼がなければならない時給が、日本の弁護士の平均時間報酬よりはるかに高いことが分かるはずです。

第1章　RM（リレーションシップ・マネジメント）

　　c．目標の収入を達成するため行動を明確にする

　既存顧客と新規顧客に分けて、営業活動項目別に期待される収入と投入すべき時間を考慮し、営業活動シミュレーションを行います。その結果、赤字と判定された顧客や営業活動項目は聖域を設けずに見直します。

　見直しは次の３点から行うことがよいでしょう。第１に、無理のない範囲で取引金額を増額させる可能性はないかを検討します。第２に、取引金額は不変でも、より短時間で効率的に取引を実行する方法（＝コスト削減の方法）はないかを考えます。その際、アシスタントによる業務代行や提案書のテンプレート化や直接面談する以外の方法でコミュニケーションできないか考えるところに改善のヒントがある場合が多いものです。第３に、以上の２つの分野で改善の余地がなく、どうしても不採算となる場合、新規顧客については見送ることにし、既存顧客については家族口座開設や顧客紹介で取引額を実質的に増やすことで対応します。こうした３つの見直しを経ても収益性の改善の見込みがない場合は、顧客に対するフィーを上げるか、それに不満足な顧客には取引を中止してもらうようお願いするしかないでしょう（第１章コラム５参照）。

　　d．成果につながる活動を預かり資産にリンクさせる

　抽象的にPB担当者１人当たりいくらという預かり資産の目標だけを与えても、意味あるモニタリングができなければ、毎年未達の目標を前に上司と部下が不毛な面談を繰り返すだけとなってしまいます。上述のように採算の好転が期待できる顧客に効率的な方法で営業活動を仕掛け、絶えず顧客別、営業項目別に個々のPB担当者の活動を分析し、上司がメンタリングします。そうした個々のPB担当者の成功・失敗体験をさらにチーム全体でベストプラクティスとして編集し共有することでPB担当者のモチベーションを下げることなく、適切な営業プロセス管理が可能となります。要は管理する側と管理される側がウイン・ウインのパートナーシップを維持することができる仕組みを持つことがチームの生産性の向上につながるのです。

Column 5

80年代半ばにJ.P. Morgan PB部門が経験したこと
－J.P.Morganのプライベートバンキング業務の改革に学ぶ－

　1980年代半ば、J.P.Morgan銀行は、プライベートバンキング業務の改善にも着手しました。収益分析をしたところ、期待していた収益が十分に達成できていないことが判明したからです。

　当時J.P.Morgan銀行のプライベートバンキング部門の各店舗では、顧客向けに特別の入口を設けたり、顧客を待たせないよう十分な数の行員を配置していました。豪華な革のケースに金色の文字で顧客の名前を記した銀行の小切手帳をすべてのPB顧客に配布するなど、個々の顧客の取引実績とは無関係に、過剰なサービスが提供され、業務の固定費が膨れ上がっていました。

　プライベートバンキング部門の収益改善の戦略として当時の頭取は次の3つの手を打ちました。

　第1に、取引実績のない単に預金を預かっているだけの口座には、ミニマムチャージを掛け、それに不満なら口座を閉鎖してくれるよう顧客宛に手紙を書きました。この顧客への通告には、社内からかなり批判も出ましたが、頭取は毅然としてミニマムチャージの導入を実行しました。

　第2に、PBの担当者をコーポレートファイナンスを経験した40代の行員に大きく入れ替えました。これまでの大口預金口座の資金の出納管理人から資産運用管理人へと行員に期待されている役割を変える必要があったからです。

　第3に、顧客口座でのクロスセルやアップセルを達成するために、商品開発チームと定期的情報交換の場を設けるようにしました。富裕層顧客は、財団同様、大きな純資産を持つ投資家として本来は一定規模の流動性リスクを取れるところに、一般個人投資家にはない最大の特長があ

ります。またPB顧客の中には同族系企業経営者の一族も多いため、相続や離婚等に絡んで未公開株式の現金化の必要性から、一族の未公開会社の株式買取りがマネジメントバイアウトの形でなされることもまれではありません。そのため、PE（＝プライベートエクイティ）部門や不動産投資部門が運用するPEファンドの投資家になったり、ときにはこうしたPEファンドへの買取り対象案件の出し手にもなることもあります。その意味で、こうしたPB担当者とPEファンド運用者との定期的情報交換の場は、重要な役割を担うものとして設計されました。

　後日談ですが、こうした情報交換の場を定期的に設定した割りには、思ったようにクロスセル取引が進まなかったようです。これは紹介に対するPB担当者への報酬評価が十分でなく、PB担当者より一般に高いボーナスを得ているPEファンド運用者への妬みもあったことから、所期の成果が上がらなかったからだと聞いています。

　日本のように固定給が中心で、年功型で昇進する金融機関では、むしろこうした報酬上の弊害は少ないので、商品チームとPB担当者との定期的情報交換の場に期待されていた役割については、学ぶべき点は多いと思われます。

② **潜在ニーズに関する解決困難な課題に対しどのようにソリューションを提供するか**

　プライベートバンキングで求められるソリューションは、顧客の持つ資産の規模、形態、所在地の３つの点から多様な組合せが発生し、課題の解決策を困難にしています。特に同族系企業経営者は一般に資産規模が大きいだけでなく、企業と個人との取引が複雑に絡んでいます。加えて、近年企業活動が国際化しているため、経営上や就学上の理由から一族の人間が非居住者化しているため、国内業務だけに対応してきた会計・法律等の専門家だけでは難度の高い国際スキームへの対応能力に限界が出ています。

　海外の弁護士や会計士を使うには、日本人の渉外弁護士や国際会計事務所を採用し間に入って対応してもらうこともできますが、時間給の高いプロ

フェッショナルを通訳として使うにはコストが高過ぎると感じることが多く見受けられます。そこでPB担当者には、こうした国内外の専門家を顧客の側に立ってコーディネートし、顧客への価値を創造することが求められています。

イ．外部専門家のデータベースを構築し、コーディネーターの役割を果たす

法律、税務、不動産、保険、信託、銀行業務、医療、留学等富裕層顧客が求める主要サービス分野で、一流プロフェッショナルを紹介できるルートを少なくともPBチームとしては持っている必要があります。

ロ．海外の弁護士や会計士との効果的なコミュニケーションの取り方

ⅰ）専門用語に通じる

例えば、会計分野なら、財務諸表の主要項目は英文で読めて話せることが最低限必要となるでしょう。英文財務諸表入門書を読むよりも日本企業の英文アニュアルリポートを英和辞典を片手に一冊読み込み、分からない単語をノートにまとめて何回も読み返して暗記してしまうことを勧めています。

次に実践編として顧客の海外現法の財務諸表の実物を読んでみることがよいでしょう。日本語での財務会計の基礎知識がある限り、後は困ることはありません。現地の特殊な会計や税務ルールは、現地のプロに聞けば済むことだから心配する必要はないのです

ⅱ）基本スキームを持つ

タックスヘイブン対策税制や移転価格税制等、特に国際税務分野では日常的になじみのない概念が登場します。RMを主たる業務とするPB担当者がこうした特殊な税務知識まですべて知っていることを条件にすれば、人材配慮から考えて生産的でもないし、また現実的でもありません。

そこで提案したいのが、典型的なニーズに対応した基本的な国際タックスプランニング・スキームをテンプレートとして持ち、それに習熟することです。そしてそのスキームで用いられている重要な概念や専門用語は日本語と英語で理解できるよう、専門家の指導の下、パワーポイントであらかじめ英語と日本語の提案書のひな型を準備しておきます。そしてその資料を何回も

第1章　RM（リレーションシップ・マネジメント）

何回も英語で読み込み、英語でも話せるようにしておくことで、海外の税務・法務専門家と実務レベルの話ができるようになります。

　例えば、親子で10年以上非居住者となり、在外資産を親から子供に日本の税法上非課税で移転するスキームや海外の資産管理会社のスキーム等について、顧客の関心の高いテーマとしてスタートしてみたらどうでしょう。スキーム開発で支援してくれた国内外の専門家は、顧客への個別提案の実行の際にも、有効なプロフェッショナルパートナーとして活躍してくれるでしょう。こうして、提案書を作成する過程を、同時に国内外のプロフェッショナルの人材プールを作るプロセスにすることもできます。

iii）顧客との橋渡しで顧客への付加価値を創造する

　国内外の外部プロフェッショナルとのコーディネーターとしてのPB担当者が顧客にもたらす最大の付加価値は、次の３点です。

　a．能力も、職業倫理観も高い一流の外部プロフェッショナルの目利き役となる

　国内ならまだしも、海外でこうした条件を満たすプロフェッショナルをオーナー経営者個人が確保することは必ずしも容易ではありません。

　b．顧客の時間を節約すること

　富裕層で高齢者であればあるほど、顧客の機会費用で見た１時間の価値は高くなります。顧客のニーズをよく理解した上で、習熟したスキームに基づき、顧客に対し時差のない同じ時間帯でPB担当者が日本語で案件を説明することは顧客の時間とエネルギーの大いなる節約となります。

　また、富裕層やオーナー経営者には、社内で財務を担当する管理畑の番頭がいたり、社外の税理士がゲートキーパーとしてオーナーのご意見番の役割を果たしている場合が多く見受けられます。こうした関係者への事前の根回しもPB担当者の重要な役割であり、顧客であるオーナーにとって、時間とストレスの著しい削減となります（第1章**１**(2)②イ．ⅲ）参照）。

　c．顧客に代わり、適切なプロフェッショナルフィーを交渉し、その良き監視役となる

　基本スキームを共に研究し、開発してきたパートナーの位置付けにある外

部プロフェッショナルなら、フィーの交渉を卒直かつ公正にできる場合が多くなります。また類似案件を繰り返し同じ専門家集団で取り扱うことでスキーム学習に伴う時間コストを回避することもできます。スキーム開発の調査コストが適切か、当該国の一流弁護士や会計士の報酬水準がどの程度か等を判断するにあたり、類似案件で実績のあるPB担当者なら、顧客のための良きフィーの監視役となれるでしょう。

③ RMに求められる人材の要素

イ．求められるRMの顧客姿勢

スポーツや芸術の世界で一流になるには、イメージトレーニングは欠かせない能力開発の方法です。プライベートバンキングにおけるRMという定量評価し切れない分野でも、目指すべき最高のプライベートバンカーが実行すべきRMの在り方をイメージし、自己のベンチマークとして研さんに努めることは効果があります。

まずは評価の高い同僚、先輩の中に自分にとってロールモデルとなる人物がいないか探してみることが第1歩となります。経験を積むにつれて、PB業界やPB業務の先輩やPBを支援する外部プロフェッショナルの先輩の中に、幅広くメンターを求めてみることを勧めます。また国際的に活躍するPB担当者なら、海外で活躍するプロフェッショナルを自分の目標としてイメージしながら、日々精進することでそのギャップは次第に埋まっていくことでしょう。

ⅰ）顧客の利益を常に優先する営業姿勢の徹底

欧州トップクラスのプライベートバンクのパートナーに継続的に会う機会を得て、彼らに共通する営業姿勢は、顧客利益を第1に考えることだと確信するようになりました。彼らは常に自らの持つすべてのコンタクトを尽くして、顧客の包括的なニーズにできる限り応えようとします。このぶれのない顧客第一主義の姿勢には感銘を受けます。わが国のプライベートバンキングにおいても基本とすべき顧客姿勢です。

ii）目指すは単なる専門家（expert）ではなく、信頼されるアドバイザー（trusted adviser）になること

米国では、プロフェッショナルサービスの分野で勝ち組になるためには、「単なる専門家で終わるのではなく、信頼されるアドバイザーを目指せ」と繰返しいわれています。まさにこれは、プライベートバンキングの分野で活躍するPB担当者への助言としてもあてはまる考え方です。

図表1－6は、2002年に"Clients for Life"（生涯顧客）（Free Press出版：Andrew Sobel, Jagdish Sheth 著）という題名で出版された書籍にある専門家と信頼されるアドバイザーの対比表です。それを参考に以下両者の違いを述べていきましょう。

専門家は、自身の得意な分野で深みがあり、それだけで勝負をしようとしますが、信頼されるアドバイザーは、専門分野での深みに加えて幅も大切にして顧客へのサービスを提供しています。私自身の例を挙げると、個人をめぐる資産運用の世界に入る前に日本興業銀行での企業金融の知識と経験があったために、オーナー経営者の企業と個人を一体として見るプライベートバンキング・プラクティスが可能となりました。またこの8年ほど慶應義塾大学湘南藤沢キャンパス（SFC）のキャリア・リソース・ラボラトリーで心理学をベースに研究者として仕事をしてきたことが、学問的興味の幅を広くし、顧客に対するカウンセリングスキルを高めることにつながっていると感じています。また、ファミリービジネス学会の理事としてファミリービジネス分析に関わることで、ファミリーの一体性が同族企業の強味の源泉であることを学び、こうした一体性を支える一族プランニングのプロセスの重要性を学んできました。このようにトータルな意味で教養を高め、複数の領域にまたがる専門分野を持つことは、PB担当者のもたらすRMの価値を大いに向上させてくれると信じています。

専門家は、自分の専門分野の知識を延々と説明することにきゅうきゅうとしますが、信頼されるアドバイザーは顧客が抱える問題に耳を傾けようとします。専門家は既に顧客の目に見えている問題について、自分の専門領域に手段を限定して解決策を提供しようとします。一方、信頼されるアドバイザーは、顧客が表面的にしか見ていない問題の背後にある真の課題を見いだ

図表1-6 専門家ではなく信頼されるアドバイザーへ

専門家 （Expert）	信頼されるアドバイザー （Trusted Advisor）
専門領域での深み	専門領域での深み＋幅
専門知識を説明する	顧客の問題を聞く
顧客の目に見える問題の答えを提供	問題の本質を見つけるための よい質問をする
専門家の領域内で、 状況をコントロールする	顧客や顧客のスタッフと共に問題を 協同で解決しようとする
専門知識の提供	洞察の提供
分析的アプローチ	総合的アプローチ

（出所）"Client for Life" Andrew Sobel, Jagdish Sheth 著、米田隆翻訳、Free Press出版）

し、顧客自身がそのことに気付くように働き掛けます。例えば、アルコール性肝炎となった患者に対して医師が専門家として原因はアルコールの過剰摂取だから、アルコールを控えるよう指導することは簡単です。しかし、多くの生活習慣病の治療の場合と同様、間違ったライフスタイルが病気の根本原因であることを究明し、その根本原因を除去しない限り、根治は望めません。信頼されるアドバイザーの立場に立つ医師なら、アルコールの過剰摂取の根本原因をカウンセラーと共に突き止めようと次のように患者との対話を試みるでしょう。「なぜ、そんなにアルコールを飲むのか」との問いに、「仕事のストレスから解放されたい」と患者は答えます。次に「なぜ、そんなに今の仕事にはストレスがあるのか」と患者に聞けば、「本当はやりたくない仕事だが、高い報酬を手にすることができるからだ」と回答します。さらに、「なぜそんなに高い報酬を求めるのか」と問うていくと、ついには「妻が浪費家だが、妻を満足させてやりたいし、愛しているので十分なお金を渡してやりたいからだ」と患者が答えるに及んで、ようやく患者の抱える根本の問題に行き着くことができます。この例では、浪費家である妻も含めたカウンセリングを並行して行わない限り、夫への治療だけでは根治することはできないでしょう。

第1章　RM（リレーションシップ・マネジメント）

　PB担当者としてお金の問題に助言する際も、このケースのように、信頼されるアドバイザーとして顧客の目に見える問題の背後にある隠れた問題に対し粘り強く問い掛ける姿勢を持ち続けない限り、根本にある顧客の問題にたどりつくことはできません。

　専門家は、顧客の課題を自分の専門領域の狭い世界の中に無理やり押し込めて説明し、処理しようとします。顧客の抱える現実の課題のうち、自らの専門分野の範囲で行うパターン分析では、収まり切れない部分をそぎ落として強引に解決策を求めがちとなります。しかし、削り落とした出っ張ったところにこそ真の問題解決への重要なヒントがあり、悩みの根が潜んでいる場合があるのです。信頼されるアドバイザーは、顧客や顧客のスタッフ、もしくは家族状況まで視野に入れ、協同で問題解決に当たろうとするものです。

　専門家は、そのサービスを専門知識の提供に限定しますが、信頼されるアドバイザーは、その専門知識を前提に自らの経験を踏まえ直感に根差した洞察を提供します。

　専門家は自らの専門知識に基づく分析自体を目標にしますが、信頼されるアドバイザーは、分析はあくまでも手段であり、分析された結果をいかに統合して顧客の課題に応えるかを最終目標としています。

　このように、サービス産業が成熟し熾烈な競争が繰り広げられている米国では単なる専門家として業務を行うだけでは、現在の顧客の生涯顧客化は困難であり、専門家として持続的競争力を維持することが難しい時代になったといわれています。

　PBサービスの優劣を評価する顧客の目は厳しく、顧客に対する社会での注目度も高いため、欧米トップの金融機関からの顧客攻勢を招きやすくなっています。競争戦略上、わが国においてもこうした「信頼されるアドバイザーの視点に立ったサービス」のアプローチが求められているのではないでしょうか。

　現在の仕事のやり方が単なる専門家のアプローチに陥っていないか、PB担当者個人としても、またチームとしてもチェックすることが肝要です。

　いずれのプライベートバンカーもまずは、専門家になることで、顧客から所期の信頼を得てきているのは確かです。しかしそれだけでは生涯にわたっ

て顧客の心をつかみ続けることはできません。信頼されるアドバイザーに成長してこそ、顧客は初めてあなたのことを常に傍らに置き、あなたのことを大切な友人に紹介するようになると心得なければなりません。

ロ．RMに求められる客観的要素

ⅰ）年齢基準

PB担当者には単なる知識だけでなく、失敗を含む多くの経験に裏打ちされた知恵の提供や顧客との高い共感形成能力が求められています。人生経験という点から考えても、一定以上の年齢基準がめどになると思われます。重要案件をリードし、若手のPB担当者のメンターとして活躍するシニアクラスのプライベートバンカーになるには、人生を死から逆算して考え始める成熟した年齢にならないとその役割を担うことはできないでしょう。

ⅱ）知識・ノウハウ基準

一方、知識やノウハウの観点から見た必要な分野には、次のようなものが挙げられます。

a．豊富な金融関連知識と幅広い金融商品の取引経験

（企業金融全般に関する知識）

企業への貸出審査の基本知識や企業のM&A全般に関する基礎知識や経験は、プライベートバンキングの中核的顧客が経営者である以上欠くことができません。

（金融商品取引全般に関する知識）

投資商品全般と法人の節税対策や相続の納税資金対策の一環で購入する金融商品については熟知する必要があります。

b．不動産取引に関する知識

PB担当者としてまず、不動産取得については次の3つの主要目的があることを知る必要があります。その上でどの不動産がどのような目的で取得されたか顧客と確認し、環境変化を踏まえて見直しの必要がないか検討する必要があります。なぜなら、本人のライフステージが変化し、不動産に関わる税制も変更されている上、人口や経済成長率といった不動産需給を決定する

基本的要因も長い年月を経て構造的に変化しているからです。

〈不動産取得の３つの動機〉

１）自分自身が住んで利用する目的での所有

２）法人税や相続税を節税する目的での所有

３）インフレに強い資産として運用する目的での所有

これまで相続税法上極めて優遇されてきたため、総資産に占める不動産の比率は、どうしても高く、預金や有価証券に並ぶ富裕層顧客の中核財産となっています。また不動産は個人が直接保有するだけでなく、オーナー企業の本体事業の株価引き下げ対策に用いたり、いざという時のため銀行借入れの担保として提供ができるよう含み資産として保有してきた経緯もあります。そのため相続・事業継承の話になると不動産も対象に入れた資産の見直しがどうしても必要となってきます。

ｃ．国内外の税務・法務の基礎知識

前述の通り、富裕層の国際的活動範囲の広がりと日本企業のグローバル化が今後加速することが予想されることから、一定規模の売上高を持つオーナー系企業に対応しようと思えば、英文財務諸表や典型的な英文契約書はある程度まで読める力を身に付けることが望ましいと言えます（第１章**2**⑷②ロ．ⅰ）参照）。

ⅲ）高い顧客コミュニケーション能力

顧客の気持ちをつかむ（＝顧客の話したい内容を聴く）という意味では、共感形成能力の高いコミュニケーション能力が求められていると同時に、カウンセリングで用いる傾聴により、深く顧客の声を聴く（＝顧客の話しづらい内容を引き出す）能力も求められています。

ⅳ）柔軟性と忍耐力

富裕層の顧客は、今の社会的地位から落ちはしないかという潜在的恐怖心を常に抱いています。晩年に入った創業者や相続で多額な資産を手にした顧客の場合、現在保有しているような資産を築く機会は今後二度とないと考えるため、特にその傾向が強くなります。

また多額の資産を目当てに多くの人間が自分の回りに寄ってきて、自分のことを利用しようと考えるため、疑心暗鬼となりやすくなります。こうした心理を背景に、朝令暮改の指示を出して周囲の人間をろうばいさせ、表面的に見ればわがまま放題な印象を与えることがあります。

　顧客との生涯の関係を構築するために、PB担当者にはファイナンシャルコーチやエグゼクティブコーチの役割が求められており、一見わがままに見えるこうした顧客の行動に対してもその背景を十分に理解し、柔軟性と忍耐力を持って接することが求められています。

ⅴ）高い職業倫理観

　目の肥えた富裕層の顧客は、常に次の2つの問い掛けをPB担当者に発していることを忘れてはなりません。「あなたは優秀か」と「あなたは私のお金を盗まないか」。前者は、PB担当者としての知識やスキルを尋ねており、後者は、職業倫理観を問う質問です。職業倫理観については、知識とスキルと同様に顧客が大切だと考えているということを示しています。

　こうした顧客の無言の問い掛けにPB担当者としてどのように回答すべきなのでしょうか。顧客には、こう回答するのが良いと考えています。「私は一定以上の知識やスキルは持ち合わせていますが、日本一であるかどうかは保証もできませんし、証明もできません。その意味でこのことは私にはコントロールできないことではあります。しかし、お客様をだまさない、ということは私の意思でできることであり、コントロールできるものです。だから、そのことは保証申し上げたい」。こう回答された時、あなたが顧客であれば、どう感じるでしょうか。

　短期人事ローテーションは、顧客に3つのストレスを与えています。1つ目は担当者が替わるたびに情報開示が求められることです。2つ目は後任者が前任者ほど優秀でない可能性があることです。3つ目はパーソナリティが合わない可能性があることです。顧客に与えるこの3つのストレスを回避するため、また生涯現役での働き方を可能にする意味でも、今後はPB担当者には長いローテーションが求められてきます。それだけに、顧客との癒着がないようにより一層高い倫理観が求められてきます。

プライベートバンキング業務に携わる者にとって最も大切な職業倫理は、「顧客を守る」という究極の目的に奉仕するため活動することです。この「顧客を守る」という目的を実現する手段として、顧客の個人情報の守秘義務と、顧客にとって最善な取引執行とサービスの提供の2つが下位に位置付けられています（図表1－7）。

図表1－7　プライベートバンカーの職業倫理に関する階層構造

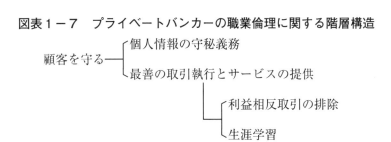

　莫大な資産を持ち、企業経営等を通じ社会的にも大きな責任と影響力を持つ富裕層個人の資産情報については特に高い機密保持義務が求められるのはいうまでもありません。欧米では、子弟の誘拐は富裕層顧客が常に想定しなければならないリスクとされています。こうした顧客の資産情報が国際的犯罪組織の手に渡れば、誘拐や窃盗、脅迫等の犯罪にもつながります。また企業経営者として、企業救済に手を挙げたり、公開買付け（＝TOB）で敵対側と争うことになったとき、スポンサーの持つ現預金や売却可能有価証券の多寡がTOBの雌雄を決する場合もあります。実はこうしたことへの配慮もあり、国際スタンダードに従い、国税庁は高額納税者のリストを非公開とする決定をしたのではないかと推察しています。PB担当者たるものこうした富裕層顧客の「資産を持つ者の悩み」を十分理解し、顧客情報の秘密保持義務の重さを常に考える必要があります。

　「顧客を守る」ためのもう1つの手段である「最善の取引執行とサービスの提供」は、その下位にある次の2つの手段によって実質的に担保されると考えることにより、職業倫理の階層性を体系的に理解することができます。

　第1の手段は、顧客との利益相反取引を排除することです。第2の手段は、PB担当者が継続学習することで最善のサービスの提供者としてその能

力を研磨し続けることです。こうした不作為や作為という行動規範を通じ、プライベートバンカーの高い職業倫理が担保されていきます。しかし、たとえ行動規範に書かれていない未知なことに遭遇しても、職業倫理の究極の目的（最上位概念）が「顧客を守る」ことであると思い出し、顧客の利益を常に優先する形で行動すれば、問題を未然に防ぐことができます。

　以上、PB担当者の資質として求められる職業倫理について概略を述べてきました。なお詳細については第7章職業倫理の説明に譲ります。

vi）高度なコーディネーション能力

　成功するPB担当者に求められているもう1つの重要な資質に高度なコーディネーション能力が挙げられます。複雑なプロジェクトの推進者として社内スタッフおよび国内外の外部プロフェッショナルを総動員し顧客の求めるソリューションを実行するには、欠くことのできない能力です。

　ときには、オーナーに代わってオーナーのゲートキーパーや対立する一族メンバーにプロジェクトの正当性を説得して回る必要もあります。適切な情報を正しい順序で根回しするには、綿密な計画と機敏な行動力に加え、説得力のある話術が必要となります。そして何といっても、個人としての魅力が求められます。時間的制約の中で、多くの人間に動いてもらわなければならないとき、担当者にかかるプレッシャーは膨大なものとなってきます。そのような時でも、素直で誠意ある態度でひたむきに案件に取り組む姿は、関係者の心を打ち、彼らの協力を引き出してくれるに違いありません。

　長く仕事をしていれば、あなたも心に残るこうした人物に1度や2度はきっと出会っているはずです。こうした人物から仕事への情熱の源泉の秘密を聴くことはどんな自己啓発の本を読むよりも価値ある人生の知恵が得られるかも知れません。

vii）最終的に問われるのは人間力

　プライベートバンキングの仕事の魅力は、人生で成功した素晴らしい人と出会うことにあります。この仕事は、お金だけがインセンティブではありません。付き合うに足るべきプライベートバンカーだと一流の人々に認知を受

けるには、自分自身の「人間力」が問われているのです。

「人間力」に関する研究を行っている慶應義塾大学の花田光世教授の言葉を借りるならば、人間力は次の5つの要素で構成されているといわれています。

a．達成動機

まず、どんな困難な環境であっても自己を動機付け、自らを高め、チャンスを作り、力を発揮すること、それが「達成動機」です。

b．EQ（Emotional Quotient, 感情知能）

次に、相手の立場に立った理解ができ、それに対して自分の意見を卒直に述べ、相手との関係性を構築した上で課題を解決できることが重要です。これがEQ（Emotional Quotient）の持つ力です。

c．オープンマインドネス

異なる状況に柔軟に対応でき、多様な考え方を受け入れ、自己を変革することもやぶさかではないという姿勢が重要となります。これがオープンマインドネスです。このオープンマインドさがなければ、チームの効果的運営ができなくなります。

d．インテグリティ（誠実さ）

自分の価値観をしっかり持ち、自分自身が「正しい」と考えることを追求でき、必要ならば自分の価値観の修正・ストレッチもできなければなりません。これがインテグリティの持つ力です。

e．ソーシャルキャピタル（社会関係資産）

最後に、人間的な幅を持ち自己効力感（セルフエフィカシィ、自己に対する有能感・信頼感）があるだけでなく、相手の自己効力感を高め、相手が価値ある存在であるという認識を持てるようになると、相手からも信頼を得ることが可能となります。これがソーシャルキャピタルの持つ力です。

こうした人間力を構成する諸要素は、PB担当者に求められる能力と一致するものでもあります。花田教授は「人間力は育成可能」であると指摘しています。PB担当者の人間力も、個々の場で工夫することで、育てることができると考えるべきです。

3 顧客との効果的な関係を築く

　顧客との友好な関係を構築し、顧客が顧客を生むプロセスを手に入れることがプライベートバンキング業務の成功には欠かせません。また顧客が意思決定において不作為に陥ることなく、効果的な顧客コミュニケーションをベースに営業成果へと結実させることができるよう自らの営業プロセスをメタ認知（自らの行動や思考を客観的に第三者の目で認知すること）する必要があります。

　以下、顧客との効果的な関係の構築とそのプロセスの管理について記述します。

(1)　市場の獲得

　資産のことで、富裕層以外の人から仕事につながる富裕層顧客の顧客紹介を受ける可能性はまずありません。既存の満足してくれた富裕層顧客が新たな富裕層顧客を紹介してくれるのです。成功するプライベートバンカーは、いずれもこの顧客が顧客を紹介するメカニズムを作ることで「市場の創造」に成功を収めています。

① 　有力顧客を支援者にする

　イ．既存顧客からの紹介こそすべて

　既述の通り、市場創造の成否は、顧客紹介にすべてが懸かっています。しかし、顧客から能力と信頼の両面で承認を得ない限り、紹介責任は顧客自身の信用問題につながりかねないだけに、富裕層顧客も新規顧客紹介には慎重にならざるを得ないことを忘れてはなりません。

　有力顧客のうち、誰を自分への顧客紹介の要とするかは、次の2つの軸で選択すべきです。

　ひとつは、あなたとパーソナリティや価値観が合致しているという主観的選択基準です。顧客紹介源として選択すれば、長くその人と時間を過ごすことになるので、将来のビジネスパートナーを選ぶに等しい意思決定となります。一緒にいるとストレスの原因となるようでは、良い成果は持続できません。プライベートバンキングビジネスは、長期にわたり顧客の生涯価値を最大化させることに戦略的意義があることを考えれば、このパーソナリティと価値観の合致という基準は次の客観的基準よりも重要な基準と言えます。

第1章　RM（リレーションシップ・マネジメント）

　次に大切なのは、その人が持っている人脈が実際に顧客紹介の源泉となり得るかという客観的基準です。ヒアリングにより、どのような経営者サークルに入っているか、趣味や学友の人脈などを聞き、またそこではどの程度影響力の強い立場で活動しているのかを把握する必要があります。もしあなたがこうした経営者サークルなどの顧客人脈に講演者として価値ある話題を提供できるなら、積極的に講師役を買って出るべきです。そうした会合で講演すれば、その人脈が顧客紹介への鉱脈となり得るか判断する具体的な一歩となるでしょう。

ロ．既存顧客からの紹介を引き出す方法
ⅰ）既存顧客のコアビジネスを支援する

　顧客のコアビジネスを支援することは、顧客の期待感を超えるロイヤルティを高める確実な手法です。PB担当者が資産運用の成果で顧客の満足度を高めるのは当然ですが、顧客の本業で意味ある支援ができれば、顧客にとって望外の喜びとなります。その後はあなたのRaving fanに変身し、あなたの広告塔となって顧客紹介の先頭に立ってくれるに違いありません。

　a．顧客のコアビジネスを支援するための3つの切り口
　顧客を本業で支援するには次の3つの切り口が有効です。

　第1が売上高の向上に具体的に寄与することです。まず顧客の顧客が誰であるか把握し、その上で顧客の部下である営業の責任者の紹介を受けます。「御社の新規営業先をご紹介したいのです。忙しい社長を煩わすのは申し訳ないので、営業の責任者をご紹介いただけませんか」とお願いします。あとは、営業の責任者と面談し、取引先で成長性が高いにもかかわらず当該企業製品のシェア率が低い先、いわば当該企業にとって販売余力が大きいが攻めあぐねている既往取引先の名を確認します。これだけの準備をした上、確認してきたターゲット企業と自分が所属する金融機関の取引先リストとを照合します。次に金融機関側でこうしたターゲット企業を担当している営業担当者と交渉し、連携を取りながらPB担当者の顧客企業の営業支援を実行に移していきます。もちろん、PB担当者にとって新規開拓先でも可能ですが、既往先でないといくら社内間での営業支援とはいえ、多忙を理由に社内の人

間が思うようには動いてはくれないことがあります。まずはPB担当者の既往顧客で始めるべきです。「うちのお客様で」の一言は、社内の人間にも無視し得ない重みがあるし、依頼を受けた営業部の担当者も同様のことを他部署の営業担当者に依頼しており、お互い様という感覚があるからです。

第2の切り口がコスト削減の提案です。電力料金や出張コストから従業員の福利厚生コストまで、導入に初期コストが伴わないコスト削減の提案は、有効な切り口となります。こうした提案も有効であることが分かればPBチームで共有し、皆が使えるようにテンプレート化しておくと業務の効率化につながります。

第3の切り口に幹部人材の紹介があります。PB顧客の多くは同族系企業であるため、社内のマネジメント層で人材が手薄になるという共通の課題があります。特に国内市場が縮小する中、新たな収入源を求めグローバル化の進展を強いられたり、他業態との戦略提携や既往製品の新たな用途開発に着手する必要に迫られています。中小企業の場合、こうした新たなニーズに応えるには、社内人材では経験も知識も不十分という場合が多いものです。それ故、このような戦略事業分野で経営者を支える人材を紹介することは、大変感謝され取引の深耕にもつながります。

ⅱ）顧客紹介を依頼することを忘れない

以上の3つの切り口で、あなたの行う顧客のコアビジネスを支援すれば、必ずや顧客先の営業責任者等から社長のところに報告が上がっていきます。そして社長の方から「今度はあなたのために何をしたらいいのか」と聞いてくれる瞬間がやってきます。その時、タイミングを逃すことなく「社長のようなお客様をぜひご紹介いただけませんか」と率直に頼むことが重要になります。これを忘れてボランティアしてはいけません。十分投資価値があると見込んだ社長だからこそ、あなたの貴重な時間を投資したのであり、その回収は忘れてはなりません。

ハ．コアビジネス以外での顧客の期待を超える圧倒的なサービスの提供

これまでに提供してきたサービスを、例示的に挙げて参考にしていただき

ます。

i）子供の就学

有名私立小学校にご縁のある方々の紹介だけでなく、こうした小学校入学に実績のある「お教室」の紹介も感謝されています。

ii）就職、結婚の支援

月並みではありますが、外せない支援の形態の1つです。本人の能力や相手との相性もあるため必ずしも成功率は高くはありませんが、成功した時のインパクトは強く、次世代との意味ある関係を構築する貴重な機会となります。

iii）困難な会員制クラブの会員権取得

特に一代で財を成した30歳代から40歳代の経営者には、こうした厳格な入会資格を持つ会員制クラブのメンバーになることで成功者としての承認を得たいという願望があります。PB担当者として、こうしたニーズを察知したならば、社内外のネットワークを活用し、入会に必要な紹介者を確保し支援すべきです。

iv）顧客である社長のスピーチの作成

プライベートバンカーの得意分野もさまざまでしょう。自分の特技を活かした顧客支援も顧客との距離をグッと縮めるきっかけとなることがあります。定期的に講演する機会が多く、また海外で英語での講演をした実績があるとします。この経験は、例えば中小企業のリーダーとして英国で講演することになった社長のためにスピーチを書き、出張直前まで何度も英語スピーチの予行演習に付き合うという行動につながります。自分の得意な分野で情熱をもって真摯に相手を支援すれば、顧客の期待感を超えるサービスとなり、顧客の心を打ち、熱狂的な支援者（Raving fan）になってくれるはずです。

二. 顧客紹介に対する感謝の方法を工夫する

　顧客を紹介していただく方への感謝の気持ちを伝えることを忘れてはなりません。顧客紹介を受けた感謝の気持ちは、良い資産運用の成果と顧客の本業支援で応えていくことが原則です。しかし、年に1度ぐらいパーソナルタッチを伝えることのできる感謝の夕べの機会を持つことを提案したいものです。「その際、ご夫人や好きなご友人をお誘いいただいて結構です」と申し添えることも忘れてはなりません。「今年も○○様から多くのお客様をご紹介いただきました。本日は、会社ではなく、私のポケットマネーでお招きさせていただきました」と率直に相手に伝えれば大変効果的です。これは顧客への感謝の気持ちを伝える方法の一例にすぎません。PBチームのメンバーから効果的に感謝を伝える方法を募り、共有して積極的に試してみてはどうでしょうか。

　既にあなたのRaving fanとなっている顧客は、あなたがポケットマネーでディナーへ招待してくれることなど期待して顧客を紹介したわけではありません。だからこそ相手にはインパクトがあるのです。常に顧客の期待を超えるサービスを考え抜くべきです。

　なお、顧客の本業支援を側面サポートしてくれた社内他部の営業マンへ成果の報告と感謝の気持ちを伝えることは忘れがちですが、継続的支援を期待するなら社内協力者へのフィードバックは重要です。

② 会員組織とネットワークの活用
イ. 目標とする顧客がメンバーである会員組織に入る

　ターゲット顧客が特定のクラブ組織の会員であるため、入会して人脈を広げ営業開拓に活用する場合があるでしょう。代表的なものには、次のようなものがあります。

ⅰ) 格式のある社交クラブ

　メンバーになるために一定の資格要件があり、複数のメンバー紹介者が必要とされます。こうした会員組織の入会にはメンバーによる厳格な入会審査が特徴となっています。

第1章　RM（リレーションシップ・マネジメント）

ⅱ）高級スポーツクラブや名門ゴルフクラブ

ⅲ）有力な財界人や学者・政治家の集まる勉強会系の会員組織

ロ．効果的なメンバーシップの利用法

　ここでも新会員として、定例のミーティングに出席するだけでなく、事務的な仕事やボランティアの仕事を積極的に引き受ける等、当初は既存メンバーからの信用を得るため会への貢献をすることが有効です。やがて勉強会の講演者を紹介したり、新メンバー募集で協力したりしながら信用を積み上げていきます。こうした会員としての活動を通じ、気の合ったメンバーを見つけて、徐々に営業の対象とすべきです。相手から求められない限り新会員になった瞬間から、間違ってもメンバーに営業を掛けてはなりません。格式の高い会員組織であればあるほど、悪いうわさが一気に広がり、営業を掛ける前に潜在市場を一気に失うことにもなりかねないからです。

(2)　顧客の意思決定への阻害要因を取り除く

　せっかく顧客が営業の機会を与えてくれ、当方も良いソリューションを提供しても、顧客の心の壁に阻まれて意思決定をしてくれない限り、双方にとって時間の無駄となるだけです。その意味で顧客の意思決定の阻害要因にはどのようなものがあり、今どのステージで顧客が意思決定を止めているのか理解しない限り、顧客との効果的なコミュニケーションが成立しません。

①　顧客の意思決定を阻害する4つの心のハードル

　ウィルソン・ラーニング・ワールドワイド株式会社が指摘する売り込まれた場合に買い手が感じる4段階の心のハードルについて、プライベートバンキングの文脈で以下に説明します。

イ．不信のハードル

　第1のハードルは売り手を信用できないという買い手の抱く拒絶反応が不信のハードルです。これを越えるには、顧客紹介が最も有効です。しかし、この不信のハードルは大手の金融機関に勤めていれば、そのブランドを使って通常は簡単に越えることができるハードルでもあります。

77

独立している場合、紹介以外の信用補強の方策としては、専門分野での書籍の出版や顧客が信頼をおくサークルや企業が主催する講演会で講師としての自分の話を聞いてもらうことが有効になります。

ロ．不要のハードル

第2のハードルが、売り手が指摘するような課題は持っていないという買い手側の拒絶反応です。

この心のハードルも、第1章■「顧客を知る」の項目で既述した通り、顧客の課題を一つ一つ丁寧に聴き、相互に確認することができれば解決できる阻害要因です。しかし、十分に顧客の話を聴くプロセスを欠いて文切り型の提案書で拙速に進もうとすれば、顧客は売り込まれていると感じ、この第2のハードルをより高くし、次に進めなくなる危険がありますので、油断できません。

ハ．不適のハードル

第3のハードルは、いったんは共有した課題に対する売り手側が提示する解決策が買い手にとっては適切ではないとする買い手側の拒絶反応です。

この3番目の心のハードルを越えるには、あなたの提案書に対し顧客にセカンドオピニオンを取らせたり、社長の抱える社内のゲートキーパーや顧問税理士等への説得が有効となります。要するに、「外堀を埋めて」次第に提案内容への関係者の合意を取り付け最終意思決定者に判断を迫るアプローチを取るということが有効となるのです。

以上、3つのハードルについては、そもそも顧客に課題がある限り、論理的なアプローチで一つ一つ越えることができる心のハードルと言えます。

ニ．不急のハードル

第4のハードルは「確かに、あなたを信頼できるし、指摘された課題もその通りだ。恐らく提案された課題への解決策が最善のものだろう。でも、まだ時間があるし、急ぐ必要はない」と買い手側が拒絶してしまうのが不急のハードルです。実務経験からこの第4の心の壁を越えることが最も難しいと

第1章　RM（リレーションシップ・マネジメント）

感じています。経験からこの不急の壁を越えるには、顧客の課題（懸念）だけでなく、夢の実現も合わせて次項以降に述べる手順でコミュニケーションを進めることが有効であると確信しています。

②　課題解決に当たっての顧客の制約条件を確認する

　富裕層個人の抱える問題は、規模も大きく、関係者も多いため複雑で取扱いが難しいものです。事業継承問題など重要な問題ではありますが、取りあえず緊急ではない案件として、その対処は日々後手に回ってしまいがちです。企業オーナーが突然の病気で引退せざるを得なくなったり、亡くなったりした瞬間、緊急で重要な問題となり、先延ばしできない課題となります。しかしオーナー経営者には、年齢での強制的な引退もなければ、当面自分は死なないと信じているのか、はたまた考えたくないのか、この問題には無頓着な場合が多く見受けられます。多くの中小企業オーナー経営者の一族の資産課題への取組みが遅れるのには、こうした背景があることをPB担当者として理解しておく必要があります。

　知識と知恵とは違います。課題を解決するには、平面的に知識を並べ立てても歯が立ちません。単なる知識だけを丸暗記してもそれは情報にすぎないからです。公式を暗記していても、数学の応用問題が解けないのに類似しています。知識は、構造化することで初めて問題解決の能力へと変わります。

　以下③のA会長のケースを見ながら、PB担当者に求められているのは、単なる知識ではなく知恵であることを理解してほしいものです。

③　A会長のケース

イ．ケースの概要

　75歳のA会長は創業者で未だ自社株式を60％保有し、代表権を持つ会長として会社経営に積極的に関与しています。残りの株は社長の長男が20％、嫁いだ長女が20％保有しています。なお、長女もその配偶者も会社の経営には携わってないし、その予定もありません。

　同社の国内事業売上高は人口減少とデフレで構造的に縮小しており、これを補うため、海外子会社を通じた新規事業に着手していました。しかし、

リーマン・ショックと欧州金融危機で海外事業の業績が急速に悪化、連結で見た年間キャッシュフローに対する銀行借入額は、18倍と5年前に比べほぼ2倍と急速に悪化しました。これを受け、メイン銀行から不採算事業の見直しと借入金圧縮の要請がなされました。

　こうした経営環境の激変から来る心身へのストレスに加え、75歳という年齢からの心身の衰えもあり、やり手で知られたA会長もここにきて弱気となり、複数の経営課題を前にどこから着手すべきか悩み、不作為の状態に陥っていました。

ロ．同時に解決を迫られる複数の経営課題

ⅰ）リストラクチャリングへの取組み

　A会長は、至急海外事業の赤字を止めるべく、切り詰められるだけの事業経費をカットした上、今後3カ年の売上高予想に基づいて海外工場の稼働状況をシミュレーションして、撤退すべき地域（欧州）と残すべき地域（アジア）をただちに選別する必要がありました。これがリストラクチャリングでのいわゆる止血のプロセスです。一方、国内既存商品の新用途開発やダイレクト販売等による流通経路の見直しにより、国内の黒字事業をテコ入れし、営業キャッシュフローを改善する企業価値創造のプロセスに着手することも喫緊の課題でありました。こうした守りと攻めの両戦略を盛り込んだ中期計画の早急な提出が銀行側からの融資継続の条件となっていました。

ⅱ）銀行借入の圧縮と会社からのA会長の借入金返済問題

　海外事業への出資金と同事業の赤字運転資金を本社が支援していたため、本社の銀行借入は過去5年間で急速に拡大しました。加えてA会長の会社からの借入金も2億円と多額に上っており、この返済問題も懸案事項となっています。銀行が貸出純増を渋る中、資金繰りに悩んだ同社では、将来の退職金支払のために確保してあった役員保険は解約され、既に会社の資金繰りに充てられていました。このため生命保険の解約金を原資とするA会長への退職金の積立原資はなくなっており、退職金でA会長の借入金を返済する目途が立たなくなっていました。A会長が会社からの借入金の明確な返済方針を

示さない限り、銀行からの支援が受けにくい状況となっているのです。

iii）45歳の社長への支配株の移転問題（事業承継問題）

A会長が60％もの支配株式数を保有したまま、健康状態に万が一のことでもあれば、相続税の支払いが大きな経営課題となる可能性があります。既に会社の借入余力は乏しく、むしろ取引銀行からは返済を迫られており、A会長の長男である社長が会社を経由して銀行から資金を借り、相続税を支払うわけにもいかない状況です。

こうしたいずれも重い課題を同時に解決することを求められ、体調不良に陥っているA会長はどこから手をつけるべきか分からず悩んでいました。

従来からA会長一族に対し、プライベートバンキング業務の切り口からアプローチしていたあなたに、A会長から直接相談が寄せられました。あなたはこの時どのようにアプローチすべきでしょうか。

ハ．知識を知恵に変えて複数の課題を同時に解決する

こうした問題解決策を検討するには、実行に当たっての制約条件を人、お金、時間に分けて考えたり、従来の利害関係者以外の人間を加えることで、解決策を見いだしやすくなる場合があります。PB分野での知恵や経験を持つPB担当者なら、このケースでは次の4つの切り口が有効であると気付くはずです。

まず、大前提として未払い相続税という負債も考慮した上で、個人、企業を一体として見たA一族の税引後のキャッシュフロー（以下、これを総合キャッシュフローと呼ぶ）の改善につながることをすべて洗い出し、行動目標とする必要があります。そのために、次の4つの切り口を考えます。

第1に、利害関係の異なる新たな当事者（国税庁）を入れる可能性を考え、交渉のゲームをゼロサムゲームからノンゼロサムゲームにします。

ゼロサムゲームでは一方の利益がそのまま他方の損となるため交渉は厳しいものとなります。そのため交渉において一般的に当事者間では妥協点を見つけにくいとされています。しかし他のプレーヤーを入れることで、交渉のゲームをノンゼロサムゲームにすることができれば、関係者の合意がより得

やすくなります。相続税対策と事業のリストラクチャリングを同時に検討すると、国税庁が新たなゲームの参加者となります。納税という社外流失金を極小に抑えるという目的からは、それまでリストラクチャリングでは対立していた銀行とA会長一族の利害が突然一致団結することになります。

第2に、未払い相続税支払い後のキャッシュフローという別の切り口（相続、事業承継）から見て企業の財務問題を再評価し、むしろ今こそ事業承継のための株式譲渡を実行すべきタイミングであると関係者の合意を形成します。

第3に、返済能力の低い一族の借入人（高齢の引退するA会長）から返済能力の高い借入人（年齢も若く、リストラクチャリング後、収益の改善した企業から、高い役員報酬が期待できる長男である社長）に、債務を付け換えることで、銀行にとって債権の保全を強化しつつ、一族は借入金の返済期限を延長させることができる可能性があります。

第4に、後に述べるようにA会長への退職金債務は確定しますが、実際の支払いは後払いにする等、支払いのタイミングを図ることで企業の総合キャッシュフローを改善する余地が生まれます。

二．総合キャッシュフローから一族の課題を再定義する

中核となる支援銀行に対し、リストラクチャリングに伴う評価損で、会計上の損益は、いったんは悪化するものの、不採算部門からの撤退による止血と国内収益部門の強化策により、数年後には損益ならびにキャッシュフローは共にV字回復が期待されると銀行側を説得します。

またこのリストラクチャリングに伴う会計上の評価損に加え、高齢の会長A氏が損失の責任を取り代表取締役を引責退任して退職金を受取ることで、さらなる株価引下げ要因を作ります。ただし、退職金の受取りは3年後の延払いとし、代表取締役への退職金という会計上の損失は当期で計上するものの、実際のキャッシュフローの支払いは会社の業績改善の時まで延ばすことで一族企業のキャッシュフローを支援します。

一方、将来発生する会長個人が保有する60％の持ち株に対する相続税問題を一気に解決するために、長男である社長が銀行より個人貸付けを受け、会

計上の損失で一時的に下がった株価で会長から全株式を買い取ります。

　なお、A会長の借入金の返済については、A会長が長男から受け取った株式の売却代金で返済し、会社はその返済原資で銀行からの借入金を圧縮することが可能となります。

ホ．課題解決を可能にした要因
ⅰ）ゼロサムゲームをノンゼロサムゲームに変えた

　ゼロサムゲームでは、一般に交渉が難しくなることが多くなります。しかし、このケースでは、国税庁（＝相続税の債権者）という新たな関係者をメンバーに入れ、ゲームをノンゼロサムゲームにしていることが関係者の合意を得やすくしています。銀行にとっても借り手である企業や経営者一族にとっても、高齢の会長が亡くなった時に支払う相続税は、会社や会社への最後の貸し手である一族の財務状況を悪化させるネットの現金漏出として認識しており、それを最小にすることについて、両者の利害は一致しているからです。

ⅱ）貸付け対象の変更や資金回収で時差を活用するスキーム

　このスキームに見られるように、銀行が求めるリストラクチャリングという経済合理性のある形で、同族間で株式売買価格が結果として自然に下げられることは、一族の相続税対策としては絶好の機会を提供することになります。

　45歳の若い長男に銀行から借り入れた資金で株を購入させ、会長は受け取った売却代金をすべて会社からの借入金（＝会長の負債）の返済に充当します。実質、支配株の移転と同時に、銀行の借入金が返済能力のより高い長男である社長へ移転されることになります。

　さらに時差を使い、A会長への退職金については、企業業績が改善する目途である3年後まで支払いを延ばすことで、会社の資金繰りに貢献します。3年後に受け取った退職金の一部は長男を含めた子供や孫に贈与し、長男の株買取りに伴う銀行借入金の返済を支援します。残りは、会長個人の豊かな老後のために使うことができます。

このように、銀行から迫られるリストラクチャリングや借入金圧縮と、高齢となりいつ起こるか分からない支配株の相続税問題という3つの課題も、借り手の変更や時差を活用、交渉のゲームをノンゼロサム化することで、A会長にとってより解きやすい課題に変えることができました。この結果、不急という心の壁を乗り越えることができたのです。

④ 課題の優先順位を再確認する

前述のケースで見るなら、キャッシュフローに影響のある止血と収益部門のテコ入れが一番先に着手すべきことでしょう。その後銀行と、相続税対策の一環として税法上の株価引下げに貢献する資産の評価損をどの程度まで進めるかの交渉がきます。銀行側としても、評価損の結果、融資先企業が債務超過にならないよう慎重にリストラクチャリングのステップ（評価損の計上幅）を検討する必要があるからです。このような経過を経て、企業のリストラクチャリングに伴う評価損で下がった株価に基づいて事業承継対象の株式移転を一気に実行します。総合キャッシュフローの改善見込みや、A会長の退職金を延払いにするという借り手側が犠牲を払うスキームを採用することで、債権者である銀行にとっても納得しやすいものになっています。

⑤ 顧客による不作為を回避する

以上の方法で一見複雑に見える問題も、解決しやすい形に組み換え、優先順位を持って対処することで、解決の可能性が高まります。

そうして「解決できる」ことが分かれば、後は心理の問題が残るだけです。そこで重要になるのは、「もし、この問題が片付いたら、何をしたいと思いますか。教えてください」と問い掛け、本人に夢を語らせ、不作為の壁をぶち破る心のエネルギーを引き出すことです。こうした自らが決めた夢の実現という心の報酬は、これまで先送りしてきた重要な課題解決への行動を起こすエネルギーとなります。顧客が語る夢がより具体的で生気に満ちたものであればあるほど、顧客の心のエンジンはより力強く回転する傾向があります。ここでもPB担当者がカウンセラー的アプローチで顧客コミュニケーションを進めることは大変有効となるのです。

第1章　RM（リレーションシップ・マネジメント）

⑶　顧客管理の技法

①　キャッシュフロー（CF）の変化を捉えた富裕層マーケティング

　知識を知恵に変換するには、コツがあります。上位概念を考えるという方法を用いて既存の知識を自分の頭で考えて立体的構築物のように積み上げていけばいいのです。例えば、ABCという要素には共通する甲という上位概念が存在し、DEFには乙という上位概念が対応します。甲・乙の概念に共通する要素としてはさらにαという上位概念が存在するというように、最大公約数を見つけながら知識を構造化していきます。このように平面的な知識を構造化するプロセスのことを学者は体系的に学ぶことだと称し、正しい学びの方法として推奨してきました。

　例えば、上下に位置する概念の関係は、結果と原因の関係や目的と手段の関係を意味します。一方、同じレベルに並行して存在している概念は、しばしば代替関係にある手段や目標を意味します。

　こうした知識の体系化の手法に倣い、財務の本質を理解しようとすると、**図表1−8**の通り、キャッシュフローを頂点に、幾つかの財務に関する基本となる要素を構造化して捉えることができます。構造化して捉えたときにはじめて全体最適への解が与えられます。

　財務管理の究極の目的は、個人も企業もキャッシュフローの確保です。キャッシュフローには主に2つの大きな役割があります。1つは守りの面からの役割で、日々の資金繰りリスクの管理として短期的な支払資金を確保することです。もう1つは攻めの面からの役割で、企業でいえば企業価値経営の観点から中長期の戦略投資のため必要な資金を確保することです。個人でいえば、将来のヒューマン・キャピタル・バリューを増大することに資する教育投資等を意味します。

　この守りと攻めに必要となる資金を十分に確保するため、キャッシュフローをP/L（当期利益＋減価償却費）とB/S（累積された純資産）の2本の柱が支えています。必要な資金の手当ては、P/Lをベースとした営業キャッシュフローで確保することが原則となります。企業でいえば、税引後利益と減価償却費という内部資金で、すべての事業関連支出と運転資金の純増額と維持設備投資等を賄う必要があります。しかし、リーマン・ショックなど経

85

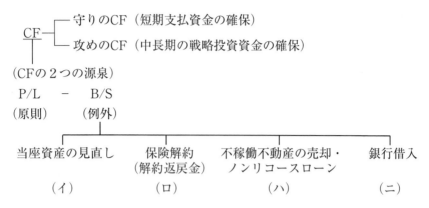

済環境変化に伴うリスクや火災や製造物責任等個別企業に固有なリスクが発生すると、P/Lから予定していた資金が激減し、十分なキャッシュフローの確保が困難となるときがあります。このとき、P/Lを補完する形でB/Sが例外として資金不足を補充する役割を担うことになります。B/Sは期末などある一時点での資産と負債を数値表示したものですが、同時に過去からの資産や負債の累積額を表示したものでもあります。このようにB/Sには、瞬間概念と累積概念の両面があります。この累積概念の部分を捉えて企業の本源的支払い能力はB/Sの純資産にあるとされるのです。特に短期の支払い能力は、純資産に対応した当座資産を検証することで把握できるものとされています。

支払い能力の観点からB/Sの諸要素を眺めると、次の代替的支払い要素が並存していると考えることができます。以下、詳しく見てみましょう。

イ.当座資産（現預金・売却可能有価証券・グループ外の売掛金等）

純資産に見合っている当座資産項目を事業継続に支障のない範囲で取り崩し、必要なキャッシュフローを捻出することができます。例えば、本来の営業活動維持に通常必要な現預金残高は月次売上高10億円の2.5カ月分程度なのに、実際には4カ月分ある場合には、借入金返済など特定の資金使途のために意図的に滞留させている現金でない限り、現実的に考えれば1.5カ月分（＝15億円）の現預金が過剰に存在していることになります。この過剰な部

分を銀行預金から取り崩して営業キャッシュフローの不足に充てることができます。また売却可能な有価証券の場合、仮に含み損があっても売却による実現損が問題にならないなら、原則全額売却して、資金を確保する手段として用いることができるでしょう。

ロ．保険の解約返戻金や保険金支払いを受ける方法

法人税を節税する目的で会社が契約者になり、代表取締役を被保険者とする役員保険がB/Sにあるとしましょう。これを解約し、解約返戻金という現金を企業が保険会社より受け取り、キャッシュフローを手に入れることができます。しかし、解約返戻金のピークが2年後であれば、解約返戻金として現金化するタイミングとしては最適ではありませんので、他の手段で資金確保が可能ならその道を検討すべきとなります。このため生命保険を担保とする貸付金が使われる場合もあります。またP/Lのキャッシュフロー毀損要因が火災や製造物賠償責任にあるなら、火災や製造物賠償保険等の保障性の保険金支払いを受けることによってキャッシュフローを受け取ることもできます。

ハ．不稼働不動産の売却やノンリコースローン

含み益のある不動産のうち、本業の事業に使用していない不稼働資産があるなら、売却することができます。あるいはノンリコースローン（債務不履行時には、債権者は担保となっている不動産にしか弁済の源泉を求めることができず、債務者のその他一般財産に対し請求権はない）を付けることで、資金調達することができます。仮に返済が難しい場合でも、ノンリコースであるため、借入金返済の代わりに、担保の不動産を代物弁済することができます。会社としては一種のオフバランスでの借入金の調達手段となります。日本ではノンリコースローンは一般的ではなく、また不動産売却には時間がかかる場合もあります。

ニ．銀行借入

銀行から借り入れることによって、短期的な赤字運転資金（構造的赤字資

金には、銀行は本来融資をしません）に充当したり、年間の減価償却費の何倍も設備投資を実行することができます。銀行借入における制約は、それぞれの業界特性から求められる一定の自己資本比率や償還年数（借入金額÷（税引後利益＋減価償却費））が異なるのでこれを満たすことが求められています。こうした基準を超えてむやみに借入れ水準を増やすことはできません。

　これまでに見てきた通り、B/S上の諸手段はそれぞれ代替可能なキャッシュフローの源泉です。しかし以上説明した通り、おのおののB/Sの諸項目にはCFの源泉として用いるには固有の内在的制約条件があり、何が最適な手段か、こうした制約条件も考慮しながら総合的に判断することが求められます。

　法人および個人を一体として財務管理をし、CFの源泉を上記のように構造的・立体的に把握することで初めて、PB担当者は顧客に全体最適に立った適切な助言をすることができると考えています。B/S上の諸項目を単なる営業項目として平坦に覚え提案しても、目の肥えた経営者の心をつかむことは難しいと自覚すべきでしょう。

ホ．CFの変化を捉えたマーケティングがなぜ大切か

　キャッシュフロー（CF）の変化を捉えた富裕層マーケティングは極めて重要です。そのポイントはCFの増加するタイミングを適時に捉えられるかにあります。例えば、機関投資家を対象に金融商品を販売するときには、以前販売した金融資産の満期の前にいかに次の魅力ある投資提案を持っていくかが重要となってきます。個人投資家もこれとまったく同様のことが言えます。すなわち、CFが増加したタイミングで準備をして顧客の門口に立っているのかどうかが、クロージングの成否に大きく影響するのです。

　個人の運用の場合には、金融機関には顧客のthe largest walletの確保が目的となります。すなわち、いかに運用に充てることのできる最大のキャッシュフローを確保するかが重要なのです。顧客に発生する流動資産が増加するイベントを一つひとつ積み重ねた結果が、最大の財布を確保することにな

ります。だからこそ、自分が販売したものだけでなく、他の金融機関が過去に販売した定期預金や保険金の満期日の把握が重要となります。また、米系投資銀行のマネジャー等で、多額な年次ボーナスを期待できるインカムリッチ・プロフェッショナルが顧客の場合、年1回のボーナスのタイミングも1つのポイントとなりますし、オーナー企業の決算期直前の節税の動きや退職金の受取りのタイミングも重要となります。

　今後、プライベートエクイティが未公開企業の買い手として大きな意味を持ってくる中で、オーナーがM&Aで持ち株を現金化するケースも増加してくるでしょう。したがって、事業売却に伴う一括金の運用も大きなポイントとなります。

　団塊の世代には、今後相続で1年に50兆円の相続資産が移転するといわれており、相続直後も重要な投資のタイミングとなるでしょう。中でも公開したオーナー系企業の2代目が相続した株の売却や、相続した不動産を売却し、金融資産で分散投資するという資産の見直しが生じるケースも増加するでしょう。

　それでは、どのようにしてこうしたCFの変化を知ればいいのでしょうか。それには金融機関自身が情報を得られる立場にいるようレーダー網を拡張する必要があります。同時に相続関連情報が集中する税理士とのネットワーク化を図るとか、相続に伴う大型生命保険の支払いに絡む保険代理店から情報を入手することも考えられます。また、ヘッドハンティング会社は、見えにくいインカムリッチ・プロフェショナルがどのくらいの所得を得ているかを把握していることから、こうした会社とパートナーシップを組み、彼らの顧客であるインカムリッチ・プロフェッショナルに無料でファイナンシャルプランニングを提供するというインセンティブを与え、共同セミナーを主催するという方法も考えられるでしょう。

　以下、代表的な富裕層である開業医、地主、中小企業経営者へのキャッシュフローをベースとしたマーケティングアプローチを説明します。

⑷　ターゲット顧客別財務課題とアプローチトーク

①　医師のケーススタディ

図表1－9は、キャッシュフローと現在価値で見た純資産の2軸で開業医のライフステージで財務ステージがどのように変化するか分析したものです。

医師の典型的なライフステージは、まずstage 1の開業から始まり、stage 2の患者定着、そして社会保険診療報酬が50百万円を超えると租税特別措置法上にある医師優遇税制を享受できなくなることからstage 3で法人化し、最後にstage 4の引退で一連の開業医のライフサイクルのプロセスは終了します。

いまや金融機関は、生命保険から株式まですべての金融商品を販売できることから取扱金融商品で金融機関を差別化することは困難となっています。むしろ重要な差別化のポイントは、顧客に対しいかなる立場で金融商品を提供すべきかという販売姿勢の違いにあります。

金融商品販売に当たり顧客に受け入れられるキーコンセプトの1つがゲートキーパー（購買代理）という考え方です。販売代理に立つ金融商品の流通コンセプトは、オープンアーキテクチャーのプロダクト・プラットフォーム

図表1－9　財務課題はライフステージと共に変化します

	Stage 1	Stage 2	Stage 3	Stage 4
キャッシュフロー	－	＋	＋	－
現在価値で見た 純資産	－	－	＋	＋＋

でその人のライフステージに合わせながら金融商品を最適に組み合わせ、ソリューションを提供することが重要であると考えます。

図表 1 −10　医師、歯科医師　STAGE 1

	Stage 1	Stage 2	Stage 3	Stage 4
キャッシュフロー	−	＋	＋	−
現在価格で見た純資産	−	−	＋	＋＋

☞　**保険が重要なステージ**

✓　開業時の借入金返済原資の確保
　・短期定期保険
　・収入保障保険
✓　遺族の生活保障
　・逓減定期保険
　・収入保障保険

　開業時点の**図表 1 −10**では、患者の定着は未だないことから収入は少ないのですが、経営維持に必要な一定の固定支出は発生します。この結果、キャッシュフローは当然のこととしてマイナスとなります。また、開業直後のための開業資金借入残高が多いことから、現在価値で見た純資産も大きくマイナスとなっています。このように、バランスシートは弱く、かつキャッシュフローがマイナスなので、コストの低い掛捨て短期定期保険や収入保障保険が重要なリスクマネジメントの手法となります。これによって、開業時の借入金返済原資の確保と、万が一の場合、遺族の生活保障に対する死亡保険も確保することができます。

　Stage 2（**図表 1 −11**）に進むと、患者定着によってキャッシュフローはプラスになりますが、開業資金の借入金返済が終わっていないことから、現在価値でみた総資産は依然マイナスとなります。したがって、開業時の借入金の返済原資の確保や遺族の生活保障、さらには就業不能時の収入保障のために長期所得保障保険が重要となるライフステージです。

　Stage 3（**図表 1 −12**）では、キャッシュフローも当然のこととしてプラスであるばかりかStage 2 から一貫してキャッシュフローがプラスで余剰資金が発生し借入金返済が進んだため、現在価値で見た純資産もプラスに転じ

図表 1 −11　医師、歯科医師　STAGE 2

	Stage 1	Stage 2	Stage 3	Stage 4
キャッシュフロー	−	+	+	−
現在価格で見た 純資産	−	−	+	＋＋

☞　保険が引き続き重要なステージ

✓　開業時の借入金返済原資の確保
✓　遺族の生活保障
✓　就業不能時の収入保障
　・長期所得保障保険

ることになります。Stage 3 に入り、余剰資金の運用が必要なライフステージに入ったことになります。こうしたライフステージに入ると、例えば、毎年110万円ある贈与の基礎控除額を限度額まで活用した暦年贈与と資産運用をセットにした運用プログラムに着手すべきでしょう。贈与の基礎控除額は、ある程度資産を持った人が、次の世代に資産を渡すために国から貰ったいわば「補助金」と考えるべきです。「贈与の基礎控除額は当該年度で使わなければ 2 度と使うことができなくなります。あなたが10年後に10年分の贈与の基礎控除額をまとめて使いたいといっても使うことはできません」という一言が、顧客の意思決定を促してくれるでしょう。

　また、逓増定期保険とか超長期定期保険といった保険料の一部が損金算入可能な金融商品を通じ、医療法人の節税を図る一方、こうした生命保険による解約返戻金でバランスシートを補強し、将来医療法人の理事長の退職金原資として活用し、老後資金対策を考えることも重要となります。また、長期所得保障保険も引き続き掛けていくことで、傷害や疾病による予想外の収入不足に備えることも忘れてはなりません。

　退職後Stage 4 （**図表 1 −13**）に入ると、収入によるキャッシュフローがなくなり、現在価値で見た純資産をどのように運用し、効果的に相続していくかが重要なテーマとなります。

　以上見たように顧客が今どのライフステージ（＝CFと現在価値で見た純資産の水準で定義される財務ポジション）にいるかを理解することなくして

第1章　RM（リレーションシップ・マネジメント）

図表1－12　医師、歯科医師　STAGE 3

	Stage 1	Stage 2	Stage 3	Stage 4
キャッシュフロー	－	＋	＋	－
現在価格で見た純資産	－	－	＋	＋＋

☞　**資産運用のステージ**

✓　死亡保障から運用ニーズへ
　　→生前贈与等税メリットを活用
　　・投資信託 / 変額年金
✓　節税とオフバランスでの資産形成（法人）
　　・保険料一部損金参入（逓増定期保険、超長期定期保険）
✓　就業不能時の収入保障
　　・長期所得保障保険

は、最適な金融商品の組合せを提供することはできません。

　例えば、医者となった息子に医院経営を譲り、個人所有の不動産を息子が経営する医療法人に貸し付け、医療法人から定期的に賃料収入を得るという方法があります。そして、保有している現預金は子供、孫にできるだけ暦年贈与という形で渡し、将来の相続税を回避します。相続の際、不動産であれば相続財産評価上の評価減を使うことが可能ですが、現預金には評価減が一切ないためこの方が税務対策上効率が良い資産移転となるからです。一方、安定的な医療収入がある子息からは、医療法人を通じ、不動産の賃料収入という形で老後の生活資金を得ることができます。こうした提案も、富裕層である医師に対しては重要なプラニングとなるでしょう。

②　地主へのアプローチ

　地主へのアプローチについては、その地主が、不動産の有効活用前にいるのか有効活用後にいるかを見極めることが極めて重要となります。

　土地の有効活用前では、バランスシートで示すと右側が純資産ばかりで負債がなく、左側が土地ばかりという状況にあります。不稼働な土地ばかりがバランスシート上にあるため、総資産に対するキャッシュフロー利回りは極めて低く、相続が発生すれば物納しかできなくなります。

図表1－13　医師、歯科医師　STAGE 4

	Stage 1	Stage 2	Stage 3	Stage 4
キャッシュフロー	－	＋	＋	－
現在価格で見た純資産	－	－	＋	＋＋

☞　**資産運用・保全・相続税対策のステージ**

✓　老後生活費確保のための運用と保全
　　相続・事業承継対策
　　・「財産移転」→継続的生前贈与
✓　・「相続税原資確保」
　　　→役員保険（長期定期保険）から一時払い終身保険へのコンバージョン
✓　　変額終身保険や変額年金保険への加入

　例えば土地が首都圏等人口の多い地域にあれば、借入れで建物を建て、土地の有効活用に着手して、総資産に対するキャッシュフロー利回りを改善させることができます。相続税対策としても土地を手放す物納から延納に選択肢を広げることも可能となります。PB担当者としてはこうした提案をベースにし、地主に対し土地有効活用を提案しているプロフェッショナルをパートナーとしながら、優良な地主を探し、融資を行い、土地の有効活用後のビジネスを展開することができます。

　土地の有効活用後では、余剰キャッシュフローの再投資が重要なテーマとなります。こうした地主のキャッシュフローは、土地有効活用に当たり土地を借入金で購入していないことから、税引後利益に減価償却費を加えた内部キャッシュフローから借入れ元本返済を引いても余剰資金は通常はプラスになります。そこで、この余剰資金を不動産に再運用することが適当であるかが問題となります。不動産への再投資は分散投資の観点から問題があるばかりではなく、日本の不動産の持つ戦略的価値が人口減少と経済成長の成熟化で低下していることを考えますと、一般的には不適当であると言わざるを得ません。

　したがって、地主への提案では土地の有効活用前が総資産に対するキャッシュフローの利回り上昇が目標であるならば、有効活用後では、総資産に対する金融資産の比率の上昇が目標となります。なぜなら、金融資産であれ

ば、経済成長性の異なるマーケットに自由に投資することができるからで
す。一方、国内の不動産価格はテナントの賃料の現在価値に依存し、その賃
料はテナントの収入ないし売上高の伸びに制約されることから、不動産価格
の成長率は、最終的には国内の経済成長率に規定されることになります。別
の見方をすれば、国内の不動産投資は国内の経済成長率に賭けているゲーム
であると考えることもできます。

むしろ、経済成長率の異なる海外株式市場に投資できる金融資産の比率を
上昇させることが土地の有効活用後の余剰資金の運用方法としてはより合理
的であると考えるべきでしょう。このように土地の有効活用後の段階にいる
地主に、資産分散の観点から海外株式も含めた金融資産による国際分散投資
を勧めることが、意義のあることと認識する必要があります。

③ 中小企業オーナーへのフリー・キャッシュフロー（FCF）を切り口とし たアプローチトーク

中小企業オーナーに対しては、FCFを切り口としたアプローチトークが
有効です。

同族系企業経営者を対象とした資産運用ビジネスでは、ＦＣＦの豊かな同
族系企業経営者こそ目指すべき顧客ターゲットとなります。こうした同族系
企業経営者の資産管理は、法人と個人の一体管理が原則です。オーナー個人
の流動資産は、オーナーの支配する企業への最後の資金繰りの源泉となって
いるからです（第1章❶(1)②ロ参照）。

図表1－14にある通り、FCFを財務論から定義すると、損益要因のキャッ
シュフロー（イン）は税引後当期利益＋減価償却費となり、投資要因の
キャッシュフロー（アウト）は運転資金の純増額（売上債権＋在庫－買入債
務）＋新規設備投資額となります。ＦＣＦはこの2つを合計したものと定義
されます。

例えば、ベンチャービジネスのようなケースでは、一般的に過去の有形固
定資産の投資水準が低いことから減価償却費の規模は小さいと言えます。ま
た、創業したばかりで利益水準が低い中、市場の成長率が高く、技術革新の
スピードが速いため、年間の減価償却費をはるかに超える新規設備投資を行

図表1－14　フリー・キャッシュフローの定義⑴

■財務論から定義したフリー・キャッシュフロー（＝FCF）
⑴損益要因のキャッシュフロー
　　（＝税引後当期利益＋減価償却費）
⑵投資要因のキャッシュフロー
　　（＝運転資金の純増額〈売上債権＋在庫－買入債務〉＋新規設備投資額）
⑶FCF＝⑴＋⑵

う必要があります。さらに、未だ信用がないことから取引先に対し買入れ債務が立てられず、現金決済を強いられ、他方企業相手に販売すれば売掛債権が膨らむ運転資本の構造となっています。この結果ベンチャービジネスでは損益要因によるキャッシュインよりも投資要因のキャッシュアウトの金額が大きくなり、FCFが大きくマイナスとなってしまいます。

　一方、その反対の極にある例えば老舗の饅頭屋を見ると、安定的な利益の上に新規設備投資の必要はありません。減価償却が終わった"あんこ"の充填機が今も動いているからです。また、地元の老舗の名店として信用があるから仕入れには買入れ債務を立てることができる一方、顧客との決済は現金販売となっています。この結果、ベンチャービジネスとは対照的に、老舗の饅頭屋の場合、FCFは極めて安定的にプラスを示すこととなります。

　次に、FCFを企業戦略論から定義してみましょう。**図表1－15**の通り、縦軸である業界の成長率の高低が、投資要因のキャッシュフローのニーズを決めることとなります。一方、横軸の市場占有率の高低は、規模の経済や経験曲線効果を通じて売上高に対する営業利益率の高低を決め、損益要因のキャッシュフローの水準を決めることとなります。

　例えば、マトリックスの左上の「問題児」の象限を考えてみましょう。業界の成長率が高いことから運転資本回転期間は不変であっても売上高が急上昇するため、運転資金需要が増加し、また機械設備も増強する必要があるので年間の減価償却費をはるかに超える高い設備投資を行うことが必要になります。一方、損益要因のキャッシュフローは設備投資のニーズが強い中、マーケットシェアが未だ低いため、利益水準が低く、フリー・キャッシュフローは大きくマイナスとなります（同**図表1－15**では「問題児」のポジ

図表1−15　フリー・キャッシュフローの定義(2)

■企業戦略論からみたフリー・キャッシュフローの定義
　□戦略事業の1分析手法プロダクト・ポートフォリオ・マネジメント(＝PPM)

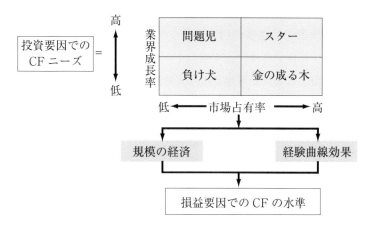

ションにある事業)。

　今度は右上の象限を考えてみましょう。業界の成長率が高く、投資要因のキャッシュアウトは依然大きいものの、徐々に市場占有率が高まり売上高営業利益率が改善してくるため、損益要因のキャッシュイン・フローが改善し、投資要因のキャッシュアウト・フローを相殺して、FCFはプラス・マイナス・ゼロとなります（**図表1−15**では「スター」の位置にある事業）。

　上述の老舗の饅頭屋は、**図表1−15**の「金の成る木」に該当し、圧倒的な利益率であるにもかかわらず、投資要因のキャッシュフロー・ニーズが少なくFCFは大きくプラスとなります。こうした事業ポートフォリオ分析を通じて事業部門や会社のFCFを見ることができるようになります。

　融資での営業接点のないPB担当者には、オーナーが一族企業を含めた財務状況をなかなか開示してくれないといった悩みがあります。しかし、このようにオーナー経営者の支配する企業のFCFを見ることで一族の財務特性を理解するきっかけをつかむことができます。オーナー企業の財務とオーナー個人の財務は一体的把握が原則であることから、オーナー企業のキャッシュフローが厳しい状況にあれば、オーナー個人の現預金はオーナー企業へ

の最後の貸し手の役割を果たすこととなります。それ故、オーナーの支配する企業のFCFがプラスでない限りオーナー個人は資産運用する余裕はないことになります。

　銀行も融資先ではない預金取引先の詳しい情報を取ることは実際問題として難しいものがあります。しかし、次のような簡便法に基づくヒアリングでオーナーの支配する企業のFCFがプラスかどうかを見分けることができます。例えば、具体的には口頭で次の4つの質問を確認することでおおよそ財務状況は推察することが可能となります。

　第1に、営業利益がプラスで安定的な伸びを示しているか。

　第2に、年間の設備投資額が減価償却費の範囲内かどうか。

　第3に、現金仕入れを強いられ、長い売掛金等運転資本を過剰に必要とする決済条件になっていないか。

　第4に、業界および当該企業の売上高成長率が成熟ステージにあるか。

　もしこれらの質問に対しCFがプラスとなる回答を得たなら、会社全体のFCFがプラスかマイナスかは容易に判断がつくはずです。

　このような「あたり」を付けるコミュニケーションをオーナー経営者本人と行うことが極めて重要です。

　以上から、FCFの判定法をまとめておくと、FCFがマイナスの場合には、保険提案や資金提供をどうするかが重要な課題となります。逆に、FCFがプラスの場合には、個人のみならず企業も運用可能となることから、その点を検討することが必要となります。

　図表1−16は、FCF判定法の利用方法をフローチャートにしたものです。

　ターゲットとしているオーナー企業のFCFがプラスと判明したら、当然のこととしてオーナーの流動資産の運用を考えなければなりません。その場合に、FCFが不安定であれば長期資金での運用を前提とする株式や外貨リスクは避け、円建て債券を中心とした短期運用資産が中心とならざるを得ません。

　一方、FCFが安定的に成長している場合で将来的にも株式公開の予定がない場合は、オーナー個人だけではなく、法人それ自体にも運用のチャンスが存在します。

図表1-16 FCF判定法の利用方法

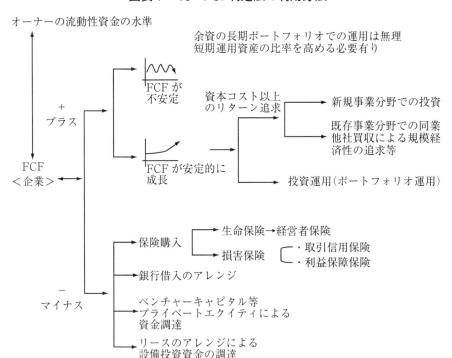

　また、FCFがマイナスの場合には、バランスシートを補完する保険を買うことを検討する必要があります。さらにこうしたケースでは、銀行借入れのアレンジやベンチャーキャピタル等、プライベートエクイティによる資金調達、リースのアレンジ等による資金調達面でのサービスが中心となるでしょう。その意味では運用を中心とするプライベートバンキング業務の顧客とはなり得ません。

　PB担当者としてはこうしたすべてのケースに対応可能なスキルを持って、購買代理に立ったベストな金融商品の組合せを提供すべきです。

(5) 効果的な顧客コミュニケーション手法の確立

① 既存顧客のメンテナンス

イ．コミュニケーション手段は相手と目的で決定する

　マスマーケティングとは異なり、プライベートバンキングでは顧客とのコミュニケーション手段は、顧客の求める手段に合わせることを基本とします。これを効率的に行うには、あらかじめ顧客とのコミュニケーションを取る手段を確認し、合意しておくことが大切です。もちろん、運用報告や顧客への提案等では、対面コミュニケーションが不可欠ですが、単なるコンテンツや情報伝達の目的なら、面談とは異なる手段を選ぶことが適切なこともあります。

　顧客から特に指定がない限り、原則、市場に関する情報や税制情報等富裕層に関心の高い一般的な情報の提供は、メールで送信し顧客が必要な時に読んでもらったり、印刷してもらえれば十分です。金融機関から一方的に送られてくる書類の量に多くの富裕層は、実のところへきえきとしていることも忘れるべきではありません。

　金融商品取引の実行については、電話内容をメールで速やかに顧客と確認しておくことがトラブルの未然防止につながります。万が一訴訟が起きたとき、裁判や和解でも有利な証拠となり得るからです。

　富裕層のイベントの参加への勧誘は、招待枠が限られており優先順位を考慮して作成された顧客リストの順にまず電話で非公式に先方の意向を確認し、次にメールで本人から出席の旨返信を受けて、正式な招待状を郵送するのが一般的な手順となるでしょう。

ロ．コンテンツ

　提供するコンテンツは、金融系と非金融系に分けて、提供すべきメニューをリストアップし、顧客に欲しい情報を選択してもらうことが有効です。その方が双方にとって資源の節約につながるし、顧客のニーズや嗜好を知る良い機会ともなります。

　金融系のコンテンツでは、さらに市場系情報とその他一般情報に分けるとよいでしょう。市場系情報については金融機関独自のコンテンツに加え、商

第1章　RM（リレーションシップ・マネジメント）

品を取り扱っている投資信託委託会社の情報を効果的に利用することも検討すべきです。金融市場関係以外の一般情報については、提携している税理士や弁護士に、顧客の関心の高い制度変更に伴うコメントを情報提供してもらうのも一法でしょう。

　非金融系コンテンツは、健康、娯楽、教育（留学を含む）といったところが主要テーマとなります。

　非金融系のコンテンツについては、欧米の金融機関でも、専任のMarketing & Communicationsスタッフを置けない企業は、外部委託し始めています。社内スタッフの時間を本来の業務以外の顧客接待で浪費するとスタッフの生産性が落ち（＝彼らのボーナスが減る）、モラールの低下を招くリスクが高いことが指摘されているからです。

　PB担当者としては、こうした富裕層個人向けサービスを提供する会社との共同イベントを開催し、既往顧客への非金融分野のサービス拡充を図ると同時に、新規顧客の開拓手段として位置付けることもできます。欧米のプライベートバンキング・サービスでは、チャリティーイベントや夕方美術館を貸し切っての特別内覧会等のレセプションが開催され、顧客が配偶者や友人を伴い、集う機会として演出されています。ただ、こうした他人と混じる集まりに決して参加したくないという最有力顧客がいる一方、ほとんど金融取引もしないのにこうしたイベントだけには必ず参加する顧客もいるため、イベントを継続すべきか、誰を招待すべきかなど、費用対効果の観点から検証する必要があります。

ハ．顧客とのコミュニケーションの頻度

　顧客の要請があればできる限り早く面談の時間を取るのが原則です。しかし、運用報告という最も大切な面談についても、その頻度を一律に決定することはできません。資産規模の大小、本人の運用内容がアクティブかパッシブか、市場動向が荒れているか落ち着いているか等、諸要素に影響を受けるからです。しかし、5億円前後の資産を預かっているなら、少なくとも年に2回程度は面談する必要があるでしょう。

② 新規顧客開拓

既に述べてきた通り、新規顧客開拓の基本は、既往顧客からの紹介です。その意味で既往顧客の満足度の向上が新規顧客の増加につながります。もちろん講演などが得意なPB担当者であれば、その講演を聞いて感銘を受けた参加者が新規顧客となる場合も珍しくはありません。また前述の既往顧客のゲストとして、富裕層イベントに参加した顧客の友人が見込み客となることもあります。これも、ある意味では間接的顧客紹介と言えます。

③ データベースと管理サイクル

イ．効果的セグメンテーションの切り口

富裕層顧客のうち、資産規模が1億円超3億円未満の顧客については、過剰サービスが課題となる可能性があります。不採算取引を防ぐためにも、データベースを活用した何らかのパッケージソリューションを提供することで顧客満足度の維持と部門別純利益確保を両立させることができます。いずれにせよ、費用対効果を考慮した何らかの効果的セグメンテーションの切り口をあらかじめ決定しておく必要があります。

一般に、商品サービスを設計・提案する際、特定セグメントの顧客ごとに共通する課題や支払い能力を軸に検討することになります。金融資産規模を1〜3億円のレンジと限定すれば、次の3つが効果的なマーケティングの切り口となり得ます。

すなわち、1）職業特性 、2）ライフスタイル、3）ライフステージの3つです。

このうち、1）の職業特性から生じる財務の特性と、2）のライフスタイルコスト（＝固定性の生活費）や一定の価値観に根差した特定支出項目の高さは比較的安定的な要素です。また3）のライフステージでは、定年による退職や、独立したプロフェッショナルでも心臓外科医や歯科医のように体力や視力の限界から一定の年齢で現役引退を強いられる分野もあります。単純に医師として一くくりにして判断することはできません。なお、分析に際しては、第1章90頁〜94頁の開業医のケーススタディで見た通り、上記3要素がキャッシュフローや現在価値で見た純資産の水準にどのような影響を与え

ているのか、またそれは時間の経過とともにどのように推移するか分析することが必要となります。これにより運用商品、保険、借入れの組合わせによる最適パッケージを用意できるからです。

ロ．管理サイクル

プライベートバンキング業務に携わる者が実行すべき顧客管理のPDCAサイクルを考えてみましょう。

PDCAは、P＝Plan（計画）、D＝Do（実行）、C＝Check（評価）、A＝Act（改善）の４つの頭文字を取ったものです。具体的には、ある業務管理プロセスをPlan（業務計画の作成）したものをDo（計画に則った実施）して、Check（実行の後の結果と計画上の目標とを比較して点検、評価）した結果、Act（発見した課題を改善）するという一連の改善プロセスを指しています。

ⅰ）計画段階は次の３点を中心に行う

ａ．ターゲット顧客別に目標とする預かり資産残高と金融商品販売手数料等から期待する収入金額を予算化します。

ｂ．その営業活動に必要な時間（提案書等書面作成時間、移動時間、顧客との面談時間の合計）を計算します。なお、突発的な事故処理や、上司や顧客から急に依頼された作業も不可避的に発生することを考慮し、通常の就業時間の70％を営業活動に配分できる時間として計画します。この営業活動に割く時間を70％からどの程度まで引き上げられるかは、試行錯誤で徐々に最適値を求めざるを得ないかもしれません。

ｃ．予算上の顧客別商品アイテム別成約率を設定し、活動計画を立案します。

ⅱ）実行段階

仮説に基づく営業行動計画なので、検証するまで何が正しいか間違っていたのか分かりません。それ故、十分なサンプル数が集まるまで一定期間、一貫した営業行動を実行することが大切となります。

実行に当たっては、次の２点に注意する必要があります。

103

第1に予算額と成約率で、アプローチする顧客の優先順位を決定してからアプローチすることです。

第2に将来の種まきのため、新規アプローチ先へ一定の営業時間を必ず配分することです（例えば営業時間の25％）。

iii）評価段階

例えば3カ月間既往・新規営業先を優先順位A、B、Cに分け、上位A、Bランク先をおのおの10顧客以上回った段階で、評価プロセスを回してみます。

評価に当たっては、次の諸点に注意し、予算と実績の差を検証する必要があります。

　　a．ターゲットの置き方（ニーズと商品・サービスの対応関係）は正しかったか、もしそうではないなら、どのように修正すべきか。
　　b．成約のプロセスは正しかったか、もしそうではないならどのように修正すべきか。
　　c．成約率向上のポイントはどこにあるのか。
　　d．他の金融機関からはどのようなアプローチが行われているか。

iv）改善策の立案

上記iii）の評価段階で見えてきた課題を改善するため、チームのメンバーで検討会を開きます。チームのメンバーが個々の営業成果を持ち寄ることで、検討に必要なサンプル数は一気に増加し、統計分析からも意味のある分析が可能となり、それに伴い改善提案の質も向上します。

金融サービスとは畑は違うかも知れませんが、日本メーカーのQC活動の本を読んだり、製造業でQC活動を経験した友人にヒアリングをしたりすれば、営業管理サイクルの改善に参考になる点が見つかるかもしれません。

こうして、修正された営業プロセスを前提に新たな仮説に基づく営業プロセスを使い、改めて検証します。その後、次のPDCAサイクルを回してらせん状にその営業プロセスの生産性を継続的に改善することを目指していきます。常にチームの中で、ベストプラクティスを共有化するメカニズムを動か

104

し、絶え間ない改善プロセスを回し続けることが重要となります。

Column 6

ファミリービジネスを学ぼう

1. なぜ事業承継に失敗すると、ファミリービジネスの倒産リスクは一
   気に高まるのか

（1）相続税問題より大切な事業承継移行問題

　プライベートバンキング業務に於いて、事業承継は最も重要なテーマ
の1つです。プライベートバンキングの中核顧客がファミリービジネス
オーナーだからです。今までの、日本におけるプライベートバンキング
での事業承継対策のアプローチは、相続税対策ばかりに目が向き、経営
自体の承継を如何にスムーズに進めるかという点で十分な考慮が行われ
ていませんでした。

　しかし、ファミリービジネスを承継していくためには、新しいオー
ナーの下にいかに事業を集約し発展させていくかが最大のテーマであ
り、相続対策はそのための一手段に過ぎません。一旦経営者が交替する
とその後20 ～ 30年の間、よほどのことがない限り同じ人物が経営を
担うことになります。

　ファミリービジネスのビジネスモデル自体が激しく変化する経営環境
と既にミスマッチを起こしているにも拘わらず、現経営者（父親世代）
が過去の成功体験にこだわる結果、環境変化に対応する新たな経営戦略
を打ち出せずにいる場合が多く、その意味で事業承継は、次世代経営者
（子供の世代）の手により経営戦略を見直す好機であり、もしそれに失
敗すれば一族事業の消滅原因にもなりかねないのです。

　（2）事業承継がファミリービジネス関係者の均衡に与える動揺

　ファミリー経営の場合、家に帰れば親と子という関係があるため、こ
れまで親世代の行ってきた経営を100%否定するような非連続な形での

経営革新（＝ Revolutionary change）の実行は困難です。相続による事業承継は、従来の経営方針を変更するチャンスでもありますが、別の観点からみれば従来からあった一族間の均衡や秩序が大きく動揺する時期でもあります。より具体的には、事業承継に伴い次の４つの異なる次元で従来の利害関係の均衡状態が崩れるため、ファミリービジネスの経営状態が極端に脆弱となる可能性が高まります。

①親子関係＜家族の次元＞

②株主関係＜所有の次元＞

③上司と部下の関係＜経営の次元＞

④個人としての成長とライフサイクル＜個人の次元＞

事業経営のみならず、事業を支える一族や非一族の一族事業に従事するコア人材の心理状態も大きく動揺し、新たな秩序や均衡点を求めようとします。こうした不均衡な状況を克服するためにも、次世代リーダーの体系的な育成および事業承継移行期に生じる上述の不均衡状態を事業承継者が巧みに乗り切れるよう、組織や一族をあげて後継者を支援する体制が求められています。一族事業の伝統や一族の人間たちとの調和にも配慮した「伝統とイノベーションの調和」を基調とする事業の進化的革新（＝ Evolutionary change）が必要になります。

2．IMDのファミリービジネス大賞受賞企業に学ぶ成功する次世代承継
　　の在り方

　ヨーロッパのファミリービジネスの研究拠点として著名なスイス・ローザンヌにあるビジネススクールIMD（The International Institute for Management Development）では、１９９６年以来卓越したファミリービジネスに対し、ファミリービジネス大賞を授与しています。受賞企業のベストプラクティスからは事業承継の在り方について多くを学ぶことができます。これらの企業は、いずれもこうした一族の伝統と経営環境変化が求めるイノベーションの融合に見事に成功しています。また、受賞企業は、いずれも国際的にも事業を大きく拡大することに成功

しており、その共通要素として、効果的な所有と経営の分離にも成功している点が挙げられます。一族の存在が事業拡大の阻害要因にならないよう一族のガバナンスをベースにファミリービジネスガバナンスを巧みに構築しているからです。プロの経営者を参画させ、一方では取締役会を通じ一族の影響を残しつつも過度な経営への介入は抑制しています。

　なお、受賞企業選抜にあたり審査委員会が用いる選抜基準は次の７つです。

　①少なくとも３世代以上にわたり事業を所有し、経営し続けていること

　②確固たる収益性を長期間にわたり安定的に示現していること

　③業界での主要商品を提供し、市場で高い評価を獲得していること

　④効果的なガバナンスシステムを確立し維持していること

　⑤国際的な事業展開に成功していること

　⑥伝統とイノベーションの効果的融合を実現していること

　⑦事業を行っている地域に於いて、社会貢献を行い、良き企業市民として手本となる活動に従事していること

３．改めて考えるファミリービジネスの強みと弱み

　ファミリービジネスの弱みと強みを公開企業との比較で見ると、次のように整理できます。

　まず、弱みとしては銀行に過大に依存した資金調達が挙げられます。個人の限られた株主引き受け能力や、一族間での株式比率の変更が難しい現実を考慮すれば、企業の成長資金の大宗は、株式増資ではなく銀行借入に依存せざるを得ません。また銀行からの借入枠を安定的に拡大していくためにも配当可能原資はそのほとんどが再投資され、この結果、オーナー個人の金融資産は自社株式が中心となってしまいます。このため、個人の視点で見れば、純資産はあっても当座資産の比率が低い偏ったバランスシートを持つことになり、相続税の支払いや離婚の際に発生する配偶者からの財産分割請求が困難となるケースが見受けられます。

一方、上場企業との対比でファミリービジネスの強みを見れば、意思決定の迅速さや圧倒的な支配株式比率を背景とした長期的視野に立った経営が挙げられます。しかし、2014年に導入されたスチュワードシップコードや2015年6月より導入されたコーポレートガバナンスコードによる公開企業のガバナンス改革によって、公開企業がより長期的な観点から経営を求められる環境が整い、ファミリービジネス本来の強みである長期的視点に立った経営上の相対的優位性が揺らぎつつあります。ファミリービジネスの優位性を回復するためにも、独自のガバナンスの設計・運用両面での強化が一層求められています。

　公開企業との競争戦略上の差別化を図るためにも、ファミリービジネスが目指すべきガバナンス改革は、一族の価値観や伝統を自主的・積極的に活かした自社にふさわしいガバナンス体制の構築です。その前提条件として、従来無視されがちだった周辺株主への配慮も含めた一族間や親子間のコミュニケーションを強化し、一族の一体性を背景とした超長期の視点に立ったファミリービジネスが担いうるイノベーターの役割を可能にする新たなガバナンスの在り方が求められています。これまでの税理士を中心とした税務対策に偏った事業承継対策ではなく、法律の専門家や組織改革で実績のあるコンサルタントも交えたより包括的なプロフェッショナル集団による学際的な（Disciplinary）アプローチが求められる時代に入ったと考えるべきでしょう。

　なお、IMDのファミリービジネス大賞の詳細については、ファミリービジネスの研究者としてまたコンサルタントとして世界的に著名なIMDの元ファミリービジネスセンターの主任教授であるヨアキム・シュワス博士の書かれた主著、Wise Growth Strategies in Leading Family Businesses、邦題「ファミリービジネス –賢明なる成長への条件-」（中央経済社）を是非ご参照いただきたいと存じます。

第1章　RM（リレーションシップ・マネジメント）

【本章のまとめ】

　終戦後創業し、日本経済の高度成長とともに事業を拡大、株式公開を果たした起業家の莫大な富が、いま次世代に継承されようとしています。これにより、資産保全を目的として、自社株という一銘柄への集中リスクから有価証券以外のその他資産も含む本格的分散投資の時代が始まることになります。

　プライベートバンキング業務は、人口減少が続くわが国において、金融分野では数少ない成長市場の1つとなるでしょう。また、欧米の金融機関の実績を見ても、資産運用ビジネスとしてのプライベートバンキング業務は、機関投資家向けサービスに比べはるかに収益率も安定性も高い有望な事業として期待されています。

　しかし、株式公開を果たした著名な同族系企業オーナーなど、この分野での中核顧客はいずれも社会での認知度が高いため、多くの金融機関が殺到し、競争は熾烈を極めるため、顧客に選択されるためにはサービスの差別化が必須となります。

　本章で取り扱ったRMというテーマは、まさにプライベートバンキング・サービスの差別化の切り口の源泉となるものです。

　具体的な差別化のポイントは、次の3点に要約できます。

　第1に、自らのサービスや商品を売り込む前に、顧客の課題や夢を深くかつ包括的に聴く姿勢を貫くことです。

　第2に、プライベートバンキングの中核顧客である同族系企業のオーナー経営者の課題に包括的に対応するため、コーポレートファイナンスのノウハウやファミリービジネスの分析と融合したサービス提供の在り方を検討することです。

　第3に、「顧客を第一」に設計されたビジネスモデルを、徹頭徹尾、組織内に企業文化として浸透させ定着させることです。

　以上、3つの差別化を実行するには、いずれも人材の量と質の確保が制約条件となります。だからといって、安易に人材を外部からスカウトしたり、ギャップを埋めるための性急なアプローチを用いるようでは、顧客の利益を第一とする企業文化が組織に定着することはできません。少なくとも5年という

長期の時間をかけ、人材を育成し、データベースに顧客の情報やソリューションを累積したビジネスモデルを構築し磨いていくことで、はじめて持続的成果が期待できることでしょう。

　個人のキャリアの対象としてプライベートバンキングを考えると、大きな希望を持ち得る職種であることは疑いありません。一流の顧客と出会い、企業金融から個人のグローバル・タックスプランニングまで、担当者として幅広い知識や経験が問われ、また活用できる職種です。

　志のある金融マンにとってプライベートバンキング業務には、生涯現役で続けたいと思える素晴らしい仕事の可能性が秘められています。

《参考文献》

・「フロー体験　喜びの現象学」　チクセント・ミハイ著、今村浩明訳　世界思想社
・「セカンドライフを愉しむ」　ドロシー・サンプソン著、米田隆訳　ファーストプレス出版
・「キャリア・ダイナミックス」　エドガー・H・シャイン著、二村敏子・三善勝代訳　白桃書房
・「50歳までに『生き生きとした老い』を準備する」　ジョージ・E・ヴァイランド著、米田隆訳　ファーストプレス出版
・「世界のプライベートバンキング『入門』」　米田隆著　ファーストプレス出版
・「究極の鍛錬」　ジョフ・ゴルヴァン著、米田隆訳　サンマーク出版
・"Clients for Life"　Andrew Sobel, Jagdish Sheth 著　Free Press出版
・「成功する歯科医院のビジネスモデル」　足立優・米田隆共著　クインテッセンス出版
・"New Family Office: Strategies for Consulting to the Affluent"　Lisa Gray 著　Euromoney Institutional Investor PLC
・「顧客ロイヤルティのマネジメント」　フレデリック・F・ライクヘルド著、伊藤良二・山下浩昭訳　ダイヤモンド出版
・「ファミリービジネス―賢明なる成長への条件―」　ヨアキム・シュワス著、

長谷川博和・米田隆訳　中央経済社

第2章　WM(ウェルスマネジメント)

【本章のねらい】

　本章では、WMとは、顧客およびそのファミリーが求めるミッション、目標を実現するための戦略立案と実行のプロセスであることを理解します。その際、金融、不動産、自社株、保険、さらには税務を統合し、その家族のミッションを実現するため、全体最適な対策を実行し、円滑に次世代以降に財産の移転を図らなくてはいけません。これらの目標、対策を定義すべき投資政策書、ファミリーミッション・ステートメントの作成は不可欠であることを学びます。

1 基本概念

(1) 顧客の効用、目的

　WMの対象となる資産家富裕層の効用、すなわち何を実現することを嬉しいと思うか、また、何を目標とするかは千差万別です。世界の富裕層に関わるレポートにおいて、富裕層が重要と考える関心事として、

必須と考える事項　　a）　経済環境の目標に対する影響

　　　　　　　　　　b）　増税の可能性

重要と考える事項　　c）　後継者への円滑な相続

　　　　　　　　　　d）　生涯にわたる資金枯渇の回避

　　　　　　　　　　e）　インフレにより実質収入が減少すること

　　　　　　　　　　f）　不動産マーケットの状況

中程度の重要事項　　g）　豊かな老後の実現

　　　　　　　　　　h）　健康を守るための費用の上昇

　　　　　　　　　　i）　教育費の高騰

が掲げられています。わが国の資産家の場合、さらに相続税の軽減、相続税納税原資の確保、その前提としてのファミリービジネスの持続的成長を、その目標として挙げるでしょう。その目標が実現できた時、顧客の満足または

第2章　WM（ウェルスマネジメント）

効用が拡大します。ただ、その顧客が企業経営者なのか不動産保有者である
のか、またはドクター等のプロフェッショナルなのかによって、WMの目的
および効用は、大きく異なってきます。保有資産額が数百億円の富裕層は、
もはや慈善事業や社会貢献にしか効用を感じられないという場合も考えられ
ます。

① ウェルスマネジメントの目的

　WMの目的を定義するとすれば、個人、またはそのファミリーが何を最優
先と考えるかを第一に考えなければなりません。WMとは、個人資産の最適
な配分と後継世代への不安無き移転を約束し、永代にわたるその御家族の
ファミリーミッションの実現を、アセットマネジメントとタックスマネジメ
ントを統合しながら支援することを、その目的としています。特にわが国
は、所得税・住民税合算最高税率55％、相続税・贈与税最高税率55％であ
り、次世代への財産の移転には、税務対策が不可欠です。したがって、WM
の領域の中で、タックスマネジメントの役割は他国に比べ非常に大きいとい
えるでしょう。

図表2-1　税率の各国比較

	シンガポール	香港	日本
所得税	最高税率 22％ （累進課税） 国内源泉所得	最高累進税率17％か 標準税率15％の どちらかを選択 国内源泉所得	最高税率 45％（国税） 住民税10％（地方税） 全世界所得
相続・ 贈与税	なし	なし	最高税率55％
法人税	17％	16.5％	法人税＋地方税 30.62％（※）

（※）2017年3月31日までは30.86％（東京都、資本金1億円超の場合）

113

イ．ファミリーミッション・ステートメント（FMS）とは

　ファミリーミッション・ステートメントとは、企業でいうと使命宣言（社是）であり、特定の個人や夫婦、ファミリー、またはその同族企業の「行動方針」で、価値観、目標を記述し、世間に表明したものです。欧米の成長し繁栄するファミリーには、多くの場合、FMSが作成されているといわれています。わが国の資産家家族、富裕層ファミリーでは、「家訓」ともいうべきFMSが、ほとんどの場合作成されておらず、結果として当該家族で到達目標を明確にできず、資産保全にも失敗しています。ここでの資本とは、金融資産、不動産等の財的資本（Financial Capital）だけでなく、人的資本（Human Capital）、知的資本（Intellectual Capital）から構成されます。FMSが明確であり、3つの資本がバランスよく保全されてこそ、そのファミリーの繁栄、成長が実現可能となるのです。

　残念ながらわが国においては、3つの資本のうちの財的資本（Financial Capital）の保全こそが目的であり、ゴールであると考えられていますが、本末転倒な理解といえるでしょう。

　FMSを作成するには、まずファミリーの行動方針に結び付く哲学を明確にすることです。例えば、ある中小企業オーナー家では、家族のミッションとは、「一人ひとりの個性と才能を尊重することにより、社会に貢献し、持続的なファミリーの経済的かつ、文化的成長を実現する」、また、ファミリーの価値観とは他の家族と異なる独自性であり、例えば子息には、「世界最高の教育環境を与え、グローバルな思考ができる世界人を育て上げ、目標としては20年後もファミリーのメンバー全員が自らを第一世代と考える成長力あるファミリーを目指す」という具合です。また、財的資本については「そのためにグローバルな資産クラスベースのアロケーションを維持するとともに、世代の交代によってもファミリー外への資金の流出をできるだけ抑え、ファミリーの財的資本の保全を実現する」と、目標をFMSの内に記述することになります。

ロ．ファミリーミッションの実現

　このように、FMSの中には、家族内の結束、健康、幸福、愛の追求、社

会への文化的貢献というノンファイナンシャルな人的・知的ミッションと20年後のファミリーの純資産を、例えば30億円にするといったファイナンシャルなミッションが考えられます。ファイナンシャルなミッションの追求に傾斜し、ノンファイナンシャルなミッションをおろそかにした結果、ファイナンシャルな目標も実現できないという事態が発生します。2つのミッションのバランスある実現が、結果としてファミリーの持続的成長の可能性を高くします。

　知的資本の源泉であるその家族およびその家族のファミリービジネスが、いかに他の家族、事業と異なり差別化された戦略を持っているかが重要です。また人的資本である家族や後継者の存在、さらに金融資産・自社株・不動産という財的資本の3つの資本のどれか1つでも欠けると、ノンファイナンシャル、ファイナンシャルなミッションのどちらも実現できないことになります。

ハ．次世代、次々世代への円滑な事業、財産の移転承継

　欧米、中国においても、ファミリービジネスが3世代以上繁栄し続けるのは難しいと言われています。さらにわが国においては、世界に類を見ない重い相続税・贈与税課税があります。2019年3月末現在、相続税・贈与税の最高税率は55％であり、次世代への資産事業の移転は、他の国に比べ、さらに難しいと言えるのです。

　図表2－2は、日本における事業経営者が、常に考えるべき3つの戦略を表しています。事業成長戦略、事業承継戦略、財産承継戦略を常にバランスよく考えながら経営する必要があります。3つの戦略の継続的な立案、実行によって、次世代・次々世代への円滑な事業や財産の承継が実現します。したがって、わが国のオーナー企業経営者、不動産オーナーは、自らの事業に集中するだけでは、そのファミリーの持続的繁栄は実現できず、後継者を誰にするか、その持ち株比率をいかにするかということも戦略的に考える必要があります。さらに、自社株を後継者に完全に移転させようとすれば、相続税の納税対策、さらには後継者以外の他の相続人に対していかなる財産を分割するか、例えば代償分割をも考慮する必要があります。日本においてWM

とは、資産家や企業経営者に対して、事業承継戦略や財産承継戦略を提案し実行するコンサルティングサービスと言えるでしょう。

図表２－２　３つの戦略

```
        ┌─────────┐
        │ 事業成長  │
        │  戦略   │
        └─────────┘
       ╱            ╲
      ╱              ╲
┌─────────┐      ┌─────────┐
│ 事業承継  │──────│ 財産承継  │
│  戦略   │      │  戦略   │
└─────────┘      └─────────┘
```

② 顧客の効用

　イ．限界効用

　ここでは、限界効用とは、財産額の増加に対する満足度の増加を指すこととします。資産家・富裕層は、現状の所得税負担が大きいため、１つの投資にしても、資産全体の収益率にしても、税引後投資収益率をいかに高めるかということが重要な尺度となります。さらにわが国では、相続税、贈与税の税負担が高いため、次世代へ承継する税引後資産の極大化が効用の尺度の１つとなります。その際、相続税納付後の財産額が１億円から２億円に増えるときの効用の増加と、相続税納付後の財産が1,000億円から1,001億円に増加するときの効用は明らかに異なり、限界効用は逓減していきます（**図表２－３**）。

図表2-3 相続財産額に対する限界効用

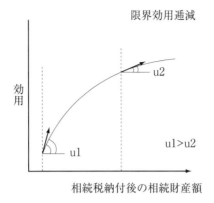

ロ．フィランソロフィー

フィランソロフィーとは、慈善活動であり、所得の増加や財産の拡大だけでは効用の増加がもはや期待できないような資産家は、慈善活動による社会への富や時間の還元をしたくなります。欧米では、社会貢献が成功者の責任であると考えられています。

ハ．多様なニーズの統合

富裕層に対するWMは、多様なニーズの存在に応える必要があります。一般のマス層に比べ、ニーズは多いと言えます。

図表2-4 多様なニーズ

ニ．リスク許容度

　わが国の富裕層の多くは、中小企業経営者、不動産オーナーであり、IPO（新規株式公開）を果たしたオーナーを含めると、そのほとんどは自らのコアビジネスを持っており、その結果、財を成した人々がほとんどであります。また、そのファミリーのコアアセットの多くは、自社株、不動産から構成され、金融ポートフォリオの比重は、総資産の3分の1程度です。**図表2**

－5は、2017年度の相続税の課税対象となった各資産を合算して貸借対照表の形式にしたものです。相続税を支払う家計を、ここでは資産家とすると、総資産の中で金融資産の占める割合は44％程度です。

　図表２－６は、投資家として３タイプに分けてみた中小企業経営者のリスク許容度を表しています。投資家Aは、事業が順調で多額の役員報酬を受け取っています。事業が好調なうちに、資産運用においても積極的にリスクを取りたいというタイプです。一方、投資家Bは、自社の事業から発生するリスクが非常に高いため、金融ポートフォリオは、無リスク金融商品で運用したいというタイプです。投資家Cは、市況に左右される紙パルプ業を営んでおり、金融ポートフォリオは紙パルプ業と負の相関を持つ業種や資産クラスで運用したいというタイプです。中小企業経営者に対するWMにおいては、顧客のリスク許容度は、現在その顧客が負担している本業のビジネスリスクを考慮する必要があります。また本業の景気と運用対象となる金融商品の値動きとの関連性にも注意が欠かせません（例えば新興国ビジネスに携わる顧客に新興国ファンドを勧めてよいかなど）。

図表２－５　2017年度国税庁相続税統計に基づく合算家計貸借対照表

現金預金	31.7%	相続税納付額　12.1%	
		葬式費用・債務　8.7%	
上場株式・公社債・投信	12.1%	純資産	
不動産	41.9%		
自社株	3.1%		
生命保険	3.8%		
退職金慰労金	1.1%		
その他資産	6.3%		

（出所）国税庁相続税統計より作成

図表2-6　3つのタイプの中小企業経営者のリスク許容度

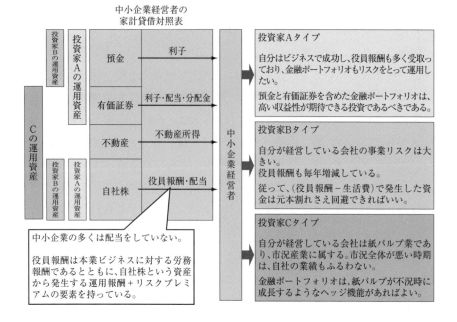

　図表2-7は、金融機関の窓口販売、本部営業部署や、プライベートバンカーが考慮するリスク許容度の測定プロセスの違いをモデル化したものです。

(2)　顧客タイプ別の属性とニーズ

　それぞれの顧客は、異なる資産構成を持ち、異なる収支状況にあります。その結果、家計貸借対照表、家計キャッシュフロー分析表は大きく異なります。また、事業形態組織も大きく異なり、WMの戦略も異なっています。
　顧客タイプ別にニーズと属性をまとめると、**図表2-8**の通りです。

①　中小企業オーナー

　わが国の中小企業オーナーについては、その法人が銀行から借入れをする際、オーナー自らが自宅不動産を担保に入れ、自ら連帯保証を入れることが一般的です。このように事業資産と個人資産の区別があいまいです。そのよ

図表２−７　リスク許容度の測定プロセスの違い

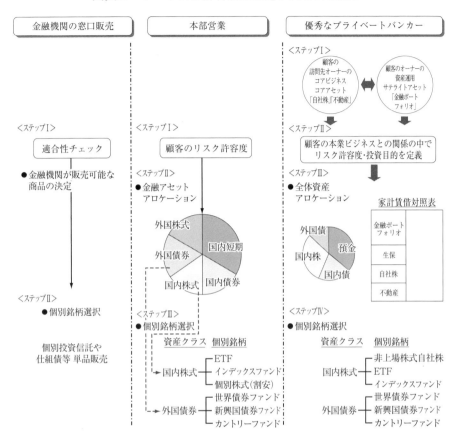

うな企業経営者は、事業成長を常に目標とし、企業価値を増大させる努力をしますが、そのためには以下の３つが企業価値を増大させるドライバーとなります。

　企業価値 ≒ EBITDA×k ＋（現預金 − 借入金）
　a）EBITDAの増加
　b）EBITDA乗数（k）の増加
　c）ネットデットの圧縮

　EBITDAとは、「支払利息、法人税、減価償却費控除前利益」をいい、営業利益を増大させる努力はEBITDAを増加させ、企業価値を高めます。

図表２−８ 顧客タイプ別の属性とニーズ

	中小企業オーナー	上場会社オーナー・株主	不動産オーナー	プロフェッショナル（弁護士・会計士・医師）	代々の資産家
ニーズ	事業成長、事業承継、財産承継戦略のバランスある立案と実行。	a)所有と経営の継続的維持か、b)所有の維持（財産承継）の選択	物件の収益性の維持、家族内での所得の分散と相続税課税価格の軽減。	・士業承継 ・現状所得の維持 ・退職後障害時の保障 ・資産形成戦略	資産管理法人の活用により、課税価格をいかに軽減するか。
a 資産構成上の特徴	総資産の中で自社株比率が高く、法人土地の底地が個人保有土地であることが多い。金融資産比率が低い。	総資産の中の上場株式および公開時の上場株式による金融資産の比重が高い。既に資産管理会社を保有する場合もある。	総資産の中で不動産の比重が圧倒的に高い。金融資産が少ない。	比較的金融資産の比率が高い。	資産管理法人により、株式および不動産を保有。
b 支配する企業、事業のFCF（フリーキャッシュフロー）の把握と活用方法	FCF＝EBITDA−借入金返済 FCFの2分の1は企業成長のための内部留保原資であり、残り2分の1は法人契約生保原資。	本人のFCF＝上場会社役員報酬＋資産管理会社役員報酬＋配当−税金	FCF＝不動産所得＋減価償却費−借入金返済額−税金	FCF＝事業所得＋減価償却費−借入金返済−税金	FCF＝個人所得＋減価償却費−借入金返済−税金
c EXIT戦略	後継者が存在すれば、同族内事業承継。存在しなければMBOまたはM&A。	資産管理法人株式を同族が支配しながら相続税の納付は個人保有上場株式の売却で対応。	不動産管理会社または個人所有不動産を戦略的に峻別。	後継者に資格がなければ、または第三者への営業譲渡の可能性は有。法人化により持ち分譲渡の対策も有り。	課税価格を圧縮しながら相続税納税のための金融資産を保有。
d その他		資産管理法人は、上場会社の3分の1超の株式保有により受取配当金は不算入。・個人持ち株比率は3％未満にし、その他株式は資産管理法人で保有。・資産管理法人株式を相続税法上の株式保有特定会社から外す。	買換交換という税務上のメリットを個人、法人で最大限に活用。	医業の場合、法人化して医師資格でない後継者も理事として参加し、理事報酬の収受は可能。	相続税法上の不動産保有特定会社および株式保有特定会社から外れるよう対策。

EBITDA乗数（k）は、証券市場の株価水準という経済環境的要因と、当該会社の将来の成長可能性期待の増大とともに増加します。

　一方、企業価値の増大は、自社株の相続税評価額の増加となり、後継者への承継を難しくします。したがって、自らの所有する会社を成長させながら、2世代・3世代にわたる支配を継続するためには、事業成長戦略を確立するのと同様の努力が、事業承継戦略、財産承継戦略の確立にも必要となります。すなわち、企業価値を拡大させながら、創業家がオーナーであり続けるためには、事業成長戦略を常に持つと同時に相続税の納税のための現金を常に用意する必要があります。または、オーナー経営者は、40代といった早い時期に、次世代の後継者を見定め、自社株式を継続して暦年贈与することにより、相続時の一時の高額納税を回避する戦略が必要となるのです。わが国においては、数世代にわたってプライベートカンパニーの成長と所有、さらには経営を維持するためには、資産保有法人の設立も必要となるかもしれません。

②　上場会社オーナー株主

　上場会社のオーナー所有株式の時価総額が100億円を超えるような状況になり、同族の所有と経営の維持を実現するとすれば、上場株式を保有する資産管理会社の設立が不可避となります。この会社の設立の目的は、イ．資産管理会社を介した上場株式の保有、ロ．相続税評価額の軽減、さらにはハ．資産管理会社が受け取る受取配当の益金不算入（3分の1超の株式を6カ月以上保有している場合）、および、ニ．同族への役員報酬の支払いによる所得の分散等です。

　相続税評価上は、当該資産管理会社が、株式保有特定会社に該当しなければ、相続税財産評価通達上の類似業種比準価額方式を適用できることとなります。相続税評価額の計算においては、通常純資産価額方式より類似業種比準価額方式を適用する方が、相続税が低く計算されます。資産管理会社の設立運営コストを考慮したとしても有力な資産管理手段と言えます。

③ 不動産オーナー

　不動産オーナーに対するWMは、わが国の所得税法、法人税に係わる法令、通達を深く理解し、税務上の恩恵を最大限に活用することに集約されます。特に、買換え・交換・収用等の特例や、借地権に係わる取扱いを活用するとともに、不動産保有会社を最大限に利用することが重要です。

　ただ、税務上の課税価格の圧縮を目的とした対策を活用したために、不動産投資に係わる収益率を下げ、全体の資産に係わる収益率を著しく低下させるのであれば意味がありません。したがって、WMの目指す全体最適戦略の立案と実行という視点に立って全体スキームを構築することが重要です。

④ プロフェッショナル（弁護士、会計士、医師等）
イ．フローリッチの可処分投資額の把握

　医師等、プロフェッショナルのフローリッチに対してWMを実行する場合、可処分投資額がどの程度か把握することが重要です。

　可処分投資額＝課税所得－所得税・住民税＋減価償却費－借入金元本返済額－生活費（教育費含む）

　可処分投資額は上記のように定義されます。30代、40代の開業医は、課税所得も大きいですが、開業に係わる医療機器、建物付属設備等の投資のために調達した借入金の返済も多額です。また、子息の医学部の入学金、学費等の支出も多額であることが多くあります。

　医師については、医業の継続と財産の承継のために医療法人を設立することにより、事業所得をドクター理事長の給与所得に変換し、同族への所得の分散が可能です。なお、基金拠出型医療法人の設立により、相続財産評価上、利益剰余金が出資の評価に影響を与えず有利となります。

⑤ 代々の資産家

　洋の東西を問わず、資産家が3世代資産家であり続けることは非常に難しいことです。わが国の場合は、代々の資産家とは地方で広大な不動産を保有するとともに複数のプライベートカンパニーを経営するオーナー一族がその例です。ただわが国は、最高累進税率55％という、世界に類を見ない相続税

の負担が大きい国であり、3世代にわたって資産家であり続けることは他国以上に難しいと言えます。

図表2-9は、3世代相続が発生し、相続税の課税ののち、どれだけ資産が残るかを試算したものです。

同図表を検証しますと、相続財産額が20億円以下であれば20年という時間をかけた子・孫に対する暦年贈与が大きく機能します。歴年贈与対策を実行しない場合、あるいは贈与税の基礎控除110万円までの贈与を実行した場合、それぞれの3世代相続後の財産額は38.5％ないし51％しか残りません。一方、子供2人、孫4人に1,000万円ずつ贈与した場合は72.5％の財産を残すことができます。ただし当初の財産額が100億円だとすると毎年1,000万円ずつ贈与したとしても税引後の財産額は41.6％となり、歴年贈与の効果は小さくなっていくことになります。そのため超資産家になると歴年贈与以外の対策が必要となります。その対策の1つが、資産管理会社、資産所有会社による資産の間接保有対策です。不動産や株式を保有する資産所有会社の活用により相続税の課税上の財産評価を軽減し、多額の相続税の納税を軽減する対策は不可欠と言えるでしょう。

ただ、資産額が50億円を超えるような場合、国内税務対策だけでは限界があり、香港、シンガポール等相続税・贈与税がない国への親子一緒の移住が必要であるかもしれません。ただし、海外に移住し親子とも10年超海外に住んでいたとしても、国内資産については相続税の課税対象となり、日本国籍を持った瞬間から、重い税負担が世界中どこに行ってもついて回ることになります。

なお、相続・贈与税の仕組み等を確認したい方は、最初に第2章 6 相続・贈与等による財産移転から読み始めてください。

(3) ライフプランニングの方法

① ライフスタイルの2つの例

この項については、第1章 1 (2)② ハ．ⅱ）を参照してください。

図表2−9　3世代相続が発生したら

〈前提条件〉
・各相続時について法定相続割合で遺産分割するものとして計算しています。
・子、孫の相続時について配偶者の税額軽減があるものとして計算しています。
・贈与するケースについては、全て受贈者が20歳以上であると仮定して贈与税額を算出しています。
　税引後財産額＝父の財産額−父の相続税（3代）

（1）贈与しないケース

父の財産額	相続税累計計（3代）	税引後財産	残存率
1億円	395万円	9,605万円 (1,200万円)	96.0%
3億円	6,441万円	2億3,559万円 (2,944万円)	78.5%
5億円	1億6,330万円	3億3,670万円 (4,208万円)	67.3%
10億円	4億8,477万円	5億1,523万円 (6,440万円)	51.5%
20億円	12億2,958万円	7億7,042万円 (9,630万円)	38.5%
50億円	36億9,918万円	13億 82万円 (1億6,260万円)	26.0%
100億円	80億3,445万円	19億6,555万円 (2億4,569万円)	19.6%
500億円	439億7,270万円	60億2,730万円 (7億5,341万円)	12.0%

（2）常に子供に2人、孫4人に20年間贈与するケース

一人当たりの年間贈与額（税引後財産額）

父の財産額	100万円	200万円	500万円	1,000万円	2,000万円
1億円	— 100.0% (1,250万円)				
3億円	2億8,280万円 94.2% (3,535万円)	2億8,752万円 95.8% (3,594万円)			
5億円	4億2,645万円 85.2% (5,330万円)	4億4,729万円 89.4% (5,591万円)			
10億円	6億8,176万円 68.1% (8,522万円)	7億4,829万円 74.8% (9,353万円)	8億3,320万円 83.3% (1億 415万円)		
20億円	10億2,076万円 51.0% (1億2,759万円)	11億5,257万円 57.6% (1億4,407万円)	13億5,588万円 67.7% (1億6,948万円)	14億5,162万円 72.5% (1億8,145万円)	
50億円	16億3,338万円 32.6% (2億 417万円)	19億 44万円 38.0% (2億3,755万円)	23億8,190万円 47.6% (2億9,773万円)	27億3,102万円 54.6% (3億4,137万円)	28億 399万円 56.0% (3億5,049万円)
100億円	23億4,648万円 23.4% (2億9,331万円)	26億9,613万円 26.9% (3億3,701万円)	35億2,350万円 35.2% (4億4,043万円)	41億6,419万円 41.6% (5億2,252万円)	46億6,081万円 46.6% (5億8,260万円)
500億円	64億7,187万円 12.9% (8億 898万円)	68億9,482万円 13.7% (8億6,185万円)	80億8,438万円 16.1% (10億1,054万円)	99億 867万円 19.8% (12億3,858万円)	128億 818万円 25.6% (16億 102万円)

> 財産額20億円まであれば暦年贈与が機能する

※（ ）内の金額は孫1人当たりの税引後財産額です。相続発生後、資金の流入はなく流出は相続税だけとして計算します。%は残存率です。

第2章　WM（ウェルスマネジメント）

② ライフステージとキャッシュフローの変化

この項については、第1章❸(4)①を参照してください。

③ キャッシュフローシミュレーション

この項については、第6章❹(4)を参照してください。

(4) リタイアメントプランニング

① 必要資金準備

イ．退職後の必要生活資金、平均支出額、収支の差額の基本

退職後の必要生活資金を試算するためには、年金、仕事、資産運用等の収入額から、平均支出額も考慮した支出額を控除して、収支差額を算定する必要があります。収支差額がマイナスの場合は、追加的な資金を準備する必要があるため、退職前の早い段階から計画的に準備を行う必要があります。

ロ．平均余命、必要貯蓄額、保障、運用スタンスについての考え方

平均余命を設定すると、現在加入している年金等の収入源だけでは、退職後の必要資金をカバーできない場合の必要貯蓄額、病気、死亡等の万が一の場合の必要保障額を試算することができます。

退職後の必要資金は以下のように分類され、ⅰ）については流動性を重視、ⅱ）については安全性を重視、ⅲ）については収益性を重視する運用スタンスを取ることが考えられます。

ⅰ）病気、事故等の万が一に備えるための資金

ⅱ）退職後の生活資金、住宅リフォーム、高齢者向け施設の費用、子供の結婚や住宅購入の援助資金等

ⅲ）余裕資金

ハ．情報収集、現状把握、ライフデザインの考察

退職後の必要資金の分析を行うために、現状分析に関する情報収集を行う必要があります。

ⅰ）加入している年金の概要（公的年金、企業年金、個人年金）

127

ⅱ）退職時期、退職金、退職後の収入（年金、仕事）

ⅲ）支出の状況（生活費、住宅費用、教育費用、余暇費用）

ⅳ）相続により資産を相続する可能性

ⅴ）子・孫等への贈与の可能性

これらの情報を収集した後、個人バランスシート、キャッシュフロー表を作成し、家計の財政状態、収支等の現状把握を行います。

また、退職後のファイナンシャルプランニングを行うためには、退職後の生活拠点、仕事への取り組み、子・孫等への贈与・相続も含めた支援体制、医療、介護への備え等の退職後のライフデザインを設計する必要があります。

②　社会保険

図表２−10は、医療保険制度体系の概要を示したものです。

図表２−10　医療保険制度の体系

	制度	被保険者
医療保険	健康保険	民間会社の勤労者
	船員保険	船員
	共済組合	公務員
	国民健康保険	自営業者等
高齢者医療	後期高齢者医療制度	75歳以上の方等
退職者医療（※）	退職者医療制度 国民健康保険	厚生年金保険等の被用者年金に一定期間加入し、老齢年金給付を受けている65歳未満等の人で、2015年3月31日までにこの制度に加入した人

（出所）全国健康保険協会ＨＰ
https://www.kyoukaikenpo.or.jp/g3/cat320/sb3190/sbb3190/1966-200

（※）退職者医療制度とは、会社などを退職し、現在、老齢年金を受給している方が65歳になるまでの間、加入する制度です。この制度は2015年3月31日に廃止され、これ以降、新規の対象者が増えることはなくなりました。ただし、2015年3月31日までにこの制度に加入されている方は、その方が65歳になるまでの間は、退職者医療制度の資格が継続します。

第2章　WM（ウェルスマネジメント）

医療保険制度の体系は医療保険、高齢者医療の2つに大きく分類されます。

医療保険は民間会社の勤労者が加入する健康保険、船員が加入する船員保険、公務員が加入する共済組合、自営業者等が加入する国民健康保険からなります。

高齢者医療制度（後期高齢者医療制度）は75歳以上の方と65歳以上75歳未満で一定の障害がある方を対象とした医療制度であり、都道府県単位ですべての市区町村が加入している広域連合会が運営を行っています。

③　年金

図表2－11は、年金制度体系の概要を示したものです。

年金制度は、全国民に共通した国民年金（基礎年金）をベースに被用者年金（厚生年金）、企業年金（厚生年金基金、確定拠出年金、確定給付企業年金）の3階建ての体系になっています。

自営業者や農業者は国民年金のみに加入しますが、民間の被用者や公務員等は国民年金に加えて厚生年金にも加入します。

民間の被用者については、厚生年金基金や退職年金等の企業年金に加入しているケースも多くあります。

129

図表2-11 年金制度の体系

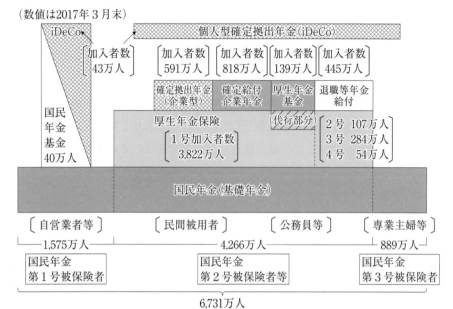

(出所) 厚生労働省HP
http://www.mhlw.go.jp/content/12601000/000415607.pdf

(5) 資金計画

① 個人のバランスシート作成

イ．個人のバランスシートの作成意義

　企業は貸借対照表（バランスシート）、損益計算書、キャッシュフロー計算書の作成を行い、財政状態、経営成績を把握しますが、個人においてもバランスシートの作成が重要です。

　個人（家計）のバランスシートを作成することにより、キャッシュフロー表だけからでは把握することができない財務上の問題点を把握しやすくなり

ます。また、資金計画の策定においては、家計の総資産を把握することがファーストステップとなってきます。

図表2－12は、個人のバランスシートの例ですが、個人のバランスシートは、資産、負債、純資産からなり、純資産は資産から負債を控除した金額です。また、資産は時価ベースで評価を行います。

資産の時価評価において、預金、株式、投資信託等からなる金融資産、土地、自社株を定期的に時価評価することは、通常、相当の労力を要しますが、家計が保有する財産の棚卸表である個人のバランスシートを時価ベースで作成することにより、未払い相続税額（負債）を明確に認識するとともに、より多くの財産（納税後の純資産額）を子孫に残すための対策の策定に役立てることができます。

正確な時価評価額を算出するため、株式および投資信託については終値で、自社株の類似業種株価については、類似業種比準株価が更新されるたびに評価替えをする必要があります。また、宅地に係る路線価については、年1回の改定ごとに、評価額を更新する必要があります。

金融資産、不動産、自社株を適時時価評価し、個人のバランスシートを「見える」化することにより、相続税納税後の純資産額を最大化するための対策および納税資金不足を補填・解消するための対策を具体的に検討することが可能になります。

図表2－12　個人のバランスシートの例（単位：万円）

【資産】		【負債】	
現預金	8,415	借入金	4,500
株式	2,655	一次相続税	2,700
債券	825	二次相続税	1,700
投資信託	1,325	（負債合計）	8,900
生命保険	1,320		
不動産	21,780	【純資産】	29,235
自社株	1,815		
資産合計	38,135	負債・純資産合計	38,135

ロ．バランスシートの分析、問題点の把握、改善提案

バランスシートの分析、問題点の把握においては、以下のような点に留意して、問題点を把握し、当該問題点を改善するための提案を行います。

ⅰ）リスク許容度の範囲内で資産の分散が図られ、必要な流動性が確保されているか

ⅱ）相続における遺産分割が容易になる資産構成であるか

ⅲ）負債が無理なく返済可能であり、過大になっていないか

② 個人のキャッシュフロー表作成

イ．ライフイベント表の作成

ライフイベント表は、結婚、出産、教育、住宅購入、退職等の顧客の家計に関して将来的に発生するイベントおよび必要資金を時系列で表にしたものです。ライフイベント表を作成することにより、いつどのような資金がいくら必要かを明確にすることができます。

ロ．収入・支出の見積もり

収入については、給与収入、年金収入（退職後）、運用収入、その他の収入、臨時的な収入等が考えられますが、税金や社会保険料を控除した可処分所得ベースで見積もりを行います。支出については、生活費、住宅費（家賃、住宅ローン、固定資産税等）、教育費、保険料、その他の支出、臨時的な支出等の見積もりを行います。

ハ．総合的なキャッシュフロー表の作成

図表２−13は、キャッシュフロー表の例ですが、総合的なキャッシュフロー表の作成における年金収入と運用収入の見積もりにおいては、以下のような点に留意する必要があります。

年金収入には、公的年金と企業年金や個人年金等の私的年金が考えられます。公的年金については、65歳からの本来の受給を行うか、60歳までの繰上げ受給、70歳までの繰下げ受給の選択肢もあります。私的年金については、任意に受給開始年齢を決定できる場合もあります。これらを考慮して、年金

図表2−13 キャッシュフロー表の例(単位:万円)

経過年数	現在	1年後	2年後	3年後	4年後	5年後	6年後	7年後	8年後	9年後	10年後
西暦	2016	2017	2018	2019	2020	2021	2022	2023	2024	2025	2026
太郎(本人)	45歳	46	47	48	49	50	51	52	53	54	55
花子(配偶者)	40歳	41	42	43	44	45	46	47	48	49	50
一郎(長男)	10歳	11	12	13	14	15	16	17	18	19	20
二郎(次男)	6歳	7	8	9	10	11	12	13	14	15	16
ライフ・イベント	車買換え 五輪観戦			一郎中学入学	五輪観戦		一郎高校入学	二郎中学入学	車買換え 五輪観戦	一郎大学入学	二郎高校入学
役員報酬(手取り)	3,000	3,000	3,000	3,000	3,000	3,000	3,000	3,000	3,000	3,000	3,000
運用収入(税引後)	500	490	510	530	550	560	570	590	600	610	630
その他の収入(税引後)	0	0	0	0	0	0	0	0	1,000	0	0
収入合計	3,500	3,490	3,510	3,530	3,550	3,560	3,570	3,590	4,600	3,610	3,630
生活費	1,000	1,000	1,000	1,000	1,000	1,000	1,000	1,000	1,000	1,000	1,000
住宅費	800	800	800	800	800	800	800	800	800	800	800
教育費	400	420	440	560	480	500	620	640	560	680	700
保険料	100	100	100	100	100	100	100	100	100	100	100
その他の支出	100	100	100	100	100	100	100	100	100	100	100
臨時的な支出	1,500	0	0	0	500	0	0	0	1,500	0	0
支出合計	3,900	2,420	2,440	2,560	2,980	2,500	2,620	2,640	4,060	2,680	2,700
収支	▲400	1,070	1,070	970	570	1,060	950	950	540	930	930
貯蓄残高	29,600	30,670	31,740	32,710	33,280	34,340	35,290	36,240	36,780	37,710	38,640

収入の見積もりを税引き後ベースで行います。

運用収入については、既存の資産を運用することの収入、将来の余剰資金の運用による収入の合計の見積もりを税引き後ベースで行います。

年間収支がプラスの場合、資金余剰が生じ、金融資産残高が増加し、年間収支がマイナスの場合、資金不足が生じるため、金融資産残高が減少します。

二. キャッシュフロー表の分析、問題点の把握、改善提案

ⅰ) キャッシュフローが単年度のみマイナスの場合

臨時的な支出により、キャッシュフローが単年度のみマイナスになる場合がありますが、その年以降、プラスが継続していくのであれば、問題はないと考えられ、マイナスの年に備えてローンを組む等の改善提案が考えられます。

ⅱ) キャッシュフローが恒常的・継続的にマイナスの場合

キャッシュフローのマイナスが累積していくと、貯蓄残高がマイナスに転じる等の財政状態に問題が生じる可能性があるため、収入の増加や支出の見直し等の迅速な対応が求められます。

ⅲ) 貯蓄残高がマイナスの場合

借入金が膨らみ、借入余力を超えると、家計の破綻につながる可能性があるため、資産の売却による借入金の削減、収入の増加や支出の見直し等の迅速な対応が求められます。

(6) 個人版ALM

ALMとは、資産と負債を総合的に管理することにより、金利変動や為替相場の変動等の市場リスクと流動性リスクを管理する手法であり、主に金融機関において用いられていますが、個人においても有用な手法であると考えられます。

① 資産形成ステージでの個人版ALMの利用

資産形成ステージを退職までの期間と考えますと、通常、定期的な生活費を上回る給与収入があるため、定期的な支払が生じる住宅ローン等の負債を財務許容度の範囲内で利用することも可能であると考えられます。

また、定期的な生活費を上回る給与収入があるため、資産保全ステージよりもリスク許容度が大きくなり、よりリスクの高い資産に配分することが可能になると考えられます。

さらに、流動性の観点からは、定期的な給与収入があることを想定すると、資産保全ステージと比較して、流動性の低い不動産のような資産クラスにより多く配分することが可能であると考えられます。

② 資産保全ステージでの個人版ALMの利用

資産保全ステージを退職後の期間と考えますと、通常、給与収入がなくなり、年金等の収入と保有資産を運用しながら、年金等の収入だけでは十分でないことが多いため必要に応じて保有資産を取り崩していくことが想定されます。

したがって、資産形成ステージと比較して、借入金等の負債の利用は慎重にすべきであり、負債を利用するための財務許容度も小さくなると考えられます。

また、流動性の観点からは、取崩しによる退職後の生活費の支払い、将来的に相続が発生した際の相続税の支払い等に備えるため、資産形成ステージよりもより安全性、流動性の高い資産クラスで運用することが望ましいと考えられます。

(7) リスク管理

① リスクとは

イ. リスクの種類

ⅰ）人的リスク

本人や家族の死亡、障害、病気、けが、介護、長生き等のリスクを言い、通常、生命保険によりカバーします。

ⅱ）物的リスク

住宅等の財産に関するリスクを言い、通常、損害保険によりカバーします。

ⅲ）損害賠償リスク

第三者に対する損害賠償に備えるリスクを言い、通常、損害保険によりカバーします。

ⅳ）費用・損失リスク

収入がなくなったり、減少したりするリスク。所得補償保険等によりカバーします。

ロ．超富裕層特有のリスク（オーナー企業、相続、事業承継リスク）

超富裕層が自らの会社のオーナーであり経営者である場合、経営者を取り巻くリスクとして、下記のようなリスクが考えられます。

ⅰ）経営者に不測の事態が起こった場合の信用損失や営業力低下に基づく売上げ減少および資金繰り悪化リスク

代表取締役が死亡しても事後の経営は何カ月間かの事業資金が確保できれば経営は何とか維持継続できる場合で、その後の事業継続資金が枯渇するリスクです。

ただし、この前提としては、現代表者が死亡しても後継者がすでに存在するか、その候補が存在することを前提とします。それを生命保険でカバーする場合、どの程度の割合まで代表者の死亡保険金でカバーするかが問題となります。すなわち、将来の事業継続資金の発生に対し、留保している預貯金等の資産も通常は存在すると考えられるためです。一方、必要なリスク額全額を生命保険で準備することはコスト的に非効率になります。

ⅱ）事業承継・相続税納税リスク

中小企業のオーナー経営者が死亡した場合、子息または同族に当該企業の維持成長を委譲することができる適任者が存在したとしても、自社株式を相

続するための納税資金に苦慮するケースも多く見受けられます。この場合、自社株式の納税猶予の規定を活用し、自社株式相続に関わる相続税、贈与税の納税猶予を選択することが可能です。当規定は、非上場株式の承継に伴い生じる贈与税、相続税が納税猶予される制度です。かつては納税猶予の対象となる株式数が制限されていたことや納税猶予の継続要件が厳しかったことなどから活用事例が少ない状況が続いていましたが、2018年度税制改正により従来の制度に加え対象株式数や納税猶予される割合の拡充や適用後の継続要件の緩和を盛り込んだ特例制度が創設されたことから、今後は活発な利用が期待されます。

あるいは、例えば、自社株式を相続した後継者が承継した自社株式を法人に売却し、その資金で相続税の納付を行うこともできます。その際、譲渡差額はみなし配当所得として総合課税の対象とはならず、20％申告分離の譲渡所得となる特例があります。

また、不動産等の流動性の低い資産で運用している場合、相続発生時に、流動性の欠如から相続税納税が困難になるリスクがあります。

事業承継・相続税納税リスクへの対応方法として、流動性の高い金融資産を準備しておくことが考えられますが、資金的にすべてを金融資産で準備することが困難であることも考えられます。そのような場合、保険を有効活用することにより、法人で加入する場合は、保険種類によっては一部損金算入等による税メリットを享受することができます。

iii) 役員死亡退職金、弔慰金を支払うリスク

経営者の死は、家庭においては大黒柱の喪失であり、残された家族が円満に生活を送るための資金に、即時に、不足をきたすことになります。また、経営者の死は、自社株式の相続を通じて相続税の納付を発生させます。そのため、役員死亡退職金、弔慰金は、経営者の過去の役員としての就業に対する功労であるとともに、受け取った家族から見たときは、上記の生活費の支払いや、相続税の納税原資となります。

② 保険の役割

保険には、保障機能と貯蓄機能があります。保障機能とは、死亡、病気、ケガ、事故等の不測の事態が生じた際に、保険金や給付金を受け取ることができる機能をいい、貯蓄機能とは、満期や中途解約時に満期保険金や解約返戻金を受け取ることができる機能をいいます。

保険は、生命保険、損害保険、第三分野保険の３種類に分類することができます。

イ．生命保険

人の生死に関して保険金が支払われる保険をいい、**図表２−14**のような種類があります。

図表２−14　生命保険の種類

種類	内容
養老保険	一定の保障期間を定めたもので、満期時に死亡保険金と同額の満期保険金が支払われる保険です。
終身保険	生命保険のうち契約期間の終了がないものをいいます。
逓増定期保険	保険期間の経過により保険金額が５倍までの範囲で増加する定期保険のうち、その保険期間満了の時における被保険者の年齢が45歳を超えるものをいいます。
長期平準定期保険	保険期間満了時の被保険者の年齢が70歳を超え、かつ、加入時の被保険者の年齢に保険期間の２倍に相当する数を加えた数が105を超える定期保険です。
無解約返戻金型定期保険	保険期間を通じて解約返戻金がない定期保険で、解約返戻金がないため、保険料は解約返戻金がある定期保険よりも割安になります。

（注）保険料の損金算入限度については、保険の種類ごとではなく、最高解約返戻率に応じた取扱いに変更されました（2019年７月　法人税基本通達改正）。

ロ．損害保険

偶然の事故による損害に対して保険金が支払われる保険をいい、**図表２−15**のような種類があります。

第2章 WM（ウェルスマネジメント）

図表2－15 損害保険の種類

種類	内容
会社役員賠償責任保険 （D&O保険）	会社役員としての業務の遂行に起因して、損害賠償請求がなされることによって会社役員が被る経済的損害を補償する保険です。
個人情報漏えい保険	個人情報が漏えいし、法律上の損害賠償責任を負担することによって被る被害と、謝罪広告やお詫び状作成費用等の事故対応のために支出した費用損害を補償する保険です。
生産物賠償責任保険 （PL保険）	第三者に引き渡した物や製品、業務の結果に起因して賠償責任を負担した場合の損害を、身体障害または財物損壊が生じることを条件としてカバーする賠償責任保険です。
取引信用保険	取引先企業の倒産・法的整理や遅延等による貸倒れ損害に対して保険金が支払われる売掛債権保全のための保険です。
団体長期障害所得補償保険 （GLTD）	団体保険の一種で、病気やケガにより長期間にわたって就業が不能になったときの所得を補償する企業の福利厚生制度です。
労災上乗せ保険	従業員またはその遺族への上乗せ補償を保険会社が肩代わりするとともに、その補償の額を超えて企業が法律上の賠償責任を負わされることとなった場合に保険金が支払われる保険です。
IT賠償責任保険	IT事業者（被保険者）の過失によって、ユーザーから損害賠償請求されるリスクからIT事業者を守る保険です。
外航貨物海上保険	海上・航空輸送中に遭遇する火災、爆発、船舶の座礁・乗揚・沈没または転覆、盗難、破損等の偶然の事故によって生じた損害を補償する保険です。

ハ．第三分野保険

　生命保険、損害保険のどちらにも属さない、または、両方の属性を備えた保険をいい、**図表2－16**のような種類があります。

図表２－16　第三分野保険の種類

種類	内容
医療保険	医療機関の受診により発生した医療費について、その一部または全部を保険者が給付する仕組みの保険です。
がん保険	民間医療保険のうち、原則としてがんのみを対象として保障を行うものです。

二．オーナー企業、相続、事業承継における保険の役割

　企業経営者を取り巻くリスクは、第２章１(7)①ロの３つのリスク ⅰ）、ⅱ）、ⅲ）に大別されます。それぞれのリスクがいつまでに発生するかにより、そのリスク量、期間に合わせた生命保険の加入が望ましく、そのリスク発生期間を超えて生命保険に加入することは、他に目的がなければ会社の資金リソースを無駄に費消していることになります。ここで考えられる「他の目的」とは、資金積立てと課税の繰延べです。

図表２－17　リスクに対して適切と考えられる生命保険

	在任期間・保障額	保障期間	保険種類	保険料の損金算入可能性
ⅰ）a．事業継続のための資金確保（後継者の存在）	事業の拡大に伴い保障額逓増。後継者の成長とともに逓減	代表取締役社長退任まで（70歳）	定期保険 逓増定期	○ ○
ⅰ）b．事業清算のための資金確保	定額	会社清算まで	定期保険 100歳定期	○ ○
ⅱ）事業承継資金・相続対策資金の確保	定額または逓増	相続発生まで	終身保険 100歳定期	× ○
ⅲ）死亡退職金・弔慰金の支払資金確保	役員在任期間の増大とともに逓増	役員退職まで（70歳）	逓増定期 100歳定期	○ ○

（注）保険料の損金算入限度については、保険の種類ごとではなく、最高解約返戻率に応じた取扱いに変更されました（2019年７月　法人税基本通達改正）。

　これら３つのリスクを軽減する保険としては終身保険、定期保険、さらに多様な定期保険、例えば100歳満了の長期定期保険、さらに逓増定期保険、また保障期間中の解約返戻金の多少により低解約返戻金タイプの定期保険が

第2章 WM（ウェルスマネジメント）

考えられます。

　図表2−17は、これらの3つのリスクに対して、適切と考えられる生命保険を整理したものです。

ⅰ）ａ．事業継続のための資金確保は、営業資金を何カ月分確保するかという問題であるため、一般的には事業の拡大とともに必要額が増加しますが、後継者の成長とともに代表取締役の影響力が小さくなるため、必要保障額は減少します。したがって、代表取締役の退社（例えば70歳）または後継者へのガバナンスの委譲時期までを保障期間とする定期保険または逓増定期が適当であると言えるでしょう。定期保険を選択するか逓増定期を選択するかは、保険料の全額損金を重視するのか、生命保険の解約返戻金を勇退退職金の支払い原資にも充当したいかによって選択すべきことになります。

ⅰ）ｂ．事業清算のための資金確保は、後継者が存在せず、現在の事業は自分限りと考えられるため、例えば100歳満了定期保険のような保障期間が長期のものが適しています。

ⅱ）事業承継資金・相続対策資金の確保については、後継者が相続した自社株式を会社で買い取るための資金は生命保険金を原資にするため、100歳満了の定期保険または終身保険がフィットします。その際、保険料の2分の1程度の損金性を求める場合、100歳満了定期保険を選択することになります。

ⅲ）死亡退職金・弔慰金の支払資金確保は、支払額は役員退職金の計算方法が最終報酬倍率方式の場合、役員在任期間とともにその額は増加していくため、役員退職予定年齢、例えば70歳までを保障期間とする逓増定期保険が適していると考えられます。ただし、70歳時に生存退職金を収受することも大いに考えられるため、100歳満了の定期保険を70歳時に解約し、その解約返戻金を生存退職金の支払原資の一部として支払うプランも考えられます。

141

Column1

　法人契約の終身がん保険の保険料の取扱いを定めた2012年4月27日の国税庁改正通達（計算上の保険期間を加入時年齢から105歳までの期間とし、その期間の前半50％相当期間は支払保険料の2分の1を前払い金等として資産計上し、残額について損金算入する）は廃止され、相当多額の前払部分が含まれる場合は、最高解約返戻率等に応じて損金算入限度が決まる仕組みに変更されました（2019年7月改正）。

　相続税の支払い準備、事業承継等においても保険の有用性は高いと考えられ、保険の税効果分析は必要ですが、保険本来の保障・貯蓄機能により重点を置いた保険の提案が重要になると考えられます。

2 投資政策書（Investment Policy Statement）

(1) 投資政策書の役割、メリット

① 投資政策書とは

　投資政策書とは、顧客が投資に関する意思決定を行うための裏付けとなる書類です。投資政策書を作成する目的は、投資の意思決定がなされる過程を体系的かつ明確に記述することによって、投資の意思決定が、顧客が達成しようとしているファイナンシャルゴールに沿ったものであるかを確認し、関係者間のコミュニケーション、顧客への投資教育を行うためのツールとして役立てることです。また、投資政策書は、投資の意思決定とその後の運用が明確な投資政策に基づいて行われたことの証左となり、投資政策書を作成することにより、投資政策を記録しておくことが可能になります。

② 投資政策書の役割

　投資政策書には**図表2−18**のような役割があります。

第2章　WM（ウェルスマネジメント）

図表2-18　投資政策書の役割

目標の設定	明確で定義可能な期待収益率の設定、期待収益率とリスク（標準偏差）の分析、投資のガイドラインの設定を行います。
資産配分方針の決定	分散投資を実現し、顧客のファイナンシャルゴール、リスク許容度に即した資産配分を実現するための資産配分方針を決定するとともに、投資適合性診断結果に基づき、投資対象とする資産クラス、投資対象から除外する資産クラスを確定します。
運用管理手続きの確立	運用する資産クラス、金融商品の選択、インデックス対比での運用成績の評価等の運用管理手続きを確立します。
コミュニケーション手続きの確立	運用に関わるすべての関係者間で、運用のプロセスとファイナンシャルゴールに関するコミュニケーションを行うための手続きを確立します。

③　**投資政策書を利用するメリット**

投資政策書を利用することにより、以下のようなメリットが得られます。

・顧客とアドバイザー間で、投資政策がルール化されることにより、感情に流されない規律に基づいた投資意思決定を行うことができます。

・ファイナンシャルゴールと期待収益率を関係者間で共有することができます。

・運用成績を評価する手法が確立されるため、公正な運用成績測定を行うことができます。

・関係者間での誤解を避け、各関係者が何を行うべきかの役割が明確化されます。

・金融危機前後の相場の乱高下等の変動しがちな運用環境下においても、慎重な投資の意思決定を行うことができます。

・顧客、関係者との間での投資政策に関する円滑なコミュニケーションを図ることができます。

・投資の意思決定が投資政策書に基づいて行われ、顧客のファイナンシャルゴールを実現するためにサービスが適切になされているかを記録する手段になり、運用損失が生じた場合の顧客からの潜在的な訴訟リスクに対する法的な備えにもなります。

143

(2)　投資政策書作成のための必要情報

①　必要情報

投資政策書の作成に必要な顧客の個人・家族情報は**図表2－19**のとおりです。

図表2－19　投資政策書の作成に必要な顧客の個人・家族情報

必要な情報	内容
プロフィール	本人・家族の名前、性別、年齢、誕生日、連絡先、勤務先・役職等
税務申告書・決算書	個人：最新の税務申告書 法人：3年分の税務申告書・決算書
保有資産・負債	・金融資産 ・生命保険 ・年金保険 ・不動産 ・自社株 ・死亡退職金 ・その他資産 ・負債
公的年金	・国民年金、国民年金基金 ・厚生年金、厚生年金基金
世帯の収入・支出	・給与収入、事業収入、不動産収入、金融収入等の収入 ・所得税・住民税、社会保険料、生活費、住宅費、教育費、保険料等の支出
投資スタンス	・ファイナンシャルゴール ・リスク許容度 ・投資適合性

②　必要情報の収集方法

投資政策書の作成に必要な顧客の個人・家族情報を入手した後、顧客との面談を行い、書面での情報からは得ることができない情報を収集します。顧客との面談は最も重要な情報収集手段であり、顧客との徹底したディスカッションを行い、相互理解を深める必要があります。

顧客との面談において得たい情報は下記の通りです。

・ファミリーミッション

・ファイナンシャルゴール

・ファイナンシャルゴールを達成するに当たっての希望・不安

・運用期間

・退職時期

・短・中長期の資金収支計画

・リスク許容度

☞運用に対する考え方（元本の安全性、値上がり益、配当等）

☞期待収益率、予想リスクに関する選好

☞金融商品が短期間に乱高下した場合の対応

☞REIT、ヘッジファンド、コモディティへの投資の可否

(3) 顧客の生涯目標、価値観

① 投資目的、生涯目標

　アドバイザーにとって、顧客との面談等により、顧客のニーズを把握することが出発点になり、アドバイザーが顧客に関する理解度を深めることにより、顧客がアドバイザーに対して抱く期待値とのギャップが大きくならないように留意することが重要です。

　アドバイザーは、顧客が保守型、安定型、標準型、成長型、積極型のどのモデルポートフォリオを希望するのかを把握し、キャピタルゲイン、インカムゲインに関する選好を明確にする必要があります。アドバイザーにとって、顧客のファミリーミッションが反映され、ファイナンシャルゴールが達成可能な、投資政策書を作成することが最終的な目標になります。

　一方、顧客のことを深く知ることにより、顧客にとって最適な投資政策書を作成し、最良のサービスを提供することができるという先入観には留意する必要があります。なぜなら、顧客によっては、ファイナンシャルゴールやリスク許容度について、日常、深く考えていない場合があるため、初回の面談時に顧客の真意を反映した回答を得ることができない可能性があるからです。そのような場合には、フォローアップのための追加的な面談が必要にな

ります。また、顧客のファイナンシャルゴールやリスク許容度は時の経過に応じて変化する可能性があるため、定期的に面談を行い、必要に応じてアップデートを行う必要があります。

② 顧客の投資目的、生涯価値観に関する判断・考慮点

　顧客の収支の状況は、投資政策書の策定においても重要な考慮要因となります。例えば、顧客が安定した給与収入を有する場合は、より中長期的な運用に回せる資金が多くなると考えられますが、顧客の給与収入が業績連動により変動性が高い場合等、収入の安定性が低い場合、収入の減少に備えた資金準備が必要になるため、中長期的な運用に回せる資金が少なくなると考えられます。

　また、顧客が定期的に不動産やプライベートエクイティ等の流動性の低い投資対象への投資を行う場合、一定の流動性を確保するため、より多くの資金準備が必要になると考えられます。

　顧客に定期的なまとまった支出ニーズがある場合、当該支出ニーズに対応する方法として幾つかの方法が考えられます。例えば、配当、利息等のインカムゲインを生む運用資産に資産配分し、当該インカムから定期的な支出ニーズに応じた支払いを行うことが考えられます。また、定期的に支出ニーズに応じて、キャピタルゲインが生じている運用資産を売却して資金を捻出することが考えられます。さらに、現預金、MRF等のいつでも売却可能な短期金融勘定で資金準備を行い、定期的な支出ニーズに対して、短期金融勘定から支払いを行い、その都度、必要額を他の運用資産のインカムゲイン、キャピタルゲイン、元本の売却等の資金を用いて短期金融勘定に補填することが考えられます。資金準備の金額の設定については、顧客とのディスカッションを通じて行い、中長期の運用と分離して管理することも考えられます。

　資産配分において、現預金、MRF等の短期金融勘定をどの程度組み込むべきかを決定するに当たっては、通常の生活費、生活費以外の支出等、顧客の支出目的を適切に理解する必要があります。また、顧客の資産運用においては、運用報酬の支払いが必要になり、顧客の想定外の支出も想定されるた

め、当該観点からも、短期金融勘定による一定の資金準備を行う必要があります。資金準備額の決定においては、これらの要因だけではなく、顧客の資産規模、将来の収入の安定性、保有している流動性の金額、借入可能額（金融機関の借入枠等）等のさまざまな要因を考慮に入れる必要があります。

(4) 目標運用利回り

① 顧客の必要資金分析に関する手法・考慮点

目標運用利回りに関するディスカッションは、投資政策書の作成における重要なプロセスの一部です。顧客がファイナンシャルゴールを達成するための必要十分な資産を既に保有している場合は、不必要なリスクを取ることによる資産減少により、ファイナンシャルゴールが達成できなくなる可能性があるため、保守的な運用スタイルが望ましいかもしれません。一方、顧客のファイナンシャルゴールを達成するための資産が不足する場合、ファイナンシャルゴールを達成するためのより高い目標利回りを設定することが必要になるかもしれません。

顧客にとって、目標運用利回りを設定することは、資産配分方針を決定するための重要なプロセスであると考えられます。顧客がファイナンシャルゴールを達成するために高い目標運用利回りを必要とする場合、顧客のリスク許容度を考慮し、リスクとリターンのトレードオフの観点からその可否を判断する必要がありますが、顧客のリスク許容度はアドバイザーによる適切な説明により、変化する可能性もあります。

顧客の資産配分のアドバイスにおいては、顧客がファイナンシャルゴールを達成するための目標運用利回りと、顧客のリスク許容度から導き出される目標運用利回りとのバランスを図り、顧客の期待値とのギャップが大きくならないように顧客と適切なコミュニケーションを図ることが重要です。

顧客のファイナンシャルゴールを修正したり、顧客に説明を行ったりしても、資産配分案がリスク許容度の範囲内に収まらない場合は、顧客との期待値とのギャップが大きくなり、将来的に問題が生じる可能性があるため、当該顧客からの依頼を受託しないことも選択肢として考えられます。顧客の期待値とのギャップが大きいまま、不適切な投資政策書を作成し、サービスを

提供する場合、将来的に、顧客の資金不足、運用損失が生じた場合には、法的なリスクが高まる可能性もあります。

② 顧客の必要資金分析と運用リターン目標の決定

　投資政策書の作成においては、顧客がファイナンシャルゴールを達成し、資金を不足させないために必要な目標運用利回りを設定する必要があります。投資政策書の作成においては、ライフイベント表の作成、収入・支出の見積もり、キャッシュフロー表の作成を行う必要があります。収入・支出の見積もりにおいては、給与収入、運用収入等の予測における不確実性が伴い、想定外の収入の減少、支出の増加による収支の悪化が生じる可能性があります。また、想定よりも長生きしたり、病気の治療等による追加的な支出が生じる可能性もあります。

　顧客との適切なコミュニケーションを行うことにより、将来の収入・支出に関する最善の予測を行い、顧客が生涯にわたって資金不足に陥らないような運用リターン目標を設定する必要があります。

　必要資金分析を行うためには、必要資金分析の機能を有しているファイナンシャルプランニングのためのソフトウェアを用いたり、独自のスプレッドシートを作成することが考えられます。

　必要資金分析においては、基本シナリオに基づく前提条件を設定しますが、当該前提条件には不確実性が伴います。したがって、保守的シナリオに基づく前提条件を用いた感応度分析を実施することにより、基本シナリオで用いた前提条件の悪化によるストレステストを行うことが重要であると考えられています。また、不確実性をモデルに組み込むために、モンテカルロシミュレーションが用いられる場合もあります。モンテカルロシミュレーションは、シミュレーションや数値計算を乱数を用いて行う手法の総称ですが、モンテカルロシミュレーションにより、変数を特定し、これらの変数の範囲とパターンに従いシミュレーションすることができます。シミュレーションを多数繰り返し、コンピュータがランダムなパターンの中から変数を選択することにより、生じ得る結果の可能性が示されます。

　モンテカルロシミュレーションは非常に複雑ですが、顧客に対して、必要

第2章　WM（ウェルスマネジメント）

資金分析における収入・支出の見積もりが不確実性を伴うものであることを示すことができます。変数と前提条件を説明することにより、顧客は何％の確率でファイナンシャルゴールを達成し、生涯にわたって資金が不足しないという結論が導き出されたかを理解することができます。

　必要資金分析を行うことにより、顧客がファイナンシャルゴールを達成するために必要な運用リターン目標を明確にすることができます。

(5)　運用対象期間
①　運用対象期間の概念
　顧客が将来的な支出ニーズに伴い資金の引出しを行う場合、運用資産の一部は運用期間が制約されるため、資産配分は当該制約を考慮に入れて行われます。運用期間が10年間等の長期にわたる場合、顧客は運用期間が短期の場合に比べて、相対的にリスクを取ることが可能になり、運用利回りの平準化も期待することができます。

　顧客が子・孫などの教育に関する支出を行う場合、当該支出は教育を受ける子・孫等の在学中の期間を通じて発生する場合が一般的です。したがって、教育費を支払うための資産の運用においては、教育資金が必要となる時点で満期を迎える資産に投資することが考えられます。

　将来的に不動産を購入するための支出は、教育費のように支出時点が確定しないため、顧客が最終的に不動産の購入を決定するまで、不動産購入資金の運用を続けることも可能になります。将来的に不動産の購入を行うまでに、相場が下落した場合、顧客は相場が回復するまでの間、不動産の購入を延期することも可能です。また、顧客が不動産の購入を決定し、購入資金が必要になる場合、購入資金の支払いまでの期間に応じて、どのような投資対象で運用するかを決定する必要があります。

　顧客がオーナー企業（オーナーが現役）で、オーナーが退職する場合、企業のオーナーへの依存度が高いため、事業に重大な影響を及ぼすことが想定され、多額の退職金支払いも見込まれます。したがって、このような場合には、退職日までの期間が運用対象期間の検討要素として重要になります。

　大半の個人にとっては、退職後も生活が続くため、顧客の退職日からの余

149

命を想定し、投資政策を退職前後で全く異なったものにすることは合理的ではありませんが、必要に応じて修正を行うことが考えられます。退職後の財務的な状況の変化は、まとまった金額の退職金が入ってきますが、給与収入がなくなり、通常は給与収入の減少分を年金収入で補うことができないことです。したがって、顧客が退職後の豊かな生活を過ごすための支出等のファイナンシャルゴールを達成するための不足分を資産運用収入で補う必要が生じることが想定されます。退職前には十分な給与収入があったため、あまり貯蓄を行ってこなかった場合も、退職後は高額の治療費等の非日常的な支出に備えて、貯蓄を行う必要があるかもしれません。退職以降、資産を成長させるため、生活費等の支出のために取り崩される資産以外の資産は引き続き運用されることになります。顧客がファイナンシャルゴールを達成するための収入が年金、運用のインカムゲインでまかなえない場合、定期的に運用資産の一部を売却していく必要があるかもしれません。

　顧客のリスク許容度についても、退職後に給与収入が得られなくなることにより、変化することが見込まれるため、資産配分の修正が必要になるかもしれません。また、より保守的な資産配分の下で、顧客のファイナンシャルゴールを達成するための収入・支出の見積もりが成り立つかどうかを必要資金分析で確認しておく必要があります。

②　顧客の運用対象期間の決定手法・考慮点

　運用対象期間に関する投資政策の課題の1つとして、短・中期の流動性ニーズへの対応があります。運用資産の一部が子・孫等の教育資金として用いられる場合、いつ教育費を支払うための現金を準備しなければならないかを把握するとともに、資産売却の代替策としての借入枠の金額も把握する必要があるのです。

　生涯にわたるファイナンシャルゴールを達成するためには、余命を見積もる必要があります。生命保険の生命表は通常、中央値を用いているため、50%の確率で生命表の年齢よりも長生きする可能性があります。必要資金分析において、生命表を用いて余命を選択する場合は、この点に留意する必要があります。

150

顧客は、退職後に資産配分を大幅に変更する必要があると考えることも多いのですが、顧客が60歳で退職し、80歳まで生きる場合、退職時に20年の運用対象期間が想定される相続発生時まであるため、相続税納税準備資金の確保のために資産配分を大幅に変更することが適切でないかもしれません。

投資政策書に基づく運用資産が退職年金であり、従業員が退職を予定している場合、従業員に退職金を支払うために運用資産を現金化する必要があります。したがって、従業員が退職年金に加入している場合、退職金の支払いに伴う潜在的な現金分配ニーズを考慮に入れる必要があります。

(6) リスク許容度

① リスク許容度の概念、決定プロセス

顧客プロファイリングで、ファイナンシャルゴールの決定に次いで重要なのが、顧客のリスク許容度と言えます。リスク許容度とは、対象となっている個人や家族が、投資に関してどの程度のリスクを負担可能かという概念です。通常、顧客が考える投資期間がリスク許容度を決定する最大の要因といわれます。また、顧客の投資目標、現状のポートフォリオの資産配分の状況、過去の投資経験がリスク許容度を決定する要素です。

機関投資家にとって、どの程度の運用利回りが期待できるか、どのようなポートフォリオになるかがリスク許容度の主な決定要因です。個人投資家にとっては、リスク許容度は学習・経験の要素が強く、目標を達成するために高い運用利回りが必要であれば、それに伴うリスクを受け入れるか、リスクを受け入れられなければ、運用利回り目標を修正する必要があります。

リスク許容度の測定においては、相場が下落した場合、最終的に顧客がどの時点で損切りを行うかを明確にしなければなりません。顧客はどの程度保有資産が下落した場合に、継続投資に難色を示すのかということです。大部分の投資家にとって、最も困難なことは状況が悪化した際に運用を継続することであり、顧客がパニックや怒りで感情的になり、パニック売りを行ったりした場合は、不必要な損失を顧客にもたらす可能性があるため、このような状況を回避することが望ましいと言えます。最終的に顧客がどの時点で損切りを行うかは顧客によって異なるため、最も当該事象が生じそうな時点を

特定することができる専門性も求められてきます。いったん、当該専門性を身に付けると、さまざまな状況において、信頼水準の高いポートフォリオを設計することができます。

　顧客のリスク許容度を理解することは、正しいポートフォリオの設計に役立ちます。ポートフォリオの設計において、リスク許容度に関する情報を用いるためには投資政策書の一部として記録しておく必要があります。顧客は顧客自身の投資政策を有しているため、後に不一致が生じた際、顧客の考え方、投資アプローチを反映するためにアドバイザーがどうリスク許容度について考えたのかが、過去の実績と同様に重要となります。顧客が理解しやすい文章で、ポートフォリオの設計がリスク許容度も考慮してどのように行われたかを、顧客の合意も含めて記録しておくことは、一方でアドバイザーを守ることにもなります。

② **顧客のリスク許容度に関する決定要因**

　顧客のリスク許容度の決定においては、経験と勘に頼るのではなく、科学的手法を用いることが望ましいと言えます。顧客がどの程度リスクを取ることを許容するかを測定するため、**図表2-20**のような要素を考慮する必要があります。

図表2-20　顧客のリスク許容度を測定するための考慮要素

要素	内容
運用対象期間	現在の年齢と生命表による余命により、運用対象期間が決まり、運用対象期間が長い場合、リスク許容度が高くなります。
保有資産の流動性	保有資産の流動性が低い場合、さまざまな支払いに備えた流動性を確保する必要があるため、リスク許容度が低くなります。
負債依存度	借入金等による負債依存度・利払い負担が大きい場合は、リスク許容度が低くなります。
収入・支出の見積もり	資産運用以外の収入で支出がどの程度カバーされているか、収入の安定性はどうか。資産運用以外の収入による支出カバー率、収入の安定性が高ければ、リスク許容度は高くなります。

第2章　WM（ウェルスマネジメント）

保険	顧客に万が一のことがあった場合の家族の生活費、相続税の支払いがどの程度保険でカバーされているか。保険によるカバー率が高ければ、リスク許容度は高くなります。
運用に対する考え方	元本の安全性と値上がり益追求のトレードオフに関する考え方。元本の安全性を重視する場合、リスク許容度は小さくなります。
期待収益率と予想リスク	期待収益率と予想リスクは比例するため、顧客が望むバランスを考慮。顧客が望む期待収益率・予想リスクが高い場合、リスク許容度は高くなります。

　これらの要素がリスク許容度の決定要因となっているため、これらの要素を改善させることができれば、顧客のリスク許容度を改善させることができる可能性があります。顧客とのディスカッションに基づく情報収集、顧客に対するアドバイスにより、これらの要素を改善させることができれば、より多くのリスクを取ることができるリスク許容度が高まり、それに伴うリターンを得ることも期待できます。

3　ファミリーミッション・ステートメント（FMS）

　FMSは、本来すべての家族に固有に必要なものです。会社に社是（ミッションステートメント）があるように、優れたファミリーの経営が行われるためには、ファミリーのFMSがあるべきです。FMSは特定の個人や夫婦、ファミリーの行動方針、価値観、目標を文書化し、表明したものです。投資政策書（IPS）の作成や、事業承継対策そのものは、特定の家族の行動方針や価値観を形成し、確立するための手段です。したがって、FMSは、投資政策書や事業計画書よりは、上位の概念を記述した文書であり、いわばファミリーの憲法と言えます。

　すなわち、FMSが目標であり、IPSはその手段という関係にありますから、目標であるFMSが、まず第一義的に決定され、手段であるIPSに優先することを理解します。

　また、FMSは、あるファミリーの多様で、かつ固有のニーズを実現するために必要なバイブルとなりますが、そのプロセスにおいて、一族の結束力、決断力が強化できることにこそ高い意義があることを理解します。

153

(1) ファミリーガバナンスの基本設計

　ファミリーガバナンスという言葉は、わが国では専門家の間でも未だ確立していない比較的新しい概念です。あえて定義づけをすれば、「家族や親族など一族の身近なグループに属するメンバー間の意見の違いや利害関係を調整するための意思決定や遂行プロセスについての在り方および方法を示すもの」とでも言えましょう。

　ファミリーの繁栄と事業、さらには資産を維持するためには、後継者や相続人がそのビジネス、資産を築いた第一世代と同様の先見性と努力が必要と言われています。また、それぞれの一族で固有のニーズがあります。例えば、企業経営者であるオーナー一族の固有の課題とは、以下のようなものが考えられます。

☞ファミリーマネジメント

・後継者を含む次世代の構成員の教育およびキャリアを、いかに築かせるか。

・後継者を含む次世代の構成員の結婚相手をいかに選択するか、いかに閨閥を作るか。

・いかにファミリーメンバーの家業への情熱を作り上げるか。

☞事業マネジメント

・家業ビジネスについて、いかに継続的持続的な成長を実現するか。他社との差別化、独自のテクノロジーをいかに獲得するか。また、それを実現する資本政策をいかに策定するか。

・事業承継では、後継者は、その資格、資質を持っているか。

・後継者が、円滑に経営できるための支配権（持ち株）の承継は順調に進んでいるか。法人による自社株の買取り、売渡請求を行使すべきか。

・子息、子女の中での後継争い等の事態は発生していないか。

☞資産管理

・自社株、不動産等の家業のコアアセットを含む各資産に対して、誰が分割を受け、所有者となるか。

・サブアセットである金融資産、投資不動産を誰がいかに管理運用するか。

第2章　WM（ウェルスマネジメント）

・ファミリーは、それらの財産をいかに次世代、次々世代にわたり管理し続けられるか。共有にするのかまたは固有の資産を固有のメンバーに分割するのか。

・相続発生時点の相続税の納税をいかに軽減し、次世代にできるだけ多額の資産を承継できるか。そのストラクチャーをいかにするか。

・相続発生前にコアアセット、ノンコアアセットを適切に継続的に贈与・移転できる戦略を持っているか。

☞資金管理

・現状、家長に集中している所得をいかに合法的に家族、後継者に分散するか。

・ファミリーのコアアセット、ノンコアアセットを配当して、いかにメンバーに分配するか、または再投資するか？

・ビジネス以外の活動（慈善活動、宗教、家族旅行、趣味等）のために、どの程度の資金を割り当てるか？

☞慈善活動

・ファミリーのミッションというべき慈善活動を、いかなる体制で維持させるか。個人の寄付か法人からの寄付による貢献か、NPO法人の設立、財団法人の設立運営までを行うか？

☞情報管理

・ファミリーの構成員が、事業および資産の状況を把握できるような管理体制をいかに構築するか。

・透明性ある情報開示の体制をいかに構築するか。

(2)　ファミリーガバナンスの基本設計のプロセス

〈ステップⅠ〉ファミリーのビジョンと価値の共有

・ファミリーの優先順位は何か？

・次世代に承継すべきものは何か？　事業か財産か？

　→ファミリーのビジョン、価値観を文書化

〈ステップⅡ〉取り組むべきルール

・家業に関わるのは誰か？　誰がファミリーをリードすべきか？

155

→そのルールを明確にする

〈ステップⅢ〉事業戦略

・ファミリーにとってのコアビジネスと、他のノンコアビジネスに投入する資産の適正な配分はいかなるものか。

・また、コアビジネスから稼得された成果の、内部留保と構成員への配当はどうあるべきか。

　　　→家業に関する事業戦略をいかにファミリー内で共有するか。その戦略ストーリーの文書化

〈ステップⅣ〉所有に関する体制

・ビジネスおよび資産をいかなる所有形態で、ファミリー内で所有するか。

・家業を維持継続成長させる後継者をいかに育てるか。

・後継オーナーの責任と権利は何か。

・コアビジネスを構成する財産以外の資産は、直接保有するか、さらに資産管理会社を介して間接所有するか。

　　　→所有形態の選択肢に関するメリット、デメリットを集約した戦略ストーリーの文書化

・ファミリー共有の資産、構成員の個人資産に関する所有形態（共有か分割か信託か？）

・コアビジネスの株式の承継方針の記述書、株式買取り、株式譲渡請求、金庫株制度に係わる選択肢の文書化。

〈ステップⅤ〉ファミリーガバナンスのシステム構築

・当該ファミリーに固有な要素を取り込み、統一感のある統治体制とは何か？

・いったん構築した統治体制をいかに維持していくか。

　　　→FMSの作成

　　　ファミリー内の会議体、役員会の設立。

　　　例えば、　ファミリー年次総会

　　　　　　　　ファミリー経営会議

① 一族の遺産の次世代承継策
イ．事業承継と財産承継の相違

　ファミリーガバナンスは、前記のようなプロセスの中で設計されるべきですが、各ファミリーのコア事業、すなわち家業の業種、規模、その歴史等により、考慮すべき要素も大きく異なってきます。ファミリーガバナンスの構造は、**図表２−21**のように、イ．そのファミリーの構成員、すなわち、家族の構成員、男女、年齢の状況、ロ．事業、ハ．コア、ノンコア資産の３つの要素から構成されます。そして、そのガバナンスが、複数世代にわたり承継され、継続される体制を築く必要があります。

　ここで重要なことは、事業承継と財産の承継は明確に峻別すべきということです。事業承継は、同族内事業承継、同族外事業承継があり、同族外事業承継として、非血族の取締役等による、MBO（Management buyout）が考えられます。最大の課題は、家業を経営することが可能な同族の後継者が存在するか、その後継者が、家業のビジネスの源泉であるテクノロジーを理解し、従業員および、他の非同族の役員を管理し、リーダーシップを持ってい

図表２−21　ファミリーガバナンスの基本構造

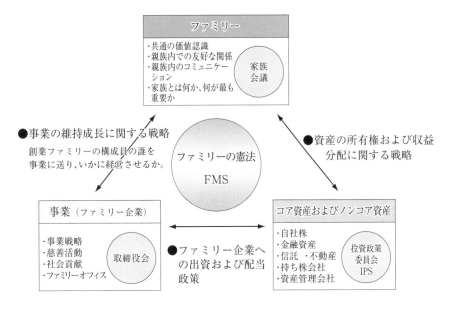

るか否かです。したがって、事業承継とは、経営の承継を意味します。ただ、わが国の99％を占める非上場会社では、会社の所有と経営は分離されておらず、経営の承継は所有の承継、すなわち、株式の承継をいかに後継者に円滑に行うかという側面をも持っています。特にわが国の場合、自社株は財産として相続財産を構成しますから、複数の相続人がいる場合、後継者以外の相続人へも自社株を分割せざるを得ない場合があります。相続税を円滑に支払いながら、経営者たり得る後継者に株式を集中させるという目標を、いかに実現するかが事業承継のゴールとなります。

　一方、財産の承継は、自社株ならびに不動産のコアアセットおよび、コアアセットを源泉とした金融資産をいかに次世代に承継するかに係わる戦略です。前述の通りわが国は、最高税率を55％とする相続税率、贈与税率が課されるため、コアアセット、ノンコアアセットをファミリーの相続人等の構成員が直接保有するのか、資産管理会社を介して間接保有するのか、さらには、持ち株会社により、家業の株式を保有するのかの意思決定が必要となります。そして、その成果をファミリーの構成員にいかに配分、分配するかが問題となります。通常、ⅰ）事業承継戦略が決定し、ⅱ）自社株等のコア資産の、後継者への保有必要割合が決定され、ⅲ）その後、他の相続人をも含めた承継割合が決定されるという優先順位が付けられます。相続税の納税、さらには、相続財産の相続人間のアンバランスから、ⅱ）とⅲ）の間でギャップが発生することも多く見受けられます。そのギャップを解消するために代償分割等の手法も取られ、例えば、後継者が父親の株式を全株承継するために、後継者長男が保有する資産（主として現金や生命保険金等）を、例えば後継者以外の相続人である長女に代償分割資産として譲渡することもあります。

　ロ．自社株、不動産、金融資産の後継者、その他の相続人への分割決定
　図表２−22は、わが国の中小企業経営者の家族で多く発生する課題を表しています。同ファミリーは、相続人は長男と長女であり、自社株は守るべき資産（レガシーアセット）です。例えば、長男と長女の仲があまり良好でないとします。現在の代表取締役は、長男を後継者として指名し、自社株を

長男に全株承継させたい意向です。かつ、現在会社の底地は、父親の個人所有であり、当該会社底地も事業の維持成長のためには、長男が承継することが必要です。ただ、長男が父親の財産の62.5％を占める自社株および会社底地を承継し、金融資産と自宅を長女が承継すると、相続人間で、分割財産の比率が大きく隔離します。また、長男は承継した資産だけでは相続税を支払うことが難しくなります。すなわち、この家族では、守るべき資産を適切な相続人に移転させようとすると、多額の相続税が発生するとともに、相続人の間での分割財産額にアンバランスを生じることになります。

本来、相続に係わる財産移転のためのコストを軽減するためには、相続発生予想時期の20年以上前から、それぞれの相続人に対し、適切な財産を継続的に暦年贈与する等の財産移転戦略が必要となります。

また、**図表2－22**のように、受取人を長男とする生命保険を相続発生時に代償分割資産として長女に渡し、分割財産のアンバランスを是正するとと

図表2－22　生命保険を活用した代償分割

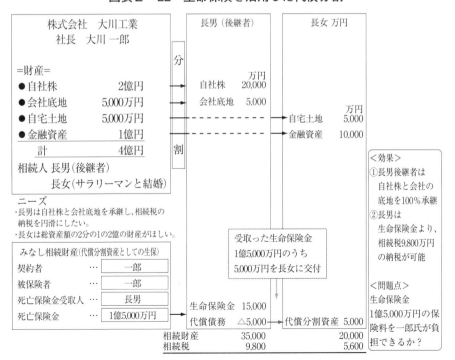

もに、長男自身の相続税の納税準備をするという対策も考えられます。

　このケースは事業の承継のため事業の経営権・所有権の基礎である自社株と事業継続のために不可欠な会社底地を後継者である長男に承継させるとともに財産の承継については長女のために生命保険金を代償分割財産として交付して公平な財産分割を実現したものです。非常に日本に固有のケースと言えます。

　しかし、一方でこの対策だけを適用した場合、現在の代表取締役が、個人で多額の生命保険料の支払いをする必要があることを忘れてはなりません。

　このように、わが国において事業承継、財産の承継戦略を成功させようとした場合、ファミリーの構成員に対して、いかなる財産を移転承継させるかを相続予想時期の20年以上前に決定するとともに、相続人ごとの相続税の納税可能性分析を長期にわたり継続する必要があるのです。

　相続発生直前における、法定相続割合に基づく相続税の納税準備対策は、わが国においては、ほとんど意味を持ちません。

　現在の相続税の体系が継続される限り、資産家、富裕層は自分の財産、ファミリーの資産と思っている財産に対する数十％に対して、相続税が課税されることを前提として、その合法的防衛のための明確な財産承継戦略の立案と実行が必要となるでしょう。

　前に紹介した、**図表２－９**（第2章**１**(2)⑤）は、日本人の資産家の3世代相続が発生した場合の相続税および、相続税納税後の財産額を試算しています。相続税は財産額が基礎控除を超える限り、何度も課税されます。もし、財産額が1,000億を超えるファミリーの場合、その3世代にわたる移転コストは、相続税の最高限界税率が55％とすれば、平均税率も55％に近づいていきます。すなわち、3世代にわたる移転コストは、$1 - \{(1 - 相続税平均税率)^3\}$ であり、$1 - 0.091 = 90.9\%$ となります。

　一方、例えば、相続人である子供、さらに孫に暦年贈与を繰り返した場合、財産の移転コストは、多くの場合格段に軽減されます。したがって、わが国においては、長期にわたる直系卑属を中心としたファミリーの構成員への暦年贈与対策は、最も重要な財産承継戦略であり、適切な構成員へ適切な財産を自らの意思により低い税務コストで移転させることが可能です（第2

章**1**(2)⑤図表２－９参照）。

②　事業運営や資産運用に関する基本方針

　あるファミリーの繁栄の源泉は、結局はそのファミリーの構成員、すなわち、ヒューマンキャピタルであり、そしてその家業を他のビジネスと一線を画しながら、常に差別化戦略をとる事業成長戦略、そしてその源泉となる知的資本（インテレクチュアルキャピタル）が必要です。

　これらは、**図表２－21**の取締役会で、中期的には中期事業計画、また、各会計期間ごとの事業計画の形式で立案され、さらに事業年度の進行とともに、予算実績検討会の場で管理されることになります。

　一方、財産承継戦略は、本来は取締役会とは別の組織として投資政策委員会が決定すべきです。投資政策委員会は、コアビジネスの状況（好不況）、業種を考慮し、コアビジネスへの投資資源と、そのコアビジネスを所有する形態を決定するとともに、ノンコア資産の資産配分案、すなわちアセットアロケーションを決定しなければなりません。その際、アセットアロケーションは、家業が負担するリスクとの相関を考えながら決定すべきです。

　例えば、コアビジネスが不動産賃貸業なら、ノンコアアセットのアセットアロケーションでREITを入れる余地は乏しいでしょう。

(3)　ファミリーガバナンスの基本設計に対し必要となる分析

①　財務状況（個人、法人、慈善事業等）

　企業の経営成績、財政状態を示すものが損益計算書、貸借対照表であるなら、そのファミリーの収支状況、財政状態もそれらを作成することにより、その財務状況を把握すべきです。しかしわが国では、個人や一族の財務状況を毎年把握し、一族内で開示しているようなケースはほとんど見られません。預貯金は、複数の銀行に分散され、投資信託は、例えばメガバンク、地銀、証券会社で分散して運用され、全体としての時価がどうなっているか、アセットアロケーションがいかなる状況かを把握している家計はほとんどありません。結果として、「個人の財産額の全体像を知る瞬間とは、遺産分割協議書と相続税が掛かる財産明細を作成する、死ぬ瞬間」であると言えま

す。家長が死去した後、相続税が掛かる財産明細または遺産分割協議書を相続人が作成した時に初めて家長の財産額が明確になるからです。

　特にわが国は、他国に類を見ない相続税の重い国であり、かつ相続税が課税される財産評価は、相続税財産評価通達に基づく「時価評価」です。したがって、明確な財産承継戦略を立案・実行しようとした場合、個人または一族の財産はすべて時価評価し、現状が把握されるべきです。すなわち、個人が保有する現預金、有価証券、自社株、不動産、生命保険、個人年金は、時価による家計貸借対照表によって管理されなければなりません。一方、家計貸借対照表に資産が積み上がった場合、わが国では負債サイドに未払い相続税という負債が同時に生じます。未払い相続税は、一次相続税未払金、二次相続税未払金であり、本来は、退職給付債務と同様、発生までの期間の現在価値で割引評価されることになるでしょう。ただ、人の命はいつ絶えるのか分からないですから、今一次相続、二次相続が相次いで発生したらという前提で相続税未払金が表示されるべきでしょう。

　図表２−23は、中山家の現時点の時価ベース家計貸借対照表を示しており、一次相続未払金と二次相続未払金の合計額が6億3,000万円にのぼり、総資産の30％に値する金額です。これは、家族の財産の約30％に対して国家が債権者であるとも言えます。財産額が100億円の家族があったとすれば、その資産の約55％について、将来的には相続税納税義務が発生しています。相続税の納付は、相続発生後10カ月以内であり、もしも相続が発生すれば、相続税未払金は10カ月以内に現金で納付されないといけません。家計貸借対照表上、相続税未払金は資産サイドの金融資産よりも少額でなければなりません。例えば

$$流動比率 = \frac{金融資産 + 生命保険 + 退職慰労金}{未払い相続税 + 1年以内返済借入金}$$

とすれば、流動比率はまずは100％以上でなければ相続税の納税が困難となります。

　さらに相続財産の分割の状況により、長男がコアアセットである自社株、不動産を承継し、長女が金融資産を承継する場合、家族全体では上記の流動比率は100％以上であったとしても、ある相続人は、承継した金融資産だけ

第2章 WM（ウェルスマネジメント）

図表2−23 家計貸借対照表

資　産		負　債	
預貯金	133百万円	一次相続税未払額	532百万円
有価証券	168百万円	二次相続税未払額	107百万円
生命保険	150百万円	葬儀費用	0万円
年金保険	14百万円	短期借入金	0万円
退職金慰労金	0万円	(長期)借入金	0万円
不動産	859百万円	(長期)事業ローン	0万円
自社株	668百万円	(長期)その他のローン	0万円
その他の財産	0万円	預かり保証金・未払金	0万円
		純資産	
		純資産額	1,353百万円
総資産額	**1,992百万円**	**総資産額**	**1,992百万円**

では相続税の納税ができないケースが発生します。すなわち、財産承継戦略を立案する場合、できるだけ早く財産の分割案を明確にし、かつ相続人一人ひとりの納税可能性を早い段階から検証すべきです。したがって、財産承継戦略においては、相続税未払金を明示しながら、その支払いが顕在化するまでに財産を暦年贈与等で移転するか、課税価格を軽減して相続税未払金を軽減する戦略を立案すべきです。

　そのため、ファミリーガバナンスを基本設計する場合、コアビジネスの法人貸借対照表、ファミリーの時価ベースの家計貸借対照表の作成および管理

が重要と言えるでしょう。

② 年次キャッシュフローニーズ（個人、法人、慈善事業等）

ファミリーガバナンスの基本設計の上でもう1つの必要な分析は、所得分散ニーズ、すなわちいかに家長のキャッシュフローを家族の間で分散するかでしょう。

多くの家族においては、1人または2人の家長等の巨大な経営能力故に、1人または2人に所得が集中します。一方、わが国の所得税・住民税の体系は累進税率であるため、1人または2人に所得が集中すると、累進税率の影響を大きく受け、家族全体での税引き後手取額を少なくすることになります。当然、キャッシュフローも同様の結果となります。さらに、1人または2人にキャッシュフローが集中すると、相続財産もその個人に集中することになります。すなわち、所得の集中は、家族内における財産の集中をもたらし、ますます家族内に残余する財産を少なくする結果となります。

財産承継戦略においては、家業に携わるファミリーの構成員を増やし、役員報酬により分散し、かつ、暦年贈与により早期に次世代、次々世代に移転した株式に対する配当により構成員への所得およびキャッシュフローの分散のデザインをすべきです。

また、財産額が20億円を超える家計においては、資産管理法人を設立し、株式をファミリーの構成員に分散して保有するとともに、法人から役員報酬、役員給与を受けるような仕組みが必要です。例えば、コアビジネスを展開する法人の役員としては、経営者としての適格性のある長男が役員報酬を受け取り、コアビジネスへの関与のない次男、長女は、資産保有法人の役員報酬を受け取るというような設計が考えられます。

結局、家族が保有する財産を早い時点から贈与を行い、家族内での役員報酬額の分散戦略の実行をすると、ファミリーの資産とキャッシュフローの極大化が実現します。さらに、個人が税引き後のキャッシュフローからの投資貯蓄を行うことは一般的には不利と言えます。例えば、法人契約の生命保険による保険料の損金化の効果を得るとか、個人で所得税法上の指定寄付金、または、その他の寄付により慈善事業に貢献するよりは、法人からの寄付に

第2章　WM（ウェルスマネジメント）

切り換え、損金限度額を活用すべきでしょう。すなわち、高率の所得税が課される個人であるなら、法人での損金化を活用する戦略が必要となるのです。

　図表2-24は、個人保有の不動産、金融資産を資産管理会社へ移転し、同族内での役員報酬を分散しながら財産評価を軽減しようとするデザインのイメージを表しています。

(4)　FMS設計のプロセス

①　運営規則の決定

　そのファミリーの家憲であるファミリーミッション・ステートメント（FMS）は、そのファミリーの行動方針、独自性を表す価値観、目標を表したものです。ファミリーは、まず、第1に構成員の個々の幸福を追及し、第2にファミリー全体の幸福の追求をする。それは、構成員の全員を「人的な長期的資本」と認識した上で、ファミリー全体の幸福を追求することに他なりません。そして、最終的に人的、知的、財的資本を長期にわたり成長させることと言えます。家族の目標、管理体制を記述するものがFMSであり、FMSを作成する際、自らのファミリーの歴史を分析し、他のファミリーと一線を画している点を明確にすることにより、その家族の若者から年配者までファミリーの構成員全員が、自分達家族の独自性を理解することが必要です。FMSはファミリーの憲法であり、そのファミリーの長期的な将来にわたるファミリーの遵守すべき精神であり原則です。そのため、いったん決定されたならば短期で変更されるものではありません。ただ、ファミリーをかこむ環境、ビジネスの根本的な変化があった場合は、構成員の大多数の合意のもとで変更される可能性はあります。

②　一族のヒューマンキャピタルの共有

　ファミリーの最終目標は、3つの資本（人的資本、知的資本、財的資本）の複数世代にわたる保全と増進と言われています。その中でも人的資本とは、そのファミリーの構成員そのものであり、最も重要な資本です。そのファミリーが成長するためには、ファミリービジネスを創業する有能な経営

図表2-24 不動産保有対策

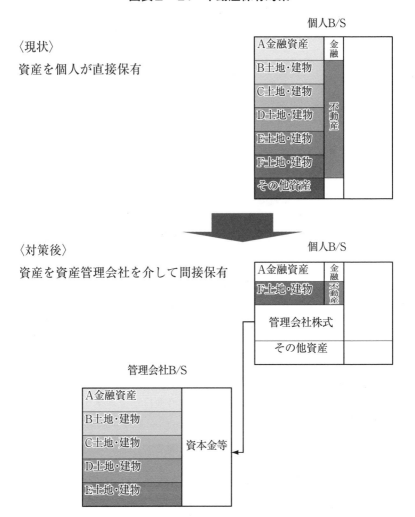

者や戦略家、また、創業者をささえるマネジャーが必要であり、その経営者の配偶者、その子供というメンバーが必要です。その子供は、そのビジネスの後継者として必要ですが、人的資本は初代経営者、子供、孫という垂直的直系親族、直系卑属の関係だけでなく、兄弟姉妹、おい、めいという水平的親族も人的資本を構成します。そして垂直的親族、水平的親族が一つの価値

観を認識することが重要となるのです。他の家族と異なる独自性を認識するためには、その家族の起源、生い立ちを調べ、家族史編纂の過程を通じて、他の家族との一線を画するものは何なのかを明確にすべきと言えます。

　社史は、その企業の経営理念を明確にし、その理念を実現するために創業以来立案されてきた経営戦略を振り返り、いかなる経営計画を描き、実行に移してきたかを経営者一族、従業員、得意先、仕入れ先に伝えます。また、差別化戦略、集中戦略等、いかなるユニークな戦略を選択し、いかなる戦略を棄却したかというその企業の成長ストーリーを社史は語ります。経営者がビジネスを展開し、20年、30年の事業活動を展開する中で環境の変化があり、好業績のときもあれば、損失を計上するときもあります。その苦境に対し、いかに経営者は企業のカジを切り、新たな対策を練り立ち直ったか。適格と考える後継者は誰と考え、そして教育し、指名したはずです。そのような過去の家族のストーリーこそがそのファミリーの人的資本の発生源泉であり、知的資本成長の歴史なのです。一族のヒューマンキャピタルの共有こそがファミリーの成長の基礎であると言えるでしょう。

③　長期繁栄に導く基準値についてのプロポーザル提出

イ．長期繁栄に導く資産管理基準値についての合意形成

　ファミリーの資産とは、株式、金融資産、不動産といった財的資本だけでなく、知的資産、人的資産を含みます。ファミリーの知的資産を家族の資産と認識し管理する際、何が知的資産かと考えると、ファミリーのメンバーの学歴、留学経験、学術面、芸術面での成功、職歴、資格、職業上の成功、ヒューマンリソースとしての友人関係、人脈等です。このような要素がファミリーの資産管理が成功しているか否かの基準となります。そして知的資産、人的資産の管理の成功の結果として財的資本の成長にもつながります。当然、会社の総資産、株主資本が何億円か、自社株の時価総額を合計した個人、法人貸借対照表会計総資産も資本成長の尺度といえるでしょう。

　そしてそのファミリーは上記の基準を10年先、20年先にどのように実現するかを具体的に決定し、ファミリー全体の合意とすべきです。

④　近親者への人生にとって何が大切であったかのメッセージ

　FMSの中に、各ファミリーのメンバーが長期的なファミリーの成長に対して最も何が重要であるかを考える価値観を、例えば10項目書いて提出してもらうことが望ましいでしょう。そのリストを基に全員の価値体系を把握し、それをまとめFMSにしていきます。そして近親者に向け、人生において何が重要であったかを記述すべきでしょう。例えば、大学時代にはロンドンに留学し世界中から集まった同世代の友人を作り、その友人が現在の事業、人脈の基礎になったこと等です。自分の祖父が創業した事業はなぜ急激な成長を遂げたのでしょうか。そして、なぜ学歴もない祖父は、設立した4社を倒産させながらもそのビジネスを創造できたのでしょうか。ビジネスとは、マーケットの少し先回りしたニーズの予想であり、そしてそのニーズに対するコンパクトな実行です。祖父は業界では相対的に高い変動費、ただし固定費は業界平均と比較すると軽い固定費を採用するという戦略を選択します。一方、父親は祖父の戦略を変更し、結果として会社を倒産させるに至ります。激変する環境の中で父親は会社を倒産させましたが、その原因は何であったのでしょうか。知的資本、人的資本、財的資本の何が欠けていたのでしょうか。その時、父親の兄、弟は、どう考えどう行動していたのでしょうか。

　祖父は92歳の人生を全うします。一方、父親は祖父の後を追うように60歳で急死します。2人の健康維持への考え方はどう違ったのでしょうか。

　このような課題を記述することは、ファミリーの長期的展望において、いかに考え、行動し、いかに対処すべきかの感性を養ってくれるでしょう。

　おのおののファミリーは全く異なる経験をし、対処を実行し続けてきました。過去のファミリーの構成員を成功に導いた経験については繰り返す努力をし、失敗に陥った対処の仕方については回避します。FMSに記載すべき目標と行動規範は、自らのファミリーの歴史の中に解答があるのです。

　ファミリーの運命を左右した岐路、その時に出会った人々、そして勇敢に意思決定した先祖。このようなエピソード、イベント、瞬間を背景としながら、FMSにはファミリーの20年後の姿を記述したいものです。すなわち、ファミリーの構成員が常に長期と考える未来を想像しながら、実現すべき

168

ファミリーの姿を記述すべきです。

　例えば、全国にフランス料理を展開する中山ファミリーは、そのメッセージとして「5つのS」をメッセージとしたとします。

　このような「5S」をメンバーへのメッセージとしてFMSに記述します。

・常にファミリーのメンバーはお互い「Smile」を忘れず
・常にファミリーのメンバーは自らが得意とする分野の「Science」を追求し
・知り合った人々には、常に「Story」を提供するとともに
・「Sincerely」誠実さを持って付き合い
・「Society」に対する貢献も忘れない

---

⑤　20年後のあるべき一族のイメージ

　FMSに記述されたメッセージとして、ファミリーは具体的に20年後のあるべき姿として表現することが必要です。

　たとえば中山家は20年後のイメージを以下のように表現しました。

　『中山家のサイエンスとは、純日本産の食材にこだわりながら、フレンチレストランが提供する「食とコミュニケーションプレイス」を提供します。そのために、子息の一人は料理学校ル・コルドン・ブルーで学び、フランスで現地修行するとともに、一人の子息は欧米ビジネススクールでマネジメント、ファイナンスを学びます。

　全国で10店舗を経営し、売上は20億円を計上するとともに、役員報酬と配当でファミリーに毎年7億円の分配を実現します。一方、税引前利益を常に2億円計上し、納税に貢献するとともに、100人の従業員の雇用を実現します。また、日本とフランスの交流に貢献するため、毎年5人のフランスの若者の日本留学費を寄付します。可能な限り中山家同族での所有と経営を守ります。そのため、事業承継、財産承継のために資産の法人を介した間接所有と、相続税の納税準備のための金融資産の直接所有のバランスを、戦略的にアドバイザーを含めて立案、実行する』といった具合です。

　当然20年の時間の中では日本の低成長、マイナス成長が予想されるととも

に、フランス料理の循環的ブームが予想されます。『中山家は一時のブームに乗らず、1店当たりの対前年売上増を5％程度にコントロールして顧客へのホスピタリティーを重視します。すなわち、顧客を一時の「ファン」ではなく、「エバンジェリスト化」することを目標とします。

　そしてファミリーの構成員は、フランスレストランと、事業を提供する株式会社と、一族の財産を管理する合同会社の中のプロフェッショナルとして、有機的に機能し、人材と人脈を創造します。そのためには、ファミリーの構成員は子供の頃から国際感覚とネットワークを持ち、そのための学歴、ライフプランを親とともに描かせることが重要と考えています。』このように、一族で具体的イメージをストーリーとして共有することが大切です。

⑥　一族による一族史の編纂
イ．一族史に記載すべき内容

　一族史をFMSの中に記載することは、個々のファミリーのメンバーを結び付ける接着剤の役割を果たします。若者に年配者がファミリーの歴史を語ることにより、ファミリーの絆が深まり、共有すべき価値観に気づいていきます。一族史においては、いかに人的資本、知的資本、財的資本が、ある時は成長し、ある時は減価したかのイベントを書くべきです。

　人的資本の成長とは、ファミリーのメンバーの誕生、結婚、そして誕生の繰返しの歴史であり、この一族を著名にし、繁栄させた祖先がいるはずで、どのように配偶者と巡り会い、何人の有能な子供をもうけたのかをいいます。知的資本の成長とは、家業をどのように創造し磨いていき、巨大な事業にしていったのかということです。しかし、環境の変化、競合者の市場への参入により、事業の商品は輝きを失っていきます。ファミリーは、成功の法則を繰り返し、失敗の原因からそれを避けるよう防衛します。一族史には、失敗の原因こそが記述され、それがファミリーの将来への成長のきっかけになるかもしれません。

　一族の成功と失敗の歴史、そしてその苦境をいかに克服したのかが、その家族の進化の原動力になります。

第2章　WM（ウェルスマネジメント）

⑦　一族の統治機構の構築

　ファミリーのガバナンスや統治機構をいかに考えるかというコンセプト
は、これまで日本の富裕層においてもほとんどない考え方と思われます。
　欧米において一族の統治の原則を考えるとすれば、8つの原則があるとい
われています。

　イ．共同決定

　　　結束力あるファミリーの統治の方法は、ファミリーの構成員の共同決
　　定そのものです。

　ロ．共和制

　　　結束力あるファミリーの統治の方法の最良形は、共和制かまたは代表
　　制に基づく民主主義です。

　ハ．参加することの価値

　　　結束力あるファミリーの統治システムは、すべての成人メンバーの普
　　通選挙制の原則に基づいたものでないといけません。参加はすべての声
　　が届くことを意味し、ファミリーメンバーが参加しないことによるメン
　　バーの喪失のリスクを減少させ、ファミリーからの永久の離脱を防ぐの
　　です。

　ニ．FMSによる統治

　　　各世代は、第一世代が残したFMSの精神を尊重しながらも、FMSの
　　内容を時代変化に応じて変更し、家族の統治に活かすことが必要です。

　ホ．統治システムの3つの枝

　　　立法と執行と司法です。これらの枝は、相互に反応し合い、チェック
　　とバランスによって規制されないといけません。

　ヘ．統治システムの効率的構築

　　　統治システムは、一族の連合に基づき効率的に築かれなければなりま
　　せん。

　ト．統治システムの柔軟な運用

　　　統治システムは、ファミリー自身の関係は時の経過とともに常に柔軟
　　であるべきと理解した上で、運用されなければなりません。

　チ．一族の団結

171

優れたファミリーガバナンスシステムが持つ5つの特徴

1. ファミリーガバナンスシステムが開放的であり、可能な限り多くのガバナンス対象者に積極的な参加を求める。また、新しいファミリーメンバーがガバナンスプロセスに完全に参加するまでの時間を最小化することを模索する。
2. ファミリーガバナンスシステムは、代表者育成のために非常に明確で実践的な取決めが必要である。またできるだけ早い段階でリーダーシップを持つ家族のメンバーを後継者として指名することが求められる。
3. ファミリーガバナンスシステムには活発なトレーニング、人材開発プログラムがあり、あるファミリーメンバーがファミリー代表となる必要が生じたときにコーチングやメンタリングの機会を与えることができる。また、明確な後継者ガイドラインがあり、現代表メンバーが自身の任期期間を明確に認識できるようにしている。
4. ファミリーガバナンスシステムには大変高度な教育プログラムがあり、すべてのファミリーメンバーがファミリーガバナンスすべてに参加することができ、ファミリーの立法、司法、行政機能担当者が行った決定を理解することができる。
5. 年長者がすべての課題に対して少数意見を守る手順が確立している。年長者は、ファミリーガバナンスのために作られたルールが守られない場合に警告する権限を持つ。

出所 "Family - The Compact Among Generations -": James E. Hughes Jr.

　　　統治システムは、ベンジャミン・フランクリンの言葉、「すなわち我々は、団結せねばならない。さもなければ間違いなく一人ひとり絞首刑になる」というアイデアに基づいて作成されなければなりません。

　このように一族の統治システムは、共和制で民主的で全員参加型であり、かつ、時代の変化とともに柔軟でないといけないのです。

⑧　一族会議の運営

イ．運営の時期と頻度

　欧米のファミリーの総会は、年1回そのファミリーの発祥の地で開催されている場合が多く見受けられます。わが国で開催するなら、ファミリーが参加しやすい、お盆かお正月に年1回開催すべきでしょう。その家族の発祥の地で開催しても、どこかのリゾートホテルに集合しながらでもいいでしょう。できるだけ多くのメンバーが集まりやすい場で、集まりやすい時期に開催すべきです。集まる目的は、そのファミリーの現状、家業の状況を報告するとともに、結婚、出産による新しいメンバーの紹介、死去の報告、さらには年間行事イベントを報告します。

第2章　WM（ウェルスマネジメント）

　また、その家族のFMSを読み返し、家憲を再確認する必要があります。他のファミリーとの差別化は何なのか、ファミリーの目標を再確認する必要があります。

ロ．会議運営のルール

　一族のメンバーが可能な限り全員参加します。事前に決議事項、報告事項が参加者に配布され、議長が選任されます。議長が決議事項を読み上げ、参加者間での質疑応答が行われるとともに、ファミリーの内、または外部のアドバイザーからの説明も加えられ、決議がなされます。

　また、秘書役を設け、総会の議事を取り、議事録草案についてのメンバーの評価意見を集めることも必要です。最後に、議事録は将来のための記録として保存されます。また、議長と秘書役はメンバーが持ち回りで役をこなすことが望まれます。

ハ．イベントの設計と工夫

　ファミリーの若いメンバーと年長者が価値観を共有するには、一族史や家業の社史を作成することが一番良い方法です。また、家族総会の企画、運営を多くのメンバーが共同で実行することも、ファミリーの絆を深めることに役立ちます。また、メンバー一人ひとりの名簿を、例えば5年ごとに作成するといったイベントも、価値観を共有するいい方法です。

4 運用目標（一世代か多世代資産保全か）

　前節では一族での資産承継をテーマに取りあげましたが、本節では一世代から多世代まで多様な類型に分けて論じます。

(1)　分配重視型（一世代資産保全）

①　一人の人生で見た運用期間

　一般的には、大学を卒業し、社会人になって以降、まとまった資金を確保して運用が可能になるのが、30歳代からとすると、平均余命の80歳程度まで、最大で50年間の運用期間が想定されます。60歳頃の定年退職までは給与

収入がありますが、定年退職後は給与収入がなくなり、年金収入が給与収入を下回ることが多いため、定年退職以降の運用期間は定年退職前よりも、より保守的、インカムを重視した運用スタイルが望ましいと考えられます。

このように、運用期間は長期にわたることが想定され、資産運用においてはグローバルアセット・アロケーションが重要になります。日本だけではなく、海外資産にも資金を配分することをグローバルアセット・アロケーションと言い、投資対象を国内資産だけでなく、海外資産にも広げることで、リスクを分散し、期待収益率を高めることを目的としています。

長期的なグローバルアセット・アロケーションの前提の下で、顧客の属性・ニーズによって、資産運用において重視するポイントが異なってきます。例えば、給与収入が業績連動により不安定である顧客が定年退職し、年金収入だけではファイナンシャルゴールを達成することができない場合等は、より分配重視（一世代限りの取り崩しを前提とした資産保全）を目標とした資産配分を行うことが望ましいと考えられます。

② 次世代への資産承継についての考慮はほとんどなし

イ．財産分割の重要性が少ないケース

顧客に子供がいない等の理由により、財産分割の重要性が少ないケースについては、以下のような資産運用上の特徴があります。

ⅰ）一人の人生で見た期間が運用期間となります。

ⅱ）分配中心で次世代への資産承継への配慮がほとんどありません。

ⅲ）一世代で資産を使い切ることを前提としているため、支出に関する制約が少ないと言えます。

ⅳ）一世代で資産を使い切ることを前提とし、リスク許容力があるため、運用利回りのターゲットは、ミドルリスク・ミドルリターンとすることが考えられます。

ⅴ）相続対策等の複雑な投資・税務スキームを必要としないため、単純な投資スキームと税務対策が求められると考えられます。

第2章　WM（ウェルスマネジメント）

ロ．自社株・不動産のウエイトが小さいケース

自社株・不動産のウエイトが小さい場合、資産全体の流動性が高く、相続税の納税準備等のための支払いニーズに対する充足度が高いため、運用資産の元本・収益額から支出額を控除した余剰資金の再投資を行いながら、より分配重視の資産配分を行うことができると考えられます。

これに対し、顧客が事業や不動産のオーナーで、流動性の低い自社株・不動産のウエイトが高い場合、相続税の納税準備等のための流動性を確保する必要があります。また、不動産のウエイトが高い場合、不動産からの賃料収入があるため、賃料収入の水準によっては、不動産以外の資産については、分配を重視しなくてもよいかもしれません。

③　支出に関する制限なし

イ．取崩しのない金融ポートフォリオの運用

顧客が生涯にわたるファイナンシャルゴールを達成するために、定期的な住宅費、教育費の支払い等の支出に関する制限がない場合、金融ポートフォリオの取崩しを行わずに資産運用を行うことも可能になると考えられます。

定期的な住宅費、教育費等の支出上の制限があり、給与収入等でまかなえない場合、運用している金融ポートフォリオからのインカムゲインや元本を取崩すことが考えられます。一方、上記のような制限がない場合、金融ポートフォリオからのインカムゲインを再投資し、複利運用することができます。

債券等の利息を生む資産については、利息の再投資により複利運用の効果を得ることができます。また、株式についても、配当が長期的に見たリターンの大きな部分を占めるという調査結果があるため、複利運用を行うことができる状況を整えることが重要であると考えられます。

ロ．投資期間の長期化と複利運用、課税の繰延べの活用

顧客が給与収入等でファイナンシャルゴールを達成するための支出をまかなえることにより、支出に関する制限がない場合、運用資産のインカムゲインや元本の取崩しが必要ないため、投資期間の長期化と複利運用を図ること

ができます。

　また、運用資産のインカムゲインや元本の取崩しの必要がない場合、課税の繰延べを活用することによる複利運用のパフォーマンスの向上を図ることが考えられます。例えば、分配型の投資信託で運用する場合、分配金に課税がなされるため、無分配型の投資信託で運用することにより、課税の繰延べの活用を図ることができます。また、ゼロクーポン債、変額年金も課税の繰延べ効果が期待できます。

④　中程度期待利回り

　運用目標が分配重視型（一世代資産保全）の場合、次世代への資産承継についての考慮はほとんどなく、リスク許容度が高くなることが想定されるため、ミドルリスク・ミドルリターンとすることが考えられます。支出に関する制限も少ないケースが多く、ローリスク・ローリターンよりはリスクを取り、運用収益を追求できると考えられる一方、資産保全の観点から、ハイリスク・ハイリターンのような高いリスクを取る必要はないと考えられます。

⑤　単純なスキームと税務対策

　イ．長期投資と20％の課税と一時所得化の組合せ

　一世代の資産保全が主目的の場合、次世代への資産承継等の相続対策に関するニーズが小さいため、資産運用については、単純なスキームと税務対策で対応可能であると考えられます。

　次世代への資産承継等の相続対策が必要な場合、日本では、金融資産に比べて不動産の相続税評価額が低いことに加え、不動産から賃料収入を得られることもあり、資産運用においても不動産中心の資産配分になっているケースも多く見受けられます。ただし、この場合、グローバルアセット・アロケーションの観点からは、日本の不動産に対する資産配分が大きく、リスク分散において課題があると考えられます。

　一方、一世代の資産保全が主目的の場合、相続対策の必要性が小さくなるため、相続対策よりもグローバルアセット・アロケーションを重視した資産配分を実現することが可能になると考えられます。

第2章　WM（ウェルスマネジメント）

金融商品の課税については、上場株式の配当（発行済株式の３％未満の保有）・譲渡益は20％課税です。預貯金・債券の利息、債券の譲渡益についても20％課税です。ただし、同族会社が発行した社債の利子等で、その役員等が支払を受けるものは総合課税の対象となります。また、５年超の払い込み期間の一時払い養老保険の満期保険金は一時所得扱いです。

ロ．課税の繰延べのケース

顧客がファイナンシャルゴールを達成するための支出を十分にまかなうことができる給与収入等の安定収入がある場合、資産運用から課税後のインカムゲインを受け取るニーズは小さくなるため、運用リターンの最大化の観点から、課税の繰延べを活用することが考えられます。

課税の繰延べの活用においては、無分配型の投資信託、ゼロクーポン債、変額年金等の課税の繰延べ効果がある金融商品で運用することが考えられます。課税を繰延べ、複利運用効果を高めることにより、長期的な運用利回りの向上が見込まれます。

(2)　成長重視型（多世代資産保全）

①　数世代を視野に入れた運用期間

イ．相続税納税と財産の分割が与えるインパクト

日本における相続税、贈与税の最高税率は55％であり、相続税、贈与税がない香港やシンガポールのような国もありますが、グローバルな視点から見ても相続税、贈与税の負担率が高いと言えます。したがって、相続税、贈与税の最高税率の対象になるような超富裕層にとって、多世代にわたる超長期間の資産保全を図るためには、相続対策は重要な課題であり、相続税の納税、相続・贈与に伴う財産分割を想定した資産運用を行う必要があります。

相続税、贈与税の最高税率の対象になるような超富裕層は、事業（自社株）や不動産のオーナーであることが多く、自社株、不動産は流動性が低く、財産分割が容易ではない場合が多く、事業の経営権、不動産の所有権をめぐる相続争いが生じることも多く見受けられます。

また、相続税の最高税率が高いため、相続対策を計画的に行う必要があり

177

ますが、顧客の相続発生までに期間があり、贈与の対象となる子・孫がいる場合、計画的な暦年贈与は有効な相続対策になり得ます。計画的な暦年贈与を実施し、最終的な相続税納税の準備を行う場合、通常の支出に加え、暦年贈与や相続税納税のための支出ニーズが発生することから、当該支出ニーズが発生するごとに運用資産を取り崩す必要が生じる可能性があります。

ロ．サテライトアセットでコアアセットを防衛できるか

コアサテライト戦略とは、資産配分を行う際の戦略の1つであり、運用資産をコアアセットとサテライトアセットの2つに分け、資産配分の中核となるコアアセットでは安定的な成長を追求する一方、資産配分の非中核部分（一定割合を配分）のサテライトアセットでは、リスクを取って比較的高いリターンを目指す戦略です。コアサテライト戦略を実行することにより、安定性を確保しながら、収益を追求することができます。コアアセットとして、コストの低いインデックス運用を、サテライトアセットとして、コモディティ、ヘッジファンド、プライベートエクイティ、不動産等のオルタナティブ資産の活用が考えられます。

コアアセットで株式、債券等の伝統的資産のインデックス運用を行い、サテライトアセットでオルタナティブ資産への投資を行う場合、オルタナティブ資産は、一般的に伝統的資産との価格変動の相関が低い（例えば、金融危機後の金価格の上昇等）とされ、相場の下落によりコアアセットが毀損した場合に、サテライトアセットによる一定のヘッジ効果が発揮されれば、資産全体の保全効果が見込まれます。

ただし、顧客が事業（自社株）や不動産のオーナーの場合、本来的なコアアセット戦略とは異なり、自社株や不動産がコアアセットとして位置付けられ、保有資産の大部分を占めることも多く見受けられます。自社株や不動産は流動性が低いため、相続税納税等の支出に備えて保有資産全体の流動性を高める観点から、流動性の高い金融商品がサテライトアセットとして位置付けられることになると考えられます。

② 次世代への資産承継に注力

イ．残すべき資産の優先順位

顧客が次世代への資産承継に注力する場合、残すべき資産の優先順位を決める必要があります。顧客が事業オーナーの場合、事業承継の優先順位が高くなるため、自社株が残すべき資産として最上位になると考えられます。また、顧客が不動産オーナーの場合、先祖代々の不動産を相続して保有し、賃料収入も多額になっているケースが多いため、不動産の優先順位が高くなることが想定されます。

残すべき資産の優先順位が決まれば、相続税の納税において、優先順位の高い資産を残し、優先順位の低い資産を納税原資に用いることが考えられます。顧客が流動性の低い事業（自社株）や不動産のオーナーで、残すべき資産としての優先順位が高い場合、優先順位の低い資産は流動性が高い金融資産や保険金とすることにより、相続税の納税に対応することが考えられます。

ロ．サテライトアセットで複数回の納税準備

顧客が事業（自社株）や不動産のオーナーの場合、自社株や不動産がコアアセットとして位置付けられることになりますが、自社株、不動産は流動性が低いため、相続時の相続税納税資金の確保が課題となります。相続は一時相続と二次相続を考慮する必要があり、一次相続は本人が亡くなった時の配偶者、子の相続、二次相続は一次相続後に配偶者が亡くなった時の子の相続をいいます。

自社株や不動産がコアアセットの場合、流動性の観点から一次・二次相続時の相続税納税が困難になるため、サテライトアセットを流動性の高い金融商品等で運用し、一次・二次相続発生時に、金融商品を売却して、相続税の納税に充てることが考えられます。

③ 高いリターンの要求

イ．残すべき資産を残すための要求運用率

多世代にわたる資産保全を図る観点から、次世代に残すべき資産を決めた

場合、当該資産を残すための要求運用率を検討する必要があります。顧客が豊かな人生を過ごすための支出や、相続時の相続税の支払い等のキャッシュアウトが見込まれるため、当該キャッシュアウトに備えて、資産からのインカムゲイン、残すべき資産以外の売却可能資産を準備資金として用意しておく必要があります。

　生涯にわたる収入・支出の見積もりを行った後、残すべき資産を残すための要求運用率が算出されますが、一世代での資産保全のケースと異なり、次世代への資産承継のためのより高いリターンが求められることになると考えられます。ただし、残すべき資産を残すための要求運用率が顧客のリスク許容度を超える場合は、支出計画を見直し、要求運用率を下げる等の対応が求められます。

ロ．税務コストの最小化

　税務コストの最小化を検討するに当たって、毎年の所得に対する税務コストと相続に関する税務コストの最小化を考慮する必要があります。毎年の所得に対する税務コストを減らす方策として、インカムゲイン等の実現益を取り崩す必要がない場合、課税を繰り延べるために、分配型ではなく、無分配型の投資信託、ゼロクーポン債、変額年金等で運用することが考えられます。相続に関する税務コストを減らす方策としては、子・孫への時間をかけた暦年贈与により、相続税の実効税率よりも低い実効税率で資産の移転を行うこと等が考えられます。

　また、保有資産が５億円以上、または、保有資産からの運用収入が３千万円以上等の超富裕層にとっては、資産管理会社で保有資産の運用を行うことにより、税務コストを削減できる可能性があります。資産管理会社を設立すると、毎年の所得に対する税務コストの削減については、所得分散、適正経費の計上、配当の益金不算入制度を活用することができます。相続に関する税務コストの削減については、保有資産の自社株化による相続税評価減の活用等が考えられます。

　ただし、「設立から３年以内に相続が発生する」、「株式・不動産の保有比率が高いため株式・不動産保有特定会社とみなされる」等により、自社株が

純資産価額で評価される場合は、相続に関する税務コスト削減効果が得られないと考えられるため、留意する必要があります。

④ 年間の支出は運用資産の2〜4％の範囲に限定

多世代にわたる資産保全を図るためには、資産運用において、一定の成長性を重視する必要があり、給与収入等の収入でまかなうことができない年間の支出を資産運用の運用益でまかなうことができれば、資産の保全と豊かな人生を過ごすための支出を両立させることができると考えられます。

リスク許容度も考慮した目標運用利回りを2〜4％と想定すると、年間の支出も目標運用利回りに対応して、運用資産の2〜4％の範囲に限定することが考えられます。ただし、顧客のリスク許容度の範囲内での目標運用利回りの下で、顧客のファイナンシャルゴールを達成するための支出をまかなえない場合は、支出計画を見直す必要があるかもしれません。

⑤ 複雑な投資・税務スキーム

イ．課税価格を圧縮しながらキャッシュアウトを小さく

多世代にわたる資産保全を図るためには、一次・二次相続における相続税の支払い等に備えるため、相続税の課税価格を圧縮しながら、キャッシュアウトを小さくすることが重要であると考えられます。

相続税の課税価格の圧縮については、相続税評価額が時価と比較して低くなることが多い賃貸用不動産による運用が考えられますが、グローバルアセット・アロケーションによるリスク分散、流動性の確保の観点からは、流動性の低い不動産への過度の集中を回避する必要があります。一方、流動性の高い金融資産で運用した場合、相続税評価額＝時価になることが多いため、相続税の課税価格の圧縮の観点からは課題があると考えられます。

そのような場合、資産管理会社を設立し、資産管理会社で資産の運用を行うことが考えられます。資産管理会社の設立・運営に掛かる費用対効果の観点から、一定以上の保有資産および保有資産からの収入を有する富裕層が対象になると考えられますが、一定割合以上の株式・不動産を保有することによる株式・不動産保有特定会社に該当しないようにする等に留意することに

より、保有資産の自社株化による相続税の課税価格の圧縮、所得分散、適正経費の計上による毎年の税務コストの削減によるキャッシュアウトの抑制を図ることも可能になると考えられます。

また、日本での事業や親族に関するしがらみがなく、海外での生活に抵抗がない超富裕層にとっては、香港やシンガポール等の贈与税、相続税が掛からない国に本人、相続人となる子等と移住するとともに、保有資産も海外に移し、10年超在住した時点で贈与を行うことが考えられますが、一般的には、相続人となる子等と一緒に日本を離れて10年超滞在することは容易ではないと考えられるため、実行可能な超富裕層は一部にとどまると考えられます。なお、2015年7月以降は「国外転出時課税」制度が適用されることとなりました（第4章6(1)③リ）。

ロ．長期にわたる贈与戦略、早期の移転戦略の立案とその効果シミュレーション

相続に関する税務コストを最小化し、多世代にわたる資産保全を実現するためには、長期にわたる贈与戦略、早期の移転戦略の立案とその効果シミュレーションが重要になります。暦年贈与による移転可能価額は、期間と贈与対象人数により決定されますが、長期間、多くの人数に暦年贈与を行うことにより、相続税の実効税率よりも低い実効税率で、相続発生前に資産を移転させることが可能になります。

したがって、早期に暦年贈与による移転戦略を策定するとともに、効果のシミュレーションを実施し、実行に移すことで、資産移転に関する税務コストを削減することができます。ただし、相続開始前3年以内の贈与は相続財産に加算されるため、留意が必要です。

第2章　WM（ウェルスマネジメント）

Column2

　某独立系の資産運用会社への年金基金の運用委託問題が新聞紙面を賑わせました。10年間の累積収益率を247.21％、リーマン・ショック後もリターンを上げていたように粉飾をしていました。ある年金基金では、年金資産の過半数をこの投資運用会社に委託していました。アクティブファンドの8割がインデックスを上回るリターンを上げていないという統計があるように、インデックスを上回るリターンを上げ続けることは容易ではありません。また、グローバルアセット・アロケーションの観点からの分散投資が行われていなかったことも問題です。この問題を契機に、改めて、グローバルアセット・アロケーションによる分散投資の重要性を再認識するとともに、インデックスを大きく上回る運用成績を上げている資産運用会社があった場合には、健全な懐疑心を持って精査することが重要であると考えられます。

5 事業承継

(1) 手法

① 各手法の概要、メリット・デメリット

　事業承継策として、以下のような手法が考えられ、各手法のメリット・デメリットは**図表2-25**の通りです。

イ．同族内事業承継

　子等の親族を後継者として事業承継を行う方法であり、親族が自社株を承継し、事業承継後の経営を担います。

ロ．非同族事業承継（MBO）

　MBO（経営陣・従業員への自社株の売却）により自社株を売却する方法。MBOを実行するためには、非同族の経営陣に真の経営能力があるか、さらには受け皿会社に融資が可能かを考慮すべきです。

183

ハ. 非同族事業承継（M&A）

M&A（合併・買収）により自社株を売却する方法。M&Aの際には、買収に応じる企業が存在することおよび買収条件が重要になってきます。

図表２－25　事業承継策のメリット・デメリット

シナリオ	メリット	デメリット
同族内事業承継	1）一般的に、内外の関係者から、心情的に最も受け入れられやすいものです。 2）相続等により財産や株式を後継者に移転できるため、所有と経営の分離の回避が可能となります。 3）後継者を早期に決定し、後継者教育等のための長期の準備期間を確保することが可能です。	1）親族内に、後継者候補がいるとは限りません。 2）相続人が複数いる場合、後継者の決定・経営権の集中が困難です（後継者以外の相続人への配慮が必要）。
非同族事業承継 （MBO）	1）今までの役員や従業員が継続して事業を行うことになるため、従来の経営方針を継続してもらえる安心感があります。 2）得意先を維持することが可能となります。	1）MBOの買収者が役員等であるため、前オーナー社長一族からの株式買収資金の調達が困難となる可能性があります。通常その際、銀行から資金調達が行われます。 2）オーナー経営者以外に株主が多くいる場合には、株主間の利害調整が必要になる可能性があります。 3）オーナー経営者が企業価値のすべての場合、事後の企業業績を維持することが困難となります。

第2章　WM（ウェルスマネジメント）

非同族事業承継 （M&A）	1）現経営者（オーナー）は、株式売却により、株式を現金化し、企業経営リスクから解放されます。また、株式売却益を獲得できる可能性があります。 2）後継者不在でも、広く候補者を外部に求めることができ、企業の存続が可能となります。従業員の雇用を確保する可能性は残されます。	1）希望の条件（従業員の雇用、価格等）を満たす買い手を見つけるのが困難な可能性があります。 2）新しい経営体制で、多くの従業員が退職するケースが少なくありません。雇用が継続する場合も、2つの企業文化の違いから組織の融合が困難なことがあります。 3）買い手側にとって、シナジー効果が見込めない場合、交渉は終了してしまいます。被合併会社の企業価値が代表取締役の個人的資質に依存している場合、新しい経営体制の下で取引先が離れていく場合があります。 4）会社を売却した代表取締役が新しいビジネスを展開する場合、売却先の企業から競業避止義務を負うことが多く見受けられます。

② **相続税等の税務的影響も考慮した各手法の概要、メリット・デメリット**

以下のような手法が考えられ、各手法のメリット・デメリットは**図表2－26**のとおりです。

イ．同族内事業承継

自社株に係る相続税の納税猶予制度（一定の要件を満たす場合、納税猶予の対象株式に係る相続税額が猶予される制度）を利用するケースと利用しないケースが想定されます。なお、納税猶予制度は、2018年度税制改正により、対象株式数や納税猶予される割合の拡充や適用後の継続要件の緩和を盛り込んだ特例制度が創設されたことから、今後は活発な利用が期待されてい

ます。

ロ．MBO（経営陣・従業員への自社株の売却）、M&A（合併・買収）に
より自社株を売却する方法

　MBOを実行するためには、非同族の経営陣に真の経営能力があるか、さ
らには受け皿会社に融資が可能かを考慮すべきです。また、M&Aの際に
は、買収に応じる企業が存在することおよび買収条件が重要になります。

図表２−26　相続税等の税務的影響も考慮した事業承継策の
メリット・デメリット

シナリオ	メリット	デメリット
同族内事業承継	自社株の相続人に相続税支払いのための充分な流動性がある場合、所有と経営の分離の回避が可能になります。	自社株の相続人に相続税支払いのための十分な流動性がない場合、自社株は流動性が低いため、納税資金の確保が困難です。
同族内事業承継（相続税納税猶予が適用できる場合）	相続税納税猶予（特例）を適用すれば、一定の要件の下、自社株式に係る相続税全額の納税猶予が可能になります。	事業承継計画の提出や５年間の事業継続の要件が発生します。
非同族事業承継（MBO）	流動性の乏しい自社株式を流動性の高い現預金等の財産にすることができ、相続時の納税資金を確保することができます。	現預金等の金融資産は自社株、不動産よりも相続税評価額が高くなる傾向にあるため、金融資産のまま保有すると相続税負担が大きくなる可能性があります。
非同族事業承継（M&A）	流動性の乏しい自社株式を流動性の高い現預金等の財産にすることができ、相続時の納税資金を確保することができます。	現預金等の金融資産は自社株、不動産よりも相続税評価額が高くなる傾向にあるため、金融資産のまま保有すると相続税負担が大きくなる可能性があります。

186

第2章　WM（ウェルスマネジメント）

⑵　ケース・スタディ

①　後継者のいないオーナーがM&A（会社売却）による事業承継を行うケース

イ．プロフィール

大崎春雄氏は65歳、株式会社エトワの代表取締役です。

顧客ターゲットとしては、当初、通常のイタリアンよりは高価格、高級フレンチよりは低価格のイタリアン好きにと置き、2016年2月時点で都内に3店舗を持っていました。ただ、2016年2月期の売上高は583百万円、経常利益は51百万円程度で、従業員数は38人にすぎませんでした。飲食店としての利益は低くはありませんでしたが大崎氏は満足せず、高級ピザをコア商品とし、比較的低価格な商品を高級感ある店舗で提供する戦略に変更したところ、これが当たり、2017年2月期には5店舗、2018年2月期には10店舗を展開するに至りました。2018年2月期は、売上高は3,650百万円、経常利益は710百万円に急成長し、従業員は180人となりました。進行事業年度2019年2月期も4店舗の開業を予定しています。

妻・正子は62歳、大崎春雄氏と結婚して、専業主婦として過ごしてきました。

長男・雄一は33歳、日系大手生命保険会社に勤務しています。国立大学理科系を卒業後、同社に就職しました。大崎社長としては、メガバンクに就職した後、後継社長としてエトワに帰ってくることを希望していましたが、長男・雄一は生命保険会社に就職後、生命保険アクチュアリーに合格し、現在も新商品開発に明け暮れています。

長女・京子は30歳、メガバンクに就職した後社内結婚し、現在専業主婦です。雄一には3歳の男の子が1人、京子には2歳と1歳の女の子がいます。

ロ．メガバンクA行融資担当：川田二郎のアプローチ

川田二郎は、メガバンクA行用賀支店の課長代理であり、2年前より、エトワの担当です。現在の取引は、当座預金、普通預金の平残が5百万円程度であり、これまで融資案件を持ち込みましたが、いずれも成約には至ってい

ません。

　ただ、同社の成長は目を見張るものがあり、従前とは全く異なる提案が必要ではないかと考えました。同銀行内でもインベストメントバンキング部（IB部）とプライベートバンキング部（PB部）の組織が変更され、ドラスティックな提案、すなわち、IPO（新規株式上場）、M&Aの提案をする候補先として最適な法人と考えました。

　川田は、今期も同社の経常利益は7億円以上を計上できる可能性があると察知しました。川田は、エトワがIPOもM&Aも可能な対象であることを支店長の佐田に伝えました。

ハ．メガバンクA行のプライベートバンキング部

　A行での対応としては、プライベートバンキングの対象となるような顧客は、支店長、または部長が本部PB部に紹介することになっています。本部PB部は、リレーションシップ・マネージャーとともに、種々の提案をすることとなっています。ただ、IPOおよびM&A等の業務については、さらに同行のIB部とともに提案する取扱いとなっています。

ニ．大崎社長とのミーティング

　現在の中小・中堅企業のオーナーにとって後継者問題が非常に重要な課題であり、同行としてはIPO、M&A、提携先の紹介、さらには、自社株対策、個人資産運用にあたり、同行のグループ各社の総力を挙げてのソリューションが提供可能との紹介をし、本部PB部リレーションシップ・マネージャー工藤が、それぞれの同行のソリューションを説明しました。

　大崎社長の悩みは、以下の通りです。

　大崎社長によれば、長男はエトワの後継者となることを拒んでいるとのことです。長男には銀行への就職を勧め、いずれは後継者となることを望んでいましたが、現在生保でアクチュアリーとして活躍しています。5年程前は、それでも自社の次期社長となるよう説得しましたが、最近はあきらめ、長女の婿である平野明に事業の承継の話をしているとのことです。

　さらに、大崎社長自身から同社の企業ミッションである「最高の味ともて

なしを低価格で」は自分の本意ではなく、「最高の味ともてなしは、やはり
適正な価格での提供が必要」との本音も聞くことができました。

　現状の同社の「企画力・マーケティング力」と「総務・管理・労務」の間
には大きなギャップがあります。後継者がいないとすれば、同社の成長を維
持するものは、IPOかM&AかMBOです。IPOを目指すとしても、相当の管
理部の総合力が必要であり、現状のエトワの中には求められません。

　リレーションシップ・マネージャー工藤は、総合的な提案を作成すること
となりました。データは融資担当の川田から入手します。

ホ．シナリオの検討

　シナリオⅠは、同族内事業承継であり、長男雄一氏がエトア株式を承継す
るケースであり、自社株の納税猶予を適用しないとすれば、一次相続時の相
続財産額は32億7,000万円程度、相続税は11億8,000万円程度にのぼり、保有
金融資産では、相続税は支払うことがまったく難しくなります。相続税の納
税猶予を適用するため、雄一氏が、春雄氏が保有するエトア株式7万株全株
を相続するとすれば、一次相続税額は5億1,000万円程度となり、6億7,000
万円程度の相続税が納税を猶予されます。

　相続税の納付額は、春雄氏から相続人全員が承継する金融資産額よりは少
額ですが、雄一氏はなお2億3,000万円以上納付資金の支払い不足が発生
し、納税には相当の困難が予想されます。

　一方、シナリオⅡ、Ⅲでは、事業承継ファンドへの売却またはM&Aに
よって、自社株をEBITDA6倍、すなわち、1株45,740円で7万株全株を売
却し、所得税・住民税控除後25億7,544万円の資金の分割を「配偶者：長
男：長女＝25％：50％：25％」で行うスキームです。自社株売却後、春雄氏
に相続が発生したとしても、自社株は既にキャッシュ化されており、相続税
の納税準備という観点からは不安はなくなります。ただ、一次の相続税が10
億3,000万円、二次の相続税も4億7,000万円と試算されます。そのため、自
社株売却後は、春雄氏の自らが本当にしたいフランス料理のレストラン開業
運転資金を確保し、相続税の納税準備を行いながらグローバルに資金運用す
ることが必要になると考えられます。

同行は、資金運用については、同行の子会社の投資顧問により一任運用することを提案します。一任運用においては、短期金融資産、債券中心の保守的な運用ポートフォリオが望ましいと考えられます。春雄氏は一生生活するのに困らない資産を既に築いており、相続税の納税準備資金を確保する観点からもリスクを取って資産を増やすよりも資産保全が重要になると考えられます。

② 香港在住のオーナーが100％保有する香港法人が完全親会社となり日本法人を設立しMBOを行うケース

イ．プロフィール

中村健一氏（以下、健一氏）は、株式会社ケンナカムラの代表取締役であり、65歳です。ケンナカムラはファッションブランド会社であり、男女の服飾から化粧品までの幅広い品ぞろえで、国内は有名百貨店を中心に200店舗、海外はアジアを中心に20店舗を展開しています。

近年は、特に、中国、香港、シンガポールをはじめとするアジア富裕層、中間層からの需要が旺盛で、出店が加速しています。

ケンナカムラは1996年に株式公開を行い、現在東証2部市場に上場していますが、近年は、国内市場の低迷により業績が悪化し、前期は上場来初となる2億円の赤字を計上し、不採算店舗の統廃合、人員削減等のリストラを実施しました。

一人息子の光一氏は、ケンナカムラの専務取締役であり、健一氏の後継者として次期代表取締役候補になっています。

ケンナカムラの時価総額は50億円前後で推移しており、健一氏が51％（光一氏は1％）を保有しています。ケンナカムラは無借金経営を続けており、前期は赤字を計上しましたが、今期はコスト削減により8億円の黒字を計上する予定です。

健一氏は、成長ドライバーであるアジア展開の加速により、年の半分をアジアでの滞在に費やしており、東京だけでなく、香港にも住居も構えています。ケンナカムラもアジア事業の拡大により、アジア地域統括会社を香港に設立し、アジア各国のオペレーションを管理しています。

第2章　WM（ウェルスマネジメント）

　ケンナカムラが上場した目的は、上場会社になることによる取引先等に対する信用の向上、上場という会社の将来の方向性を明示することによる従業員の士気の向上、採用面でのメリット等を狙ったものでした。

　しかしながら、近年、株価はPER 1桁の低評価にとどまり、無借金経営で株式調達ニーズは低いのに対して、内部統制構築、監査等の上場維持費用の負担感が大きくなっています。

　上場会社のMBOによる非上場化は、増加傾向にありこれを手掛ける証券会社、銀行、プライベートエクイティにとっても収益性の高いビジネスになっています。ケンナカムラも主幹事証券会社、メインバンクから何度となくMBOによる非上場化の提案を受けており、選択肢の1つとして検討する必要性を感じていながらも、アジア展開に忙殺され、金融機関からの提案書は引出しの中に入ったままでした。

ロ．MBOによる非上場化の検討

　健一氏がMBOによる非上場化を真剣に検討し始めた契機は、昨年の自身の食道ガンの発覚でした。健一氏は6ケ月間の療養を余儀なくされ、後継者の光一氏への事業承継対策が喫緊の課題として浮上したことでした。

　健一氏は、資産運用を任せているプライベートバンクのリレーションシップマネージャーの高山健二（以下、高山RM）と国際税務にも精通した顧問税理士吉田巖（吉田税理士）に総合的な事業承継対策の策定を依頼しました。

　依頼を受けた高山RMと吉田税理士は、現状分析から開始することにしました。健一氏の相続人は、配偶者の景子氏と光一氏の2名であり、一次相続では、健一氏が保有する50億円の自社株（相続資産はほぼ自社株のみ）に対して、約12億円の相続税が掛かり、二次相続でも、景子氏から光一氏が相続する25億円の自社株に対して約12億円の相続税が掛かるため、一次・二次相続合計では約24億円の相続税負担になることが見込まれます。

　相続人の景子氏、光一氏は、相続税を支払うための十分な流動性を有していないため、相続に伴い、ケンナカムラ株式を売却せざるを得なくなり、経営の安定性が損なわれ、株価にも影響を及ぼす事態が想定されます。

ハ．香港を活用したスキームの策定

　一方、健一氏が年の半分を過ごす香港は贈与税・相続税がないため、香港をうまく活用できれば、上記のような問題を解決できる可能性があります。一方、健一氏は事業承継対策を機に、MBOによる非上場化を行うことを視野に入れており、香港を活用したMBOによる非上場化が有力案として浮上しました。

　高山RMと吉田税理士は、主幹事証券会社、メインバンク、主幹事証券会社紹介の大手法律事務所と検討を行い、健一氏が100％保有する香港法人が、ケンナカムラ株をMBOにより取得するための日本法人を100％保有し、当該日本法人がケンナカムラをMBOにより非上場化するスキームを策定しました。

ニ．MBOによる非上場化の実行

　MBOファイナンスはメインバンクが提供し、主幹事証券会社が公開買付代理人となり、適正な公開買付価格を現株価に40％のプレミアムを乗せた株価としました。

　健一氏、景子氏、光一氏は香港に移住し、移住後10年経過以降、健一氏は香港法人の持ち株を光一氏に贈与していくことを予定しています。健一氏はケンナカムラ株式を自らの香港法人に売却するため、約3億円の株式売却益課税が発生しますが、日本で相続が生じた場合の、一次・二次相続合計で約24億円の相続税負担に比べて、大幅に節税することが可能になると見込まれます。

　その後、健一氏、取締役会の了承を得た後、ケンナカムラはMBOによる非上場化を公表しました。以前、ヘッジファンドに買い占められ、公開買付価格の引き上げをせざるを得なかった企業もあったため、懸念はしたものの、ケンナカムラの51％は健一氏が保有しており、安定株主である取引先も含めると3分の2を超える議決権比率を有しているため、手続きはスムーズに進行し、無事にMBOによる非上場化は終了しました。

　健一氏は、今回のMBOによる非上場化を事業承継対策による後ろ向きの方策ではなく、将来のアジア事業拡大、香港やシンガポール市場への上場の

第2章　WM（ウェルスマネジメント）

布石にしたいと考えています。最近は香港IPOによる資金調達額が東証を上回る等、存在感が増しており、MBOによる非上場化を公表した直後から、香港、シンガポールでのIPOの提案をさせてほしいという外資系投資銀行が複数社コンタクトを取って来ています。

　健一氏は、これも時代の流れかという一抹の寂しさも感じながらも、新たな希望を胸に羽田空港から香港へ向かう機上の人となりました。

Column3

　香港は、個人の所得税率が最高でも17％、消費税がなく、キャピタルゲインは非課税であり、贈与税、相続税も掛からないため、税メリットが大きい地域であります。2015年1月14日までは、特定の有価証券、その他の金融資産に1,000万香港ドル（約1億5千万円）超の投資を7年間継続することで、永住権を取得できる投資移民ビザ制度がありましたが、同制度は廃止されるなど、永住権取得のためのハードルは高くなっています。日本に事業を有する、親族・友人との関係等のしがらみがある場合は、移住が難しいため、就業ビザや投資ビザ取得のハードルは低くないと考えられます。

　また、香港と同様に贈与税、相続税のない等の税メリットが大きい国のシンガポールについては、グローバル投資家計画（GIP）に一本化されたことにより、永住権取得のための要件が厳格化されたため、留意が必要です。

　GIPの要件（概略）は、年商5,000万シンガポールドル（約43億円）以上で、事業投資が250万シンガポールドル（約2億1千万円）以上であることです。

6 相続・贈与等による財産移転

(1) 相続

① 相続税の仕組みの理解

　相続税は、相続や遺贈によって取得した財産および相続時精算課税の適用を受けて贈与により取得した財産の価額の合計額（債務等の金額を控除し、相続開始前３年以内の贈与財産の価額を加算する）が基礎控除額を超える場合に、その超える部分（課税遺産総額）に対して課税されます。

　この場合、相続税の申告および納税が必要となり、その期限は、被相続人が死亡したことを知った日の翌日から10カ月以内です。

　なお、相続税の税率等については、第４章**6**(1)③ホ．ⅱ）**図表４-10**を参照してください。

② 財産評価の基本

　相続財産の価額は、原則として相続開始時の時価で評価します。主な相続財産の評価概要は**図表２−27**のとおりです。

図表２−27　相続財産の評価概要

相続財産	評価方法
宅地	路線価方式（路線価が定められている地域）または倍率方式（路線価が定められていない地域。固定資産税評価額×一定の倍率）
家屋	固定資産税評価額
上場株式	次の価額のうち、最も低い価額による。 ・相続の開始日の終値 ・相続開始月の終値の月平均額 ・相続開始月の前月の終値の月平均額 ・相続開始月の前々月の終値の月平均額
取引相場のない株式・出資	会社の規模の大小、株主の態様、資産の構成割合等に応じ、次のような方式により評価する。 ・類似業種比準方式 ・純資産価額方式 ・類似業種比準方式と純資産価額方式の併用方式 ・配当還元方式

預貯金	相続開始の日現在の預け入れ残高と相続開始の日現在において解約するとした場合に支払いを受けることができる既経過利子の額（源泉徴収されるべき税額に相当する金額を控除した金額）

③ 相続対策の基本

相続対策は、その目的別に以下の3つのグループに大別されます。

イ．遺産分割対策

遺産分割対策とは、スムーズに財産が移転するように、相続人にどの財産を承継させるかを生前に考えておくことをいいます。

遺産が相続人に分配されるため、受け取る側は「もらえるものは少しでも多い方がよい」と考えるのが自然な感情です。そのような場合、遺産分割対策が取られていないと肉親間で争いが起こる可能性が高くなります。財産を残す側は、自分の死んだ後に財産をどのように分けるかを決めておくことが非常に重要になります。

つまり、「争続」を防ぐため、生前に遺産分割対策を取っておくのが、残す側の責任であると言えるでしょう。

具体的な遺産分割対策としては、「遺言書の作成」、「贈与」、「財産分割を容易にする資産組替え（売却、買替等）」などが考えられます。

ロ．納税資金対策

納税資金対策とは、財産を相続したときに発生する相続税の納税資金および引継ぎ経費等の資金を確保する対策をいいます。

この対策は相続財産が多額の場合には特に重要になります。相続財産に金融資産が多い場合や相続人が自己の財産で納税資金を確保できる場合はよいのですが、相続財産の大半が不動産や自社株で占められている場合は相続税の納税資金が不足し、相続人の日常生活に支障をきたすことになりかねません。したがって、相続税の試算を行い、相続後に納税が可能となるような対策を事前に行っておくことが重要です。

具体的な納税資金対策としては、「現預金の贈与」、「生命保険の活用」、「物

納」等が考えられます。

ハ. 節税対策

　節税対策とは、納付すべき相続税額を相続開始前に少なくなるようにする対策をいい、大きく分けると財産を贈与により減らす方法と財産の評価額そのものを引き下げる方法があります。前者の対策として代表的なものは、「贈与（暦年贈与、贈与税の配偶者控除の活用等）」があり、後者としては、「不動産活用による評価引き下げ」、「生命保険金の非課税枠の活用」等があります。

Column4

　個人で金融資産等の資産を、5億円以上保有し、資産からの収入が3千万円以上（法人設立・運営コストを考慮すると、一定規模以上の資産・収入規模が必要になるため）あるような富裕層にとっては、資産管理会社の活用により、相続税の節税を図ることができる場合があります。個人で保有する資産が資産管理会社の非上場株式の評価に替わるため、個人での相続税評価額が大きくなる資産（金融資産等）であるほど、有効性が高くなる可能性があり、ケースによっては、所得分散、適正経費の計上等により、毎年のキャッシュフローの改善にもつながることもあるため、一定金額以上の資産を個人で保有する富裕層の相続対策として、念頭に置いておく必要があると考えられます。

---

(2)　贈与

① 贈与税の仕組みの理解

　贈与税とは、個人から財産をもらった時に掛かる税金です。

　会社等の法人から財産をもらった場合、贈与税は掛かりませんが、所得税が掛かります。また、自分が保険料を負担していない生命保険金を受け取った場合、あるいは債務の免除等により利益を受けた場合等には、贈与を受け

たとみなされて贈与税が掛かります。

　ただし、死亡した人が自分を被保険者として保険料を負担していた生命保険金を受け取った場合は、贈与税でなく相続税の対象になります。

　贈与税の課税方法には、「暦年課税」と「相続時精算課税」の2つがあり、一定の要件に該当する場合に「相続時精算課税」を選択することができます。

②　暦年贈与と相続時精算課税の概要

イ．暦年贈与

　暦年贈与とは、年間1人当たり110万円の贈与税の基礎控除を活用しながら、計画的に財産を親から子等へ移すことをいいます。贈与税は、その年の1月1日から12月31日までの暦年を基準として、1年間に贈与によりもらった財産の価額を合計し、その合計額から基礎控除額110万円を差し引いた金額に税率を乗じて計算します。

（参考）贈与税の税額速算表（2019年1月現在）

基礎控除後の課税価格		一般税率		特例税率（※）	
		税率	控除額	税率	控除額
200万円以下		10%	－	10%	－
200万円超	300万円以下	15%	10万円	15%	10万円
300万円超	400万円以下	20%	25万円		
400万円超	600万円以下	30%	65万円	20%	30万円
600万円超	1,000万円以下	40%	125万円	30%	90万円
1,000万円超	1,500万円以下	45%	175万円	40%	190万円
1,500万円超	3,000万円以下	50%	250万円	45%	265万円
3,000万円超	4,500万円以下	55%	400万円	50%	415万円
4,500万円超				55%	640万円

（※）暦年課税において、直系尊属（父母や祖父母）から贈与により財産を取得した受贈者（財産の贈与を受けた1月1日において20歳以上の者に限ります）については、特例税率を適用して税額を計算します。

Column5

　暦年贈与は相続対策のイロハのイといわれています。例えば、年間
５百万円の贈与であれば、10％程度の実効税率で贈与することができ
ます。したがって、子２人、孫４人に20年間贈与を行うとしますと、
６億円を10％程度の実効税率で移転することができ、暦年贈与を行わ
なかった場合と比較して、相続税（相続資産が６億円であれば、実効税
率約30％）を減らすことができます。ただし、親が贈与後の子・孫の
資産を子・孫が成人後も引き続き管理する等、贈与の実態が認められな
い場合は、贈与が否認されるリスクがあるため、注意が必要です。

ロ．相続時精算課税

　相続時精算課税とは、60歳以上の父母または祖父母が20歳以上で推定相続
人である子または孫に対して贈与した場合において、贈与財産から2,500万
円の特別控除額を控除した残額に20％の税率を乗じた金額を贈与税として納
め、相続開始時に、生前の非課税以外の全ての贈与財産を贈与時の価額で相
続財産へ加算した額により相続税額を計算し、既に納めた贈与税相当額を控
除して支払う制度です。

　なお、贈与財産の種類、金額、贈与回数には制限はありません。

③　贈与による相続対策のメリット、注意点、フォロー

イ．メリット

ⅰ）暦年贈与

　相続では財産を取得できる人は特定されていますが、贈与にはそうした制
限がなく、しかも贈与を受けた人は誰でも基礎控除を用いることができま
す。

　基礎控除は毎年利用できるため、贈与対象人数を多くして、長期にわたっ
て贈与を行うことにより、相続開始時の課税価格を引下げることができま
す。ただし、相続開始前３年以内の贈与財産の価格は、相続または遺贈によ

第2章 WM（ウェルスマネジメント）

り財産を取得した者の相続税の課税価格に贈与時の価額で加算して計算され
ます。

ii）相続時精算課税

相続を待たずに財産を早期に移転したい場合に贈与時の税負担を軽減する
ことができ、業績の良い自社株等将来値上がりする可能性が高い財産や将来
の納税資金確保のために収益を生む財産については贈与しておくと有利で
す。

ロ．注意点

贈与が成立するには、当事者間で合意が成立していることに留意する必要
があります。税務調査でも贈与なのか、そうでないのかが争点となるケース
が多く、確実に贈与であると認められるようにするには、以下の点に注意が
必要です。

i）確実に証拠を残す

a．金額日付：贈与者の銀行口座から贈与する金額を引き出し、受贈者の
銀行口座へ贈与したい時に振り込みます。

b．受贈者は自分名義の口座を自分自身の届出印で作っておきます（口座
開設の申込みは必ず本人が自署押印を行い、未成年者の場合は親権者が
行います）。

ii）受贈者が財産を管理する

受贈者（または親権者）が通帳、印鑑、証書等を保管し、自分自身で自由
に運用、使用します。形式よりもむしろ、実態がどうなのかが重要になりま
す。

また、相続時精算課税については、下記のような点に留意する必要があり
ます。

・受贈者は譲り受けた翌年の贈与税の申告期限までに、贈与税の申告書と
相続時精算課税選択届出書を税務署に提出する必要があります。

199

・相続時精算課税を一度選択すると、贈与者の相続時まで継続して適用され、途中で暦年贈与に切り替えることができません。したがって贈与税の基礎控除を利用することができなくなるため、受贈者ごとに慎重に検討し選択を行う必要があります。

・相続税計算における小規模宅地等の特例を受けられる宅地については、相続時精算課税を利用して贈与した場合、小規模宅地等の特例の適用を受けられなくなるため注意が必要です。

(3)　遺言

①　遺言の方式と効力

遺言には、一般的に自筆証書遺言、公正証書遺言、秘密証書遺言の3種類があります。

イ．自筆証書遺言

自筆証書遺言は、遺言を自分で書いて自分で管理する方法です。公正証書遺言や秘密証書遺言のように、他人の関与が無く、手軽に作成できる遺言です。手軽に作成することができる代わりに、自分で法律の定めるルールに則って遺言書を作成しなくては、遺言自体が無効になる厳格なものです。

ロ．公正証書遺言

公正証書遺言書は、遺言の作成自体に専門家である公証人が関与します。そのため、方式不備等で遺言が無効になることは通常ありません。また、作成後、遺言書の原本は公証人によって保管されるので紛失・改ざんのおそれはありません。また、本人の意思であることは公証人により確認されているため、他の遺言と異なり検認の手続きを取る必要はありません。

公正証書遺言は、2名以上の証人の立会いが必要になります。

証人になるには条件があり、以下の者が証人となった場合は遺言自体が無効となります。

・未成年者

・推定相続人、受遺者、およびその配偶者ならびに直系血族

・公証人の配偶者、4親等内の親族、書記雇い人

ハ．秘密証書遺言
遺言者が遺言書を作成して封印し、2人以上の証人と公証役場へ行って、自分の遺言書であることを証明する遺言です。裁判所の検認手続きが必要であり、かつ、内容自体は公証されていません。実務ではほとんど行わない遺言です。

② 円滑な遺産分割としての遺言の役割
遺言は、被相続人の遺産を法定相続によらない被相続人の意思にしたがって配分することにより、実質的公平性を実現し、相続人間の争いを防止する役割を有します。遺言は、下記のような場合等に用いられます。
・法定相続人以外（内縁の妻等）に遺産を相続させたい場合
・子供がいない場合
・事業を承継する子供に多く遺産（自社株等）を相続させたい場合
・相続人ごとに特定の遺産を相続させたい場合
・法定相続人がいない場合（寄付する等）

③ 遺言作成のアドバイス
遺言の自由は法定相続に優先するという遺言自由の原則が基本ですが、制約も存在するため、遺言の作成に当たっては、以下の様な点に留意する必要があります。

イ．遺留分
遺留分として、相続人に残すべき最小限の相続割合が規定されているため、遺留分を侵害した遺言を作成した場合、遺留分の権利を有する相続人から遺留分減殺請求がなされる可能性があります。遺留分の概要は**図表2－28**のとおりです。

図表２−28　遺留分の概要

相続人	配偶者のみ	子のみ	子	配偶者	両親のみ	両親	配偶者
遺留分	1／2	1／2	1／4	1／4	1／3	1／6	1／3

ロ．債務の負担

　遺言により、相続人に債務を承継させる場合、承継すべき債務の額が相続人の相続する財産より少ない場合には有効です。債務のみを相続人に割り当てる遺言は認められません。

ハ．公序良俗

　特定の人との結婚や再婚を禁止すること等の公序良俗に反する条件を記載した遺言は法律上無効です。

ニ．夫婦連名

　夫婦が連名で作成した遺言書は無効であるため、夫婦であっても別個の遺言書を作成する必要があります。

④　遺言信託の活用

　高齢者の資産の蓄積、核家族化の進展等により、財産の承継を円滑に行うための有効な手段として、遺言信託業務が注目されており、信託銀行等では、このようなニーズに対応するため、遺言書の保管から遺産に関する遺言の執行までを行う遺言信託業務を行っています。

　遺言信託業務の仕組み

　ⅰ）信託銀行等は、遺言者に対して遺言書作成のコンサルテーションを行います。

　ⅱ）遺言者は、遺言を作成します。原則として、公正証書遺言を作成します。

　ⅲ）遺言者は、信託銀行等との間で遺言書保管に関する約定を締結します。

第2章　WM（ウェルスマネジメント）

iv）信託銀行等は、遺言者に財産等に異動・変更がないか必要に応じて照
　　会します。

v）遺言者が死亡すると、死亡通知人は信託銀行等に対して遺言者死亡の
　　通知を行います。

vi）信託銀行等は、保管していた遺言書を開示し、遺言執行者の地位に就
　　任するかどうかを決定します。遺言執行者に就任した場合は、財産目録
　　を作成し、相続人に交付します。その上で、遺産の管理、処分、債務の
　　弁済等の遺言の執行に必要な一切の行為を行います。終了時には、遺言
　　執行顛末報告書を作成します。

（出所）一般社団法人信託協会HP

7　資産運用・管理の基礎知識（商品概要およびアセットアロケーション）

　本節の学習は、PBが業務を遂行するうえで、知っておくべき資産運用・
管理の重要事項をまとめたテキスト「資産運用・管理の基礎知識」をご参照
ください。

「資産運用・管理の基礎知識」

2019年4月17日　初版発行

編集：公益社団法人　日本証券アナリスト協会

発行：ときわ総合サービス株式会社

＜目次＞

第1章　資産運用の基礎知識

　1　経済と金融

　2　証券市場の仕組み

第2章　資産運用の基礎理論

　1　基本的な考え方

　2　現代ポートフォリオ理論（Modern Portfolio Theory）

　3　ポートフォリオのパフォーマンス評価指標

4 市場の効率性

第3章　資産運用の実際

1 投資政策書と運用

2 運用手法

3 運用方法の選択

第4章　資産運用の管理と情報収集

1 運用管理の基礎知識

2 情報収集

第5章　株式

1 株式を保有することの意味

2 株式の評価尺度

第6章　債券

1 債権の基本的な構造と利回り

2 債券投資のリスク

3 債券の種類

第7章　外国証券投資

1 為替

2 外国証券投資

第8章　デリバティブ

1 デリバティブとは

2 デリバティブの仕組み

3 デリバティブの種類

第9章　オルタナティブ投資

1 オルタナティブ投資

2 オルタナティブ投資の種類

第2章　WM（ウェルスマネジメント）

【本章のまとめ】

　ウェルス・マネジメントの実行においては、顧客およびファミリーが生涯において達成したい目標を明確にするとともに、ファミリーミッション・ステートメント、家計貸借対照表（金融資産、不動産、自社株、生命保険、退職金、一次・二次相続税、借入金、純資産）、キャッシュフロー表、投資政策書を策定し、継続的に実行支援・更新・改訂を行うことが重要です。

　家計貸借対照表、キャッシュフロー表、投資政策書については、顧客およびファミリーの生涯目標が現状では達成できない場合、全体最適（事業成長、事業承継、財産承継）の観点から対策を提案し、対策前後の比較分析を行います。

　日本においては、所得税・住民税、贈与税、相続税の最高税率が55％であるため、タックス・マネジメントを含む実物資産の財産承継に比重が置かれがちですが、人的資本、知的資本等の非財務資産の承継も同様に重要になると考えられます。

《参考文献》

"Creating an Investment Policy Statement" Norman M. Boone, Linda S. Lubitz

"How to Write an Investment Policy Statement" Jack Gardner

「ファミリーウェルス　三代でつぶさないファミリー経営学」　ジェームズ・E・ヒューズJR著、共訳　山田加奈・東あきら

第3章 不動産

【本章のねらい】

　本章では、投資対象の中で金額も大きく個別性が強い不動産について焦点を当て、その特有の課題を知るとともに投資するに当たってのメリットと留意点を理解します。

　不動産は金融商品との類似性がある一方で、物件によるリスク・リターンの個別性も、流動性の課題も大きく、金融商品とは根本的に異なるものであることを理解します。

　資産価値の維持や実現に当たっては、適切な専門家のアドバイスを必要とするため、プライベートバンカーは外部専門家の活用についても詳しくなっておく必要があります。

1 不動産の３つの側面

不動産には以下の３つの固有の側面があります。

- (1) 利用としての側面……自ら利用・保有することにより満足を得る
- (2) 純投資としての側面……賃貸収益や価値上昇等の利益から満足を得る
- (3) 相続財産としての側面……相続財産として特徴を発揮することもできる

(1) 利用としての側面

　不動産は、自ら居住の用あるいは事業の用に供することができます。特に自宅は人生における最大の目的資産となることが多いと言えるでしょう。

① 主観的価値

　自宅について所有と賃借とどちらが有利かというアンケートでは、ここ数年所有派と賃貸派が拮抗しています。しかし、実際に世代別の持ち家比率を見ると、30代から40代で持ち家に移行する世帯が多く見受けられます。これは「持ち家を構えて一人前」という考え方も影響していますが、現在行われている住宅ローン控除等持ち家優遇政策も関係していると思われます。

② 取得の判断基準

　高度成長期には、世帯を構えていったん自宅を取得すれば値上がりが期待でき、出世と所得増大に合わせて次々に大きな家に買い替えることを期待していました。しかし、現在は一次取得の際にそのような"わらしべ伝説"を期待することは少ないと言えます。少子化により父方母方それぞれに相続すべき家があります。家庭を構え収入が十分な水準に達したからといって、必ずしも自宅を取得する必要のない世帯が増えており、住宅ローンを組んでの所有と一生賃料を払い続ける賃借の有利不利は金利条件等の想定条件により拮抗します。有利不利の計算だけでは明らかな差はないのに実際に自宅を取得する割合が高いのは、投資価値だけではなく、地域とのつながりや地縁的な営業権、居住地選好や地域ステータス等による満足感や効用が少なくないからと考えられます。

(2)　純投資としての側面

①　分散投資資産としての不動産

　不動産の資産価値変動は株価ほど大きくなく、得られる年間収益は債券より高めとなります。したがって「不動産は他の金融資産と比較して"ミドルリスク・ミドルリターン"の特性がある」と言えるのですが、これは総体として不動産を見た特徴であって、個々の不動産ごとに価格変動（実際に売れる価格）や得られる年間収益（空室時や大規模修繕費等を考慮に入れたキャッシュフロー）を見るとその変動性（ボラティリティ）は高く、不動産のもう1つの側面「個別性が大きく流動性リスクも高い」ことに留意が必要となります。ミドルリスク・ミドルリターンという投資対象としての不動産の特性を享受するためには、それなりの分散投資が必要となります。立地や用途、築年等によりリスク・リターン特性が違いますので、投資目的に合った不動産ポートフォリオを組成できれば望ましいでしょう。

　また、これまでの投資経験から「不動産はインフレに強い資産」との認識も一般的となっており、不動産の投資対象としての魅力は金融資産にないユニークなものとなっています。

② 取得の判断基準

　総体としての不動産の投資魅力を充分に享受するためには、一定の分散投資が必要ですが、これからは不動産の投資対象を一層選別しておくことが大切です。なぜなら人口減少社会を迎えて、不動産なら何でもインフレ局面で成長性が期待できるとは考えられないからです。不動産も下記のように投資目的を考え、その目的にかなうものを選別して保有することが望ましいでしょう（**図表３－１**参照）。

　　A．自己居住用……自分の満足度・快適性・利便性が高い立地
　　B．運用投資用……運用成績（インカムキャピタル）が期待できる土地建物
　　C．納税原資用……流動性が期待できる不動産（相続税評価額も勘案）

　保有する不動産を分類し、これらが投資目的に合致しているかという尺度で最適化します。この際、どの資産を誰に相続させるのか、資産管理法人等の活用による不動産所得の分散効果があるか、等を検討しておくと、打つべき対策をより明確にすることができます。

(3)　相続財産としての側面

　富裕層が保有する資産は、数十年に１度は相続税の洗礼を受けます。不動産は個人が保有する資産の中に占める割合が高く、相続税評価は時価よりも低くなることが多く、また（一般には）流動性が低く分割しにくいと言えます。

①　不動産資産の割合

　総務省統計局の資料によれば、世帯当たりの資産額は所得階級最上位層でも、住宅・宅地が７割以上（金融資産が約４分の１で残りは耐久消費財等）となっており、相続税の対象資産としての位置付けも大きいものです（**図表３－２**参照）。

②　資産税法上の特典

　一方で相続税評価上、相続税路線価は実勢価格に最も近いと考えられる公示価格の約８割の水準で、居住用や事業用の不動産であれば、小規模宅地等

図表3-1　投資目的ごとの不動産分類例

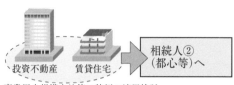

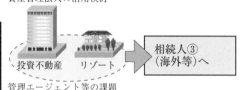

の特例による軽減評価を用いることができ、貸家建付地の評価減（第3章5(1)⑥参照）等を用いることで、実際に取得した価格や売却可能な価格（実勢価格）よりも相続税評価額が低くなるケースが多く見受けられます（**図表3-3参照**）。

③　保有リスク

しかし、実際には相続税評価額の水準では簡単に処分できなくなってしまっている不動産も少なくありません。売りたい時に希望する金額で売れないことが多いのが不動産の特性でもあり、家族への分割相続を考えると、金融資産とは異なり容易に分割できません。共有持分や区分所有とする財産分割では、分割することによって各相続人の資産評価が下がる、あるいは流動

図表3-2　1世帯当たりの資産額

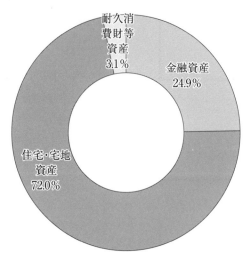

（出所）総務省統計局「2009年全国消費実態調査」

性が低下してしまうという課題があり、完全所有権のまま敷地分割しても、一方の土地の単価が下がってしまうことがあります。

　資産税法上の特典はうまく使うと効果が高いのですが、時間が経過すると、不動産市場の変化により相続税評価額と実勢価格のバランスが変わってしまうリスク（市場変化のリスク）や、税制改正等による相続税の仕組みそのものが変わってしまうリスク（制度変更リスク）もありますので、留意が必要です。

第3章　不動産

Column1

アパート建設による相続税対策

ローンでアパートを建てると、①から③の事由により相続税評価を下げられます。これは、

① 建物の建築価格と固定資産税評価額に差があること
② 貸家建付地の評価減等により、敷地評価も下げられ賃貸建物も貸家評価となり建物価格も減価すること
③ 事業用の小規模宅地等の特例を使うとさらに下げられること

ところが、評価のルールにより、相続税評価は下がったものの、保有する不動産の時価まで下げてしまうアパート建設が実際には少なくないのです。しかしアパート建設という開発リスクを負う以上、投資後の時価を高められなければ、開発メリットを得たことになり得ません。

図表3－3のように、市場価格30億円で、相続税評価額が（その時点の税法の規定により）7億円台である不動産を保有していれば、資産価値　＞　相続税評価であり、流動性が高ければ有利な相続税対策と言えます。

他方、所有している更地に賃貸用建物を建てて相続税対策を実施する場合、**図表3－4**のように時価3億円の更地に2億円強の追加投資を行い、収益を十分に上げて時価6億円になればよいのですが、もっと大きなアパートを4億円掛けて建て、相続税評価は狙い通り5億円に下がったものの、収益が不安定で収益物件としての時価も5億円に下げてしまうことがあります。

相続税の軽減効果を狙って資産価値も下げてしまったことになるのでは、本来の狙いを果たしたとは言えません。

figh3-3 相続税評価の圧縮事例

所在	登記記録	東京都◆区□□□◇丁目○番××		
土地	地積	200㎡（約60坪）		
建物	構造	鉄筋コンクリート造陸屋根8階建て		
	用途	共同住宅		
	面積	◆◆◆◆㎡（約●●●坪）		
	築年月	20●●年4月		
	公道	東南側　約40m		
公法規制	建蔽率	80%	容積率	700%
	防火地域	防火地域	計画道路	なし

212

図表3-4　開発の投資効果事例

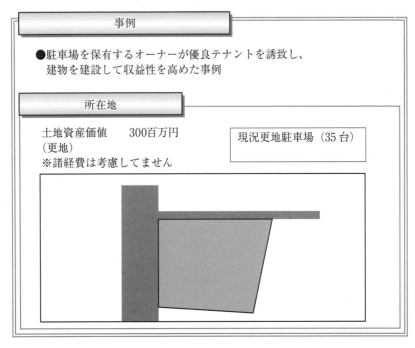

事例

●駐車場を保有するオーナーが優良テナントを誘致し、建物を建設して収益性を高めた事例

所在地

土地資産価値　　300百万円
（更地）
※諸経費は考慮してません

現況更地駐車場（35台）

物件概要

所在	登記記録	東京都◆市□□□◇丁目○番××	
土地	地積	1000㎡（約300坪）	
計画建物	構造	鉄骨造陸屋根2階建て	
	用途	店舗	
	面積	◆◆◆◆㎡（約●●●坪）	
	築年月	新築予定	
	公道	西側　約20m、　北側　約6m	
公法規制	建蔽率	60%	容積率	200%
	防火地域	防火地域	計画道路	なし

投資計画と効果

現況収支 (千円／年)

駐車場収入	7,920	稼働33台×2万円×12月
管理費	−792	10％
公租公課	−3,000	固定資産税・都市計画税
収支	4,128	1.38％

投資計画

建物延床		420	坪
建物投資額	A	210	百万円（@500千円／坪）
土地投資額	B	300	百万円（現況資産評価）

収支計画 (千円／年)

賃　料		50,400	1万円／坪×12月
公租公課		−8,000	土地現況＋建物想定
保険料		−210	
想定収支	C	42,190	8.27％

投資後の資産価値想定

想定利回り		7％	
資産価値	D	603	百万円　（C÷7％）
開発利益		93	百万円　（D−(A＋B)）

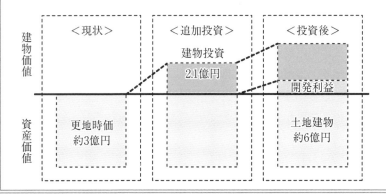

Column2

タワーマンション節税

タワーマンション節税とは、東京など都心部で増えているタワーマンションに投資することで、相続税評価額を大幅に減じ、相続発生時の税負担を軽減しようとする策のことをいいます。

賃貸中の不動産は、一般に金融資産に比べて相続税評価額が低くなることが多い（**図表３－３**参照）のですが、その不動産がタワーマンションの場合、

①　容積割増を得ているケースが多く、１戸あたりの土地持分が少ない

②　建物の税評価額は階層によらず同じ単価で、高層階住戸はとくに時価との乖離が大きい

との理由から、評価額の圧縮効果が大きく、対策として人気を集めています。実際に東京都心の築浅のタワーマンションでは販売価格に対する相続税評価額が１割程度となる例も少なくなく、評価額の圧縮効果は顕著です。

ただ、最近国税庁は行きすぎた節税策がないか、チェックを厳しくするように全国の国税局に指示を出しています。

したがって、投資の判断にあたっては、

・賃貸しやすいか

・収益性は妥当か

・流動性は充分に高いか

・災害リスクはどうか

・管理は良好か

など不動産投資にあたって検討が必要な他の要素も加味して判断することが望ましいといえるでしょう。

2 不動産取引の留意点と不動産投資

不動産の売買取引は日常的に行うものではなく、金額も大きいので、信頼

できる業者と専門家からの情報入手が必要であり、最終判断に当たって留意
が必要な点が少なくないと言えます。

(1) 公正な不動産情報の取得

① 不動産に関する調査

不動産の物件紹介資料には、対象となる土地建物の面積等の概要のほか、
公法規制や建物・賃借人の状態などを簡潔に記載しています。分かりやすい
記載や目を引く記載を優先する場合、正確かつ比較可能な情報となっていな
い場合もあるので、留意が必要です。

- ・面積（実測と公簿、壁芯と内のり、延べ床と専有、坪換算の数値、等）
- ・利回り（表面とネット、現況と空室率想定、諸経費や敷金の扱い、等）
- ・取引条件（更地と古家あり、瑕疵（かし）担保の有無、建物の遵法性、
  等）

② 不動産の価格

適正な価格がいくらなのか分かりにくいのも、不動産の特徴です。不動産
鑑定評価額は正常な取引がある場合に一般に公正妥当と認められる価格が基
本となりますが、実際に売り出される価格や取引が行われる価格は、万人が
公正妥当と認める価格とは限りません。売主・買主等の取引関係者の事情
や、取引時の競合先の有無、隣地所有者等が購入する場合の限定価格なども
あり、取引される価格はある特殊な状況において妥協が成立したものにすぎ
ません。「近くで坪○○円の取引があったから、この物件も坪○○円が相
場」なのかどうかは、実際の取引上の事情や不動産の個別性も含めて、慎重
に確認する必要があります。

- ⅰ）路線価評価……相続税路線価に基づき更地を評価する簡便な方法で
  す。
- ⅱ）鑑定評価額……不動産鑑定士の評価。個別性を反映でき、説明力が高
  いが費用が掛かります。
- ⅲ）取引事例比較法……周辺の取引事例を参考に個別要因を比較考量して
  求めます。

ⅳ）収益還元法……賃貸用不動産の期待収益を資産価格に還元して求めます。

(2) 不動産取引の留意点

① 売買手続きの手順

イ．不動産業者の選定と依頼

依頼者は不動産業者を選んで、仲介を依頼します。不動産業者を選ぶ際のポイントは第3章②(4)を参照してください。売却する場合、物件についての概要を説明し希望条件を提示します。購入する場合、その希望条件を提示します。この際に活動方針や報酬額について、説明を求めておくとよいでしょう。業者や担当者の経験や熱意により、満足のいく結果が得られるかどうか変わってくることがあるので、説明に納得がいかず、依頼する業者を変えるなら早い方がいいからです。

ロ．業者による依頼内容の確認

不動産業者は、依頼者の依頼内容（売却希望物件、購入希望条件等）を確認します。所在地、面積などのほか、希望する売却（購入）価格と時期、資金計画等の認識を共有し、希望内容には優先順位を付けておきたいものです。

ハ．媒介契約書の作成

取引の仲介を依頼する場合、業者と媒介契約を締結します。媒介契約には、物件を特定する必要事項のほか、媒介の種類（第3章②(2)②参照）、価格、有効期間、取引が成立した時の報酬額等を記載します。

ニ．相手方の探索

不動産業者は、広告や独自情報のほか、指定流通機構が整備する不動産情報流通システム（レインズ）等の情報により、取引相手候補を探します。広告について制限を付けることもできます。取引相手の候補が見つかると、双方の売買希望条件が一致するように業者によるあっせんが行われます。

第3章　不動産

ホ．重要事項の説明

売買条件が整うと、取引条件を記載した売買契約書を不動産業者が作成しますが、購入する場合は契約の締結前に文書による「重要事項説明」を受けます。契約内容や対象不動産についての重要な事項についての説明なので、納得するまできちんと説明を求めるとよいでしょう。

ヘ．売買契約の締結

重要事項説明に納得して買主が署名押印した後に、売買契約書を締結（署名押印）します。売買代金の支払いが複数回になる場合は売主、買主が合意して決められた額の手付金の授受を行います。

ト．契約内容の履行

契約書に記載された履行義務は、「残金決済 – 引渡し」までの間に完了させなければなりません。売主であれば、境界確定と測量や抵当権の抹消（残金決済と同時のことが多い）が履行義務とされることが多く、買主であれば、住宅ローンの借入れなど売買代金の調達が主たる履行義務となります。

チ．残金決済 – 引渡し

売買金額の残金（手付金・中間金などを差し引いた残額）の支払い（振込み）を確認して、売主から買主へ関係書類（登記必要書類や建物図面等）と建物の鍵などの必要物を引き渡します。

リ．不動産登記

不動産を取得した者は、自らの所有権を第三者に対抗するため法務局に登記を行います。売主は、買主が行う登記に協力する義務を負います。登記は買主個人でも申請できますが、通常は司法書士に依頼します。

ヌ．媒介報酬の支払い

取引が完了し、媒介報酬を不動産業者に支払います（契約の締結時と残金決済 – 引渡しの時に分けて支払う場合も多く見受けられます）。

② 宅地建物取引

国内の不動産を売買や賃貸する際には、宅地建物取引業者（不動産業者）を通じて取引を行うのが一般的です。宅地建物取引業者は「宅地建物取引業法」により都道府県や国から免許を受け、一定の規制・指導に基づいた営業を行っています。不動産の媒介契約には、下記の３種類があります。

ⅰ）一般媒介契約

……契約期間中、依頼者は他の業者にも重ねて媒介を依頼することができます。

ⅱ）専任媒介契約

……契約期間中、依頼者は他の業者に重ねて媒介を依頼することができません。

ⅲ）専属専任媒介契約

……契約期間中、依頼者は他の業者に重ねて媒介を依頼することはできませんし、自ら取引相手を見つけても、依頼した業者を通じた取引とする義務があります。

③ 不動産の売買契約

集合住宅を除き不動産を売買する場合、契約後に地積を実測し、その実測面積に応じた単価で精算する実測精算を前提とした不動産売買契約を締結する実測売買が一般的ですが、他の方法もあります。

ⅰ）公簿取引

……登記面積を基に総額で売買し、面積相違による精算をしません。

ⅱ）実測取引

……単位当たりの単価を定めて売買し、実測後に総額が確定して、精算を行います。

ⅲ）手付け・残金契約

……契約時に手付け金を支払い、引渡し時に残金を支払います。

ⅳ）一括支払契約

……契約時に全額を支払い、対象不動産も引き渡します（手付け残金契約と一括支払契約では、手付け・残金契約が一般的）。

④　不動産の賃貸契約

　不動産を賃貸する場合、土地をそのまま貸す土地賃貸契約（借地契約）と
建物を建てて貸す建物賃貸契約（借家契約）があります。従前の借地借家法
では、借地人・借家人保護の意味合いが強い普通借地契約と普通借家契約し
か認められていませんでしたが、現在の土地賃貸契約には、賃貸期間が満了
した後は借地人が敷地を明け渡すことが法的に保証されている定期借地契約
があり、同様に建物賃貸借契約には契約期間満了後に借家人が更新を主張で
きない定期借家契約があります（第3章4(1)⑤ホ参照）。

　一棟のアパートを複数の入居者に賃貸する場合などでは、建物を一棟丸ご
と不動産会社に賃貸して、その会社が入居者に転貸（サブリース）すること
がありますが、このサブリース契約は建物賃貸借契約の一種です。サブリー
ス契約では入居者からの家賃と入居率の関係から以下のようなものがありま
す。

　ⅰ）家賃保証

　……入居者からの家賃収入の増減、入居率にかかわらず、定額の家賃収入
　　　を保証する契約。ただし、一般に「家賃保証」と呼んでいるケースで
　　　も、2年後等に募集家賃の変動に合わせてサブリース契約を見直すケー
　　　スが大半（実質的には入居率保証）であり、まとまった期間の家賃を保
　　　証する例は少ない。

　ⅱ）入居率保証

　……空室ゼロ時の家賃の80〜90％程度を、実際の入居率にかかわらず保証
　　　して支払う契約。サブリース契約ではこのケースが多い。

　ⅲ）パススルー

　……入居者から得られる賃料から一定額（あるいは一定料率）の手数料を
　　　差し引き、建物所有者に残額を支払う契約。

　ⅳ）その他

　……一定の入居率を保証し、それを超えた場合の収入は実績に応じて一定
　　　割合で支払う契約。上記ⅱ）とⅲ）を組み合わせたもの。

　ⅴ）管理委託

　……サブリース契約（建物賃貸借契約）ではないが、上記ⅲ）に近い効果

がある管理方式。入居者と建物所有者は直接契約しますが、入居者募集や入退去時の手続きなどを不動産会社に委託する方式。手数料として賃料の一定割合（あるいは一定額）を支払うことも、ⅲ）と同じ。入居率に不安が少ない立地であればこの方式を取ることも多い。

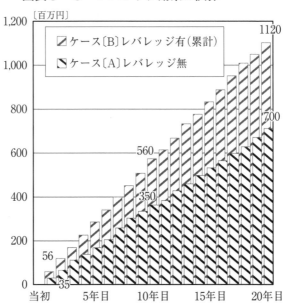

図表３－５　レバレッジ効果の試算

	〔A〕レバレッジ無	〔B〕レバレッジ有
自己資金	1,000百万円	1,000百万円
借入〔金利2.0％〕	無し	1,000百万円
不動産資産価値 （収益価格ベース）	1,000百万円	2,000百万円
運用利回り	5.0％	5.0％
期待キャッシュフロー/年 （税引前・利払前）	50百万円/年	100百万円/年 （利払後　80百万円/年）
税引後キャッシュフロー/年	35百万円/年	56百万円/年
キャッシュフロー合計 （税引後・20年間累計）	700百万円 （20年間累計）	1,120百万円 （20年間累計）
その他条件：所得税率：30％と想定		

第3章　不動産

⑤　不動産のファイナンス

　不動産投資資金の融資を受ける場合、投資する主体（法人、個人とも）が借入人となって金銭消費貸借契約を銀行等と締結し、投資する不動産を担保提供するのが一般的です。万一、不動産から得られる収入と売却した元本で元利金の返済ができなくなった場合には、借入人が残った借入金（残債務）を返済する義務が残ります（リコースローン）。

　これと異なり、投資する不動産を担保として不動産から得られるキャッシュフローのみを返済原資として、担保不動産を売却しても返済できなかった残債務は借入人の返済義務がないノンリコースローンもあります。一般的には借主のリスク負担が軽いため、このノンリコースローンの方が金利等の融資条件が厳しい場合が多いようです。

　不動産は投資金額が大きく、担保提供することにより有利な融資条件も期待しやすいので、適切にレバレッジを効かせることで投資後の融資返済後の税引後キャッシュフローを増やすことができます（**図表3−5**参照）。

⑶　不動産への投資

①　不動産は金融商品と異なる大きな課題がある商品

　ⅰ）**運用リターンがマイナスとなる年度もある**

　……個々の不動産ごとに見ると、修繕がかさむ年度には1年間の収益以上の支出が必要となるし、収入がゼロで経費だけ必要となる可能性もある投資商品です。

　ⅱ）**投資元本以上のロスを生じることもあり得る**

　……事故等による損害賠償や、土壌汚染等の処理費用により、当初投資した元本金額以上に支払いが必要となる可能性もあり得る資産です。

　ⅲ）**運用主体の判断によって運用成績が異なってくる**

　……大規模修繕実施のタイミング、入居者募集・選定方法の判断、売却方法・タイミング等、オーナーが行う判断の良否により運用成績が変動します。

　ⅳ）**流動性リスクが大きくなりがち**

　……売りたいタイミングに時価を実現できるかどうかの課題が大きく、取

223

引の際の"買い進み"、"売り急ぎ"等が価格に与える影響も大きいものです。換金が必要となったときスムーズに売却するためには、隣地所有者との間で境界を確定し、認識を共有しておくことや、土地の瑕疵（かし）（埋設物や土壌汚染等）、建物の瑕疵（アスベスト使用建材やPCB等）を調査して必要に応じた改善策を取っておく等の事前の準備も重要となります。

② **不動産のリスク・リターン特性**

イ．不動産のリスク・リターン特性

個々の不動産ごとに異なる特性があります。不動産の類型ごとの一般的な特性は、下記の通りで、収入・価格が変動する市場リスク、購入・売却する際の時期や価格を特定できない流動性リスクが大きい資産です（**図表３－６**参照）。

図表３－６　類型ごとの一般的リスク特性

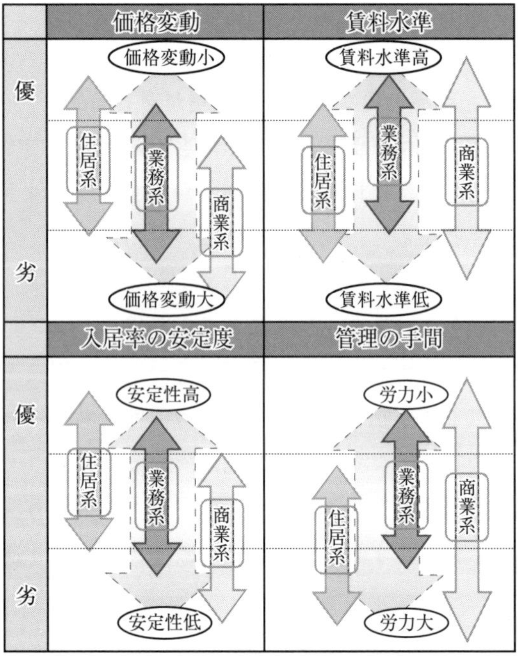

ⅰ）運用リターンは比較的安定的だが個々の不動産ごとのばらつきは大

投資用の賃貸不動産の運用リターンは、投資額に対して５％前後からで比較的安定しています。しかしこれは資産クラスとして多数の不動産総体を観察した利回りであり、個々の不動産ごとに見ると、空室率が高い年があったり、大規模修繕が必要な年次に達したりして、各年度の運用リターンのばらつきは大きく、必ずしも安定的とは言えません。収入がなく支出だけとなる年度は投資リターンはマイナスになりますし、十数年おきに必要となる大規模修繕実施年度は大きな追加支出負担が必要となってきます（**図表３－７**参照）。

図表３－７　長期修繕費用のモデル（中高層単棟型）

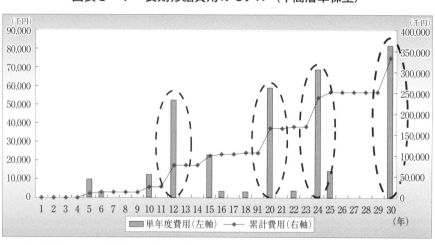

（出所）国土交通省長期修繕計画標準様式より

ⅱ）資産の評価額の変動以上に実際に取引できる価格はブレる

公示価格や鑑定評価等の理論価格の変動は、年数％の増減にとどまることが多いのですが、元本価値のリスクも同様に年数％と言い切ることはできません。なぜなら、実際に取引される価格は、売却方法や買い手の有無、競合先の多寡、取引条件を決定する際の事情等に左右され、１年経たずして数10％変動することも珍しくないからです。取得時や売却時の手法やタイミング、情報の良否が重要な要素となってきます。

また、所有する不動産で事故等があった場合、所有者に責任がなくても損害賠償義務を負う可能性（第3章②(3)②ロ．iv）参照）があったり、土壌汚染等の処理費用により、資産額元本以上の負担を求められる可能性（第3章④(1)⑥参照）もあります。

iii）不動産ごとの年次の投資成績はブレが大きく、中長期の視点が重要

　したがって、個々の不動産の年度ごとの運用成績を短期間で評価するとその運用成績のボラティリティ（変動性）は非常に高くなりがちで、ミドルリスク・ミドルリターンの運用特性を享受するのは難しいこととなります。中長期の視点で、できれば複数の不動産を運用できる場合に限って、不動産投資の一般的な特性が活きてきます。逆に個別不動産の短期間の投資で、非常に高い投資効率を狙うこともできるわけです（リスクもそれなりに大きい）。

iv）投資成績・運用成果のほかにも心理的な効用が無視できない

　富裕層の不動産投資の目的は、運用成績のみとは限りません。地域の名士ともなれば、そのエリアで目立つ不動産を保有しておくことに意義を見いだすこともありますし、投資エリアの分散が理屈上は望ましくても、土地勘のない地域で投資するのは情報も判断基準も少ないため、遠隔地では管理の手間も大変になります。「この街の栄枯盛衰と心中する」覚悟で投資エリアを限定する場合も少なくなく、集中のリスクを理解した上で、その人ごとの投資目的に沿った不動産のアセットアロケーション、投資ポートフォリオを構成すればよいのです。

ロ．実物資産特有のリスク

　不動産には、収入・価格が変動する市場リスクや、いついくらで売れるか分からない流動性リスクのほか、金融資産と異なる実物資産特有のリスクがあります。

i）自然災害リスク

　地震・水害・火災等のリスクは立地により異なり、そのリスクの高低や地盤の状況等は、自治体が作成するハザードマップ（**図表3－8参照**）で確認

第3章　不動産

図表3-8　ハザードマップの例

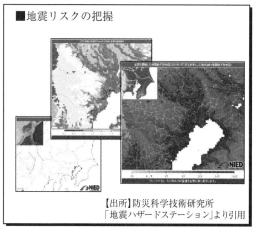

■地震リスクの把握

【出所】防災科学技術研究所
「地震ハザードステーション」より引用

■水害リスクの把握

【出所】新宿区区長室危険管理課
「洪水ハザードマップ」より引用

ができます。

　a．地盤状況……地盤が良い土地は、揺れにくいだけでなく建物基礎工事も容易
　b．揺れやすさ……丘陵地でも盛り土してある土地など留意が必要
　c．建物倒壊危険度……地盤状況だけでなく、建物の老朽化度なども含めた評価
　d．浸水危険度……大雨による洪水や高潮などによる浸水危険度評価
　e．地震・津波危険度……地震・津波発生による地域別の危険度評価

227

f．液状化リスク……地震発生時の地盤が液状化する危険度評価

g．地滑りリスク……大雨等による地滑りの危険度評価

h．火山の噴火危険度……火山が噴火した場合の溶岩流等による危険度評価

ⅱ）立地によるその他のリスク

自然災害リスクのほかにも、不動産の立地によるリスクは各種のハザードマップ上で公開されるようになってきました。これらのリスクを踏まえた上で、投資する物件を選定したり、保有している不動産のリスク低減策（免震構造採用や建物防犯対策など）を検討・判断することが望ましいと言えるでしょう。

a．延焼危険度……建物構造などによる延焼火災の危険度評価

b．犯罪マップ……年度ごとの犯罪発生件数を地図上に示したもの

c．地域の防犯マップ……地域で作成する「危ない場所」を調査した地図

d．土壌汚染マップ……調査により判明した土壌汚染箇所を示す地図

ⅲ）大都市・利便性の高い立地の課題

自然災害は土地の高度利用が進んでいる大都市での被害が大きくなりやすく、都心の不動産は価格リスクが低いとしても各種の災害リスクは比較的大きくなります。低地となる沖積層や埋立地は地盤も比較的弱いことが多く、地震・風水害・液状化等のリスクを調べ、必要に応じて対策を講じておくことが必要になります。

ⅳ）建物のリスク（工作物の無過失責任）

立地に伴う各種リスクのほかに（あるいは当該リスクの大小にも関連して）、建物のリスクも小さいものではありません。建物等の土地に定着する工作物に関して事故があると、所有者は無過失責任を負います（民法717条第1項）。

例えば、建物が古くなって維持管理が十分でない場合に、外壁のタイルが落下して通行人を傷つけた場合、建物の所有者が第一義的な責めを負います（損害賠償義務者となる）。タイル落下に関して、建設会社の施工不良や設計

第3章　不動産

の不備が明確となり、その責任を追及できれば、賠償負担を当該建設会社や
設計士に転嫁することができますが、建築時から時間が経過していれば、転
嫁が難しいことも増えてくるでしょう。建物の管理状況に関して、所有者は
重大な関心を払わなければなりませんし、建物が古くなればそれだけリスク
は憎大しているものと考えた方がよいでしょう。

③　実物資産としてのリスク軽減
　　第3章②(3)②ロで述べた実物資産としてのリスク（市場リスクと流動性リ
スクを除くリスク）は、一定のコストを掛けることにより軽減することがで
きます。
　イ．自然災害リスクの軽減策
　　1981年（昭和56年）の建築基準法改定前の許認可による建物は、現行の基
準と同等の耐震性能がない恐れが高い（旧耐震建築物）ので、適切に耐震診
断を行い、必要に応じて補強等の耐震化工事を行います。これから建築をす
る場合には、立地や用途の必要性に応じて、免震・制震構造を採用します。
　　a．耐震構造……建物構造の強度を上げることで地震動に耐える構造
　　b．制震構造……鋼やゴムのダンパーの設置により揺れを制御する構造
　　c．免震構造……免震装置を挿入して建物に揺れが伝わりにくくする構造
　　火災保険を含む建物総合保険を掛けることにより豪雨等による水害の被害
は付保できますし、地震災害についても建物価値の半分までは付保できま
す。しかし、地震保険料は費用が高く、立地や構造ごとにリスクの高い不動
産は保険料がさらに高くなります。自治体のハザードマップ等によりこれら
災害リスクを調べ、必要性が高いものの付保を厚くしたり、建物を補強した
り、そもそもそのような不動産は保有しない等の対策も必要でしょう。

　ロ．その他のリスク軽減策
　　耐火構造・防火構造の建物でも、延焼火災の際には長時間延焼を防ぐこと
はできませんし、建物内部からの出火もあります。火災保険の付保は必須で
す。消防法改正により、各居室に火災報知機の設置が義務付けられています
（2006年よりすべての新築住宅、2011年6月までにすべての既存住宅も）の

229

で、2005年以前の建物は設置してあるか確認しておきたいものです。

空き巣や強盗等の犯罪もエリアにより発生の濃淡がありますので、犯罪マップ等で確認して、必要に応じ防犯機能（オートロック・二重鍵・防犯カメラ設置等）の向上に費用を掛けることも有効です。

ハ．安心・安全への入居者の関心は高い

各種リスクに関しては、投資対象としてだけでなく、入居者としての関心も高いものです。耐震・制震・免震等の建物構造性能や防犯性能はもちろんのこと、高層建物の場合は非常用電源や高層からの避難方法、長周期振動、家具の転倒防止等にも強い関心を払っており、対応策がしっかりしている建物は入居者募集においての競争力も高く保つことができます。

④ 資産価値の維持・向上、分散投資等

不動産の市場リスクと流動性リスクへの対応は、１つの不動産について考えるのではなく、複数の不動産の組合せや不動産のアセットアロケーションによって対応することが基本となります。

イ．不動産ポートフォリオは投資目的と合致しているか

相当の資産家であっても、現在保有する不動産ポートフォリオは「昔からの経緯でたまたまこうなっている」ケースが少なくありません。相続した不動産が大半の地主富裕層はなおさらです。そもそもの投資目的がはっきりしていないと、現状ある不動産を何とか維持しようとするだけで検討が終わってしまいますが、不動産への投資目的を明確にすると「現状の不動産ポートフォリオがそのために最適なのか」というチェックが可能となり、今後の不動産投資方針が明確になってきます。投資目的は第３章■(2)②で見た不動産の投資目的そのものであり、チェックする不動産ポートフォリオは、不動産の特性（建物用途・立地・築年）ごとに調べてみるとよいでしょう。この際のポートフォリオはなるべく時価で考えますが、築年ポートフォリオについては経年劣化による修繕費用を捉える必要がありますので、建物面積のポートフォリオを考えるのも一法です（**図表３−９**参照）。

第3章　不動産

図表3-9　不動産ポートフォリオの把握例

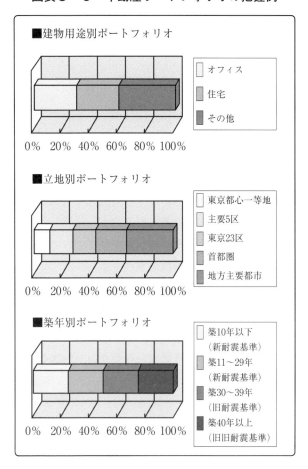

ロ．ポートフォリオの偏りは許容できるか

　例えば、建物用途が賃貸住宅に偏っていますと、景気変動による収入のブレは小さいのですが、築年を経るにつれて収入は逓減し、空室率が高くなって先細りになるリスクが大きいと言えます。

　立地が都心に偏っていますと、収入の先細りリスクは小さいのですが、景気変動による元本価値のボラティリティが高い上、災害リスクに弱く、エリア停電等で一時に市場競争力が低下する可能性もあります。

　築年も偏るのは好ましくありません。複数の建物を持っていても同時期に

建物が陳腐化し、収入が低下し、同時期に大規模修繕等の資本的支出が必要となってしまいます。また耐震基準の変更などの制度変更によって、建物が既存不適格となるリスクも無視できません。

ハ．中期的な全体CF（キャッシュフロー）計画策定

　保有する不動産全体について、10年間程度の中期的なキャッシュフロー計画を策定すると、市場変動リスクがなくても築年の偏りが好ましくない影響を及ぼすことが分かります。主要な不動産が建替え期間に入ると、その前後数年間の収入が途絶え、その間の赤字運転資金の調達が困難になる可能性もあります。

　これを逆手に取った資産承継対策も有効です。建替え期間中に赤字となった資産管理会社は、類似業種比準価格が下がりますので、この間に株式贈与等の資産承継対策を取ることも検討できます。

⑤　不動産の収益（収入支出）のチェック

　投資用の賃貸不動産の資料には、簡単な収支表が示されるのが通常です。この収支表で年間の期待収益を確認し、利回りから当該不動産の時価を判断しますので、収支表の見方は大事なポイントとなってきます（**図表３－10**参照）。

図表３－10　不動産収支表の例

テナント入居状況

階	テナント	面積(坪)	月額賃料	共益費	賃料単価	契約期間
3	●	●	●	●	●	●～●
2	●	●	●	●	●	●～●
1	●	●	●	●	●	●～●
合計		●	●	●	●	

年間収入　　　　　　（千円／年）

項目	金額	備考
年間賃料	●	●
年間共益費	●	●
その他収入	●	●
合計	●	①

年間支出　　　　　　（千円／年）

項目	金額	備考
公租公課	●	●
管理委託費	●	●
保険料	●	●
維持修繕費	●	●
水道光熱費	●	●
その他支出	●	●
合計	●	②

それぞれ各項目について
①特殊事情の有無
②市場との乖離
③今後の変動可能性
を確認する必要がある

純収益　　　　　　　（千円／年）

項目	金額	備考
ＮＯＩ	●	①－②

第3章　不動産

イ．収入欄

i ）記載された収入が、現在の収入なのか、想定収入なのか。

ii ）入居テナントの入居は安定的か、退去予告はないか？　滞納は？

iii）賃貸中の契約の開始時期は？　現在の市場の賃料との乖離は？　賃料減額要請は？

iv）賃貸料（固定か歩合か）・共益費・駐車場・看板料・自販機収入等の内訳。

v ）経営状況に不安のあるテナントはいるか？

ロ．支出欄

i ）公租公課：固定資産税等の金額が有効期限付の軽減特例で軽減されたものでないか。

ii ）建物管理委託費：管理委託先および委託費は妥当か。

iii）維持修繕費：築年と比し不自然な額ではないか。これまでの修繕履歴は？

iv）水道光熱費：建物規模に対して妥当な水準か。エネルギー効率は？

v ）その他支出：近隣配慮等によるイレギュラーな支出を約していないか。

ハ．純収益（収入－支出）

　純収益が高いと投資価値が高いと判断できますが、その判断が妥当であるためには、その純収益が持続可能なものなのか、市場との乖離がある場合に十分納得できる理由があるかを検討する必要があります。また、取得後に収入増加や支出削減ができると考えられる不動産であれば、より有利な投資となり得ますので、購入検討する場合には守秘義務契約を締結するなどして、詳細な情報開示を受け慎重にチェックしたいものです。

(4)　不動産に関連する外部専門家（特徴・選び方など含む）

　外部専門家の適切なサポートなしに、不動産に関する満足のいく提案と、その内容の実行を成し遂げることは難しいでしょう。下記は外部専門家の一

端ですが、プライベートバンカーはその外部専門家ごとの特徴を知り、顧客の状況によって適切な専門家を紹介する（あるいは状況により推薦する）ことが望ましいと言えます。自分が紹介した外部専門家が、顧客が満足する業務を成し遂げた場合には、紹介したプライベートバンカー自身も顧客からの信頼度を高めることができる一方で、その逆もあります。外部専門家も、信頼できる確度の高い顧客を紹介してくれるプライベートバンカーと付き合いたいと思っています。プライベートバンカーは、複数の"できる"外部専門家とのパイプを持ち、その得意分野をよく知っておくとよいでしょう。ただし、特定の外部専門家に肩入れし過ぎていると顧客が感じるような行動は、避けるべきです（図表３－11参照）。

図表３－11　アドバイザーとしてのプライベートバンカー

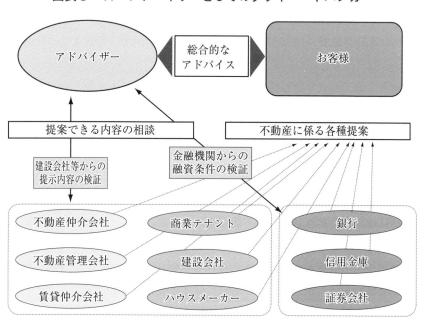

① 購入時（不動産売買仲介業者）

不動産売却物件の情報は、どの業者もアクセス可能なレインズ（REINS）等の不動産売買市場ネットワークに登録中の売却物件のほかに、

登録前のあるいは登録されてない不動産情報があります。したがってどの仲介業者に購入希望条件を依頼するかによって、入手可能な物件情報が異なることがあります。

　また、物件情報にアクセスできていても、購入希望者の熱意が通じないあるいは購入希望者の真意を理解できていない等の理由で、適切なタイミングで情報を照会できない不慣れな仲介担当者もいます。

　したがって、優良不動産を購入したい場合には、どの業者・どの担当者に依頼するかによって、購入する物件の結果が異なることを知っておいた方がよいのです。有能な担当者は一般に忙しく、購入希望者の本気度が伝わらないと真剣に物件を探してくれないと思うべきであり、また経験豊かな担当者でなくても、顧客の真剣さに親身になって付き合ってくれる担当者がその人にとってベストの担当者だと考えましょう。

　ⅰ）不動産業者の得意・不得意分野を知る手掛かり

　……設立履歴・得意先・仲介実績・宅地建物取引業者免許証更新番号・宅地建物取引主任者登録番号・担当者の定着率など

　ⅱ）不動産仲介担当者の得意・不得意分野を知る手掛かり

　……担当者の経験年数・仲介履歴・報酬体系・相場観・紹介物件の確度など

　ⅲ）購入する際の本気度を仲介担当に伝えるための項目

　……希望条件・重視しない点・資金の裏付け・投資経験等を伝える

②　売却時（不動産売買仲介業者）

　不動産を売却する場合に、どの不動産業者へ依頼するのかも判断に迷うことがあります。不動産はモノにより流動性が大きく異なり、売れにくいものと思われると不動産業者も力が入らないことがあります。業者により得意な分野が違いますので、下記を選定の際の参考にしていただきたいものです（ただし記載内容は傾向にすぎません）。

　ⅰ）金融機関系の不動産業者

　　　情報量が多い、購入者の信頼度は高め、融資条件に有利なことがあります。

ⅱ）大手不動産会社系列の不動産業者

　　情報量が多い、購入者の意欲把握が的確です。

ⅲ）地域密着型の不動産業者

　　地域内の地元情報に強い、担当者の経験差が大きいと言えます。

③　賃貸（不動産募集管理業者・賃貸仲介業者）

　空室が気になり始めた不動産を所有している場合、賃貸募集業者の能力と熱意が、稼働率を大きく左右することがあります。空室が気になり始めたら、必要なタイミングで改修を手掛けたり、賃料を変更する際には、賃貸募集業者の適切なアドバイスが必須となります。入居者の誘致は信頼できる賃貸募集業者と二人三脚で行う必要があるのです。適切なアドバイスをしてもらった場合には感謝を表明するなどして、適切なアドバイスをしたくなるオーナーとなるべきで、そのようにプライベートバンカーは顧客に促す必要があります。

④　管理（建物管理委託業者）

　建物の維持保全・点検・清掃・管理人派遣等は賃貸募集会社とは別の建物管理委託業者が請け負います（募集管理業者が兼務することもあります）。入居者・テナントの募集は不動産業者の世界ですが、建物管理は建築業者の世界であり、得意な分野が違います。建物管理委託費の業者による差は小さくなってきていますが、類似の建物と委託費が大きく異なる場合には、委託費の見積り合わせなどを行い、市場並みの負担まで下げられれば、キャッシュフローと資産価値を上げることができます。ただし、管理委託費は安ければいいというものではなく、管理の質が低下すると入居者の不満をためてしまいますし、建物の修繕費がかえって高くつく結果になることもありますので、注意が必要です。

⑤　銀行・ノンバンク

　不動産を購入する際の融資は、その融資条件によって元利金返済後のキャッシュフローが大きく異なることがありますので、制度ローンの種類・

第3章　不動産

各種キャンペーンの有無などを調べて上手に利用したいものです。不動産業者の評判や担当者の融資実績などのヒアリングが有効なこともあります。

　金融機関の業態（メガバンク、信託銀行、地銀、信用金庫、ノンバンク）や企業による違いも大きいのですが、支店長・担当者の能力差が大きいこともあります。

⑥　建設会社

　建物を建設する際や改修する際には、建設会社を選ぶこととなります。自ら建物を建てて賃貸事業を行う場合に、初期投資をいかに効率的に行うかがその後数十年にわたる不動産事業の経営成績を大きく左右するだけに建設会社の選定アドバイスはプライベートバンカーにとっても腕の見せ所です。チラシ等で示される施工単価には、本体工事だけしか記されないこともありますので、施工単価の数値だけで選ばずに、複数社の担当者と会ってその熱意や能力を確認し、具体的な工事見積もりを複数取って（あい見積り）納得した上で発注することが望ましいでしょう。

　建設会社の営業担当者と、建てた後のアフターフォローの担当者は異なることが多く、建設後の期間が長くなることを考えますと、アフターフォロー体制も含めて付き合う企業を選ぶつもりで選定するとよいでしょう。

3　不動産の関連税制

　税制は、毎年のように改正が行われます。本項では、その改正を含めた諸税の税率や要件を覚えることを目的とするのではなく、どのような税があり、どのような点に顧客とプライベートバンカーは留意すべきかを中心に述べていきます。諸税の詳細内容に関しては、既存の下記資料等を参照の上、学習してください。

　「不動産の評価、権利調整と税務(平成30年10月改訂)」鵜野和夫著　清文社

(1)　保有に関わる税金

①　固定資産税

　土地・建物や事業用の償却資産について、毎年1月1日現在の所有者とし

て固定資産税課税台帳に登録している者に課せられる市町村税です。

〈留意点〉

・3年に1度の評価時に見直しがありますが、種々の負担調整措置が取られており、税額の計算過程が複雑になっています。

・区画整理等により道路状況が改善されるなどして、評価額が大幅に引き上げられることもあります。

・住宅用地には評価額を3分の1または6分の1にする軽減特例がありますが、居住の実態がない場合には住宅用家屋があっても軽減措置が外れ、税額が急激に高くなります。

・新築住宅には一定の減額措置があり、減額措置が切れた翌年度から建物の固定資産税が急激に高くなることがあります。

② 都市計画税

固定資産税と合わせて徴収される市町村税。原則として都市計画区域の市街化区域内の土地・建物に課税されます。

〈留意点〉

・固定資産税と同様、住宅用地には軽減特例があり、居住の実態の有無により軽減措置が外されます。

③ 地価税

凍結中です。

④ 特別土地保有税

取得に係る特別土地保有税、保有に係る特別土地保有税、ともに当分の間課税停止中です。

保有に関わる税金については、固定資産税、都市計画税に各種減税措置が適用されているのと同時に、凍結中や課税停止中の保有税もあり、今後の中期的な税制変更には留意を払っておく必要があります。

第3章　不動産

(2)　取得に関わる税金

①　登録免許税

　不動産を取得した場合や建物を新築した場合には、所有権移転登記・保存登記を行いますが、これら不動産の登記には司法書士への報酬のほかに国が課す登録免許税が課せられます。登録免許税の税額は、一般に課税標準に税率を掛けて計算します。

　〈留意点〉

・登録免許税の税率は、所有権の移転となった原因や登記の種類ごとに異なります。実務的には司法書士や税理士に計算してもらいますが、計算方法やどの場合の税率が高いか等は知っておくべきです。

・登録免許税は、固定資産税評価額（固定資産税評価額がある不動産の場合）がそのまま課税標準となります。この点、負担調整措置により課税標準が評価額より安い固定資産税の課税標準とは異なる額となっています。

・建物を建てても、保存登記をしなければ登録免許税は課せられません。このためか、建物保存登記をしていない不動産がまれにあります。

②　不動産取得税

　不動産取得税は、相続を除いた不動産の取得に対し、都道府県が課す地方税です。不動産を取得した人が納税義務者となり、申告義務があります。

　〈留意点〉

・住宅用家屋など軽減措置の適用を受けようとする場合には、これらの適用があるべきことを申告する必要があります。

・地方税特有の形式課税であり、不動産登記を調べ申告すべき者に都道府県が納付書を送ってきます。登記をしない場合に申告義務がないわけではありません。

③　印紙税

　不動産売買契約書や建物建築請負契約書、金銭消費貸借契約書等（文書の種類と契約金額により税額が決定）に収入印紙を貼付して納付します。

④ 消費税

　不動産の売買や建物の取得に当たり、土地を除く建物代金等には消費税が課せられます。

〈留意点〉

・売買する不動産が土地建物の場合、土地の金額に消費税は課せられませんが、売主が課税業者の場合、建物の金額には消費税が掛かります。土地代と建物代の配分で、建物金額の方を大きくすると取得時の消費税額の負担が重くなりますが、取得後の保有期間における減価償却費も大きくできます。土地建物の金額配分は、売主や買主の事情ならびに交渉条件にもよりますが、取得時の消費税や取得後の所得税・法人税と関係してきますので、合理性ある決定方法が求められます。

(3) 収益に関わる税金

① 法人税

　賃貸中の収益や譲渡利益を享受する主体が法人の場合には、法人税が課せられます。法人税は現在では個人の所得税より税率が高めですが、資産管理法人を設立して賃貸収益を法人に享受させることにより、必要経費が認められる範囲が広がり、家族を法人の株主や従業員にして所得を分配できるようになります。

② 所得税

　賃貸中の収益や譲渡所得を享受する主体が個人の場合には所得税が課せられます。累進課税による税率となるため、法人化が望ましい場合もあります。賃貸収益は不動産所得となります。不動産所得の金額の計算上生じた損失のうち土地分の利息によるものは他の所得とは損益通算できません。また譲渡所得は分離課税となります。

〈留意点〉

・個人富裕層が不動産事業を営む際に、法人を設立すべきか否かは奥が深い課題となります。税率や必要経費の計上額だけでなく、不動産事業収益の配分や、相続発生時の評価額など視野を広く持って検討すべきで

第3章　不動産

す。例えば個人が土地を保有し、借地して法人が建物を建てる場合の条件設定方法など、専門家にアドバイスを受けるべき課題の1つとなります。

→（第3章コラム4参照）

❹ 不動産の法令制限

(1)　法令上の規制

　不動産の法令上の規制は多岐にわたり、プライベートバンカーがそのすべての規制内容を網羅的に知っておく必要はありませんが、規制の種類と目的、陥りやすい留意点への理解は必要です。本節では不動産にかかる各種規制のうち、不動産の活用と運用に深い関わりのある規制とそれぞれの留意点を理解しておきましょう。

①　都市計画法

　都市の健全な発展と秩序ある整備を図り、これによって国土の均衡ある発展と公共の福祉の増進に寄与することを目的とした法律です。計画的な都市づくりを進めていくために、土地の利用方法について地域ごとにきめ細かい規制を定めています。

〈留意点〉

・市街化を抑制する市街化調整区域内では、建築や開発行為（土地の造成や分譲地開発など）の許可を得るのが難しいと言えます。

・用途地域が定められている区域では、建築可能な建物用途や規模がきめ細かく制限されています。

②　建築基準法

　一定の秩序による街並みの形成を図るための集団規定と、個々の建築物そのものを規制する単体規定があります。

〈集団規定の主なもの〉

ⅰ）用途規制……用途地域ごとに定められる建物用途の制限です。

ⅱ）建蔽（けんぺい）率……敷地面積に対して建てられる建築面積の上限です。

iii）容積率……敷地面積に対して建築可能な建物延べ床面積の上限です。

iv）接道義務……道路幅員や接道の長さにより決められた建築の制限です。

v）斜線制限、高さ制限……建築物の各部分の高さを制限するものです。

vi）日影規制……周辺の土地に建物より生じる影が落とす時間を制限するものです。

vii）防火規制……防火、準防火地域で定める防火上の建物構造制限です。

viii）特例制度……総合設計、特定街区、地区計画等による各種制限の強化と緩和のことです。

〈単体規定の主なもの〉

i）構造計算……一定規模以上の建物は構造計算による安全性の確認が必要です。

ii）居室の採光通風……居室には一定規模以上の開口部（窓等）設置が必要です。

iii）建築基準法上の道路……公道のほか、２項道路、位置指定道路等があります。

iv）建築確認制度……一定規模の建物の新築、増築、用途変更は工事着手前に建築確認を受け、建築完了後には竣工検査を受ける義務があります。

〈留意点〉

・都市計画法、建築基準法は数十年のうちに何回も改正がなされており、以前から建物が建っているからといって、現在も同規模同用途の建物が建てられるとは限りません。（第３章コラム３参照）

③　消防法

消防法は「国民の生命、身体及び財産を火災から保護するとともに、火災又は地震等の災害に因る被害を軽減し、（中略）社会公共の福祉の増進に資すること」を目的とする法律です。最近では全国の住宅すべてに住宅用火災報知機の設置を義務付けるなど、安全を守るための各種規制が定められています。

〈留意点〉

・建築基準法のような既存不適格の規定がなく、上記火災報知機の設置
は、既存住宅であっても居室に設置することを新たに義務付けており
（スプリンクラーのある住宅などを除く）、法改正には留意が必要です。

・避難通路や避難階段に荷物を置くだけで、消防法の規定に抵触すること
になり、管理を適切にしておかないと違法状態を招きやすいのです。建
物火災で死傷者が出た場合などに責任を問われる事例が増えてきていま
す。

④　区分所有法

分譲マンションや区分所有ビルは、敷地と建物の関係や建物の共用部分の
管理について独自の取決めがなされています。区分所有建物は、構造上独立
して使用でき、売買ができる "専有部分" と区分所有者が共同して使う "共
用部分" からなります。

〈留意点〉

・一般の分譲マンションは、建物の区分所有権に土地の共有持分等の敷地
権が一体化された登記となっていることが多いのですが、区分所有ビル
等では土地は各区分所有者の分有（それぞれが別の筆を所有）としてい
ることもあります。建物の区分所有権を売買する際には、この土地の権
利も合わせて売買することが通常です。

・区分所有建物を取得する場合、管理規約や管理組合の活動状況、管理費
や修繕積立金の状況なども含めた、区分所有建物の管理状況を事前に確
認することが望ましいです。

⑤　借地借家法

借地借家法は、土地や建物の賃貸借について定めた法律で、1992年（平成
4年）施行の大改正がなされ、期限の定めがあり更新がない定期借地権の規
定が盛り込まれました。

イ．普通借地権

……建物保有を目的とした借地期間の更新がある借地権です。従来からあ

る旧法借地権に近いのですが、契約の存続期間など幾つかの規定が旧法借地権とは異なります。

ロ．一般定期借地権

……新法により新しくできた定期借地権の一種で、借地期間の満了時に契約の更新がありません。建物の用途は問わず、存続期間は期間を50年以上とする必要があります。定期借地権付分譲マンションによく利用されます。

ハ．事業用定期借地権

……新法により新しくできた定期借地権の一種で、一般定期借地権と同じく借地期間の満了時に契約の更新がありません。建物の利用目的は居住用は除かれ、存続期間は10年以上50年未満です。契約は公正証書で作成する必要があり、郊外型の店舗などによく利用されます。

二．建物譲渡特約付借地権

……新法により新しくできた定期借地権の一種で、借地権者が建物を取り壊して終了するのではなく、貸地人が建物を買い取ることにより契約が終了します。存続期間は借地権設定後30年以上です。

ホ．定期借家契約

……2000年3月に施行された改正で、建物の賃貸借についても期間満了後に更新の予定がない定期借家契約を結ぶことが可能となりました。定期借家契約でない従来の借家契約は普通借家契約といって区別します。書面による契約とする必要がある等の要件が複数あり、契約の更新がない定めのほか、賃料の増減額をしない等の特約も有効とすることができます。

〈留意点〉

・大改正の施行日（1992年8月1日）以前からある借地には、旧借地法が適用され、"旧法借地権"といいます。

第3章　不動産

・借地借家法の保護規定が適用されない土地の利用権としては、一時使用
の借地（駐車場契約や工事事務所等）や使用貸借（地代の支払いがない
親子間の土地使用等）があります。

⑥　**土壌汚染対策法**

土壌汚染対策法は、工場等の敷地として利用されている間に、鉛やヒ素、
シアン化合物等の特定有害物質が土壌に浸透して、ときに地下水等に溶け出
すなどにより、その土地や周辺で生活する住民に健康被害を及ぼす恐れがあ
ることが判明したことから、2003年に施行された法律です。汚染された土壌
は、掘削除去によるほか、原位置浄化や封じ込め等の対策方法も認められま
すが、調査により汚染が発見されますと、掘削除去での早期解決を図る場合
が多く、処理費用も多額となります。

〈留意点〉

・汚染土壌処理費用はその汚染内容と規模によっては、処理に必要な費用
が資産価値を上回るほど多額になる場合もあり、地下水まで汚染が浸透
している場合には処理に数年の時間がかかることもあります。

・汚染した者が明確で、かつ費用請求が可能な場合は、処理費用を請求す
ることができますが、土壌汚染対策法の調査義務は、第一義的には所有
者となりますので、費用請求ができない場合には所有者が処理費用や資
産価値低下リスクを負担しなければならないこととなってしまいます。

⑦　**宅地建物取引業法**

不動産の取引を行う業者の適正な業務運営と宅地建物の取引の公正さの確
保等を目的とした法律です。宅地建物取引業者は、法律に則った免許の取得
が必要です。不動産を第三者と取引する際には、宅地建物取引業者を介する
のが通常であり、業者が媒介を受託する媒介契約は3種類あることは先に述
べました（第3章**2**(2)②参照）。取引の態様は媒介のほかに代理と自己売買
があり、それぞれ報酬額は国土交通省の告示により上限が定められていま
す。

245

イ．媒介

……不動産の売買・交換・貸借について相手先を紹介し、媒介する。売買・交換の場合の報酬上限は、取引金額の3％＋6万円（＋消費税）。賃貸借の場合の報酬上限は、1カ月分の賃料（＋消費税）（権利金の授受がある場合、権利金額の3％＋6万円以内でもよい）。

ロ．代理

……不動産の売買・交換・貸借について当事者を代理する。売買・交換の場合の報酬上限は、媒介の2倍までとなる。賃貸借の場合の報酬上限は、媒介と同じ。

ハ．自己売買

……不動産の売買・交換・貸借を自ら当事者として行う。報酬を契約相手に別途請求することはない（自ら貸主となる場合等に、仲介者を別途指定していることがある）。

〈留意点〉

・宅地建物取引業者は、事務所の見やすい場所に免許事項を掲示する義務があります。この免許は、5年に1度（1996年までは3年に1回）免許の更新を行う義務があり、更新の回数を示す宅建業免許更新番号は免許番号の前に（　）書で示されます。免許番号が例えば「東京都知事(10)×××」なら、10回は免許を更新した業歴が長い不動産業者だということが分かります。

⑧　金融商品取引法

　金融商品取引法は金融商品全般を対象とする法律で、投資用の不動産そのもの（現物不動産）は対象となりませんが、不動産投資ファンド等に利用される不動産信託受益権（不動産を主たる対象資産とする信託財産の受益権）と匿名組合出資持分は、みなし有価証券として金融商品取引法の対象となります。

第3章　不動産

〈留意点〉

・投資用の不動産をファンドやSPC（特別目的会社）等が保有する際には、不動産を信託した不動産信託受益権として保有している場合が増えてきています。投資用不動産を購入する際に、売主が信託受益権として保有していた場合、取引する財産は不動産そのものではなく信託財産（指名債権）となり、宅地建物取引業法の適用はなく、金融商品取引法の適用を受けます。信託財産を取得した後に信託契約を解除すれば、現物不動産を保有することができますが、登録免許税等の不動産流通税が売買による取得とは異なる税率となるので留意が必要です。

⑨　民法（相隣関係）

　不動産の利用や取引には、隣地等との関係（相隣関係）が課題となる場面があります。境界線の明示と確認、塀や垣の設置、工事の際の立入り、竹木の伐採、建物等の越境、排水処理、隣地境界からの建物位置の制限など、隣地等との課題は多く、近隣との良好な関係が維持できていないと思わぬリスクを生じることがあります。

　また、隣地と一体利用することにより、土地のポテンシャルが向上するケースも少なくなく、隣地をタイミング良く取得することができれば自らの土地の資産価値を大いに高められる場合もありえますので、隣地所有者の売却、取得意向には敏感であっておくべきでしょう（**図表３－12参照**）。

　他方、ケースによっては一体となって面積が増えることで規制が厳しくなり、建物が建ちにくくなることもありますので、設計事務所など専門家への相談が望ましいといえます。

⑩　各種条例、行政指導

　不動産に関連して、条例や指導要綱等の自治体による独自規制が定められていることは少なくありません。東京都安全条例等の建物の建築や開発を規制する条例、調布市まちづくり条例等の不動産取引時に契約の事前届出を義務付ける条例、豊島区ワンルーム条例等の一定の建物建築に負担金を課す条例もあり、地元自治体の特色ある条例や規制には詳しくなっておくべきで

247

図表３−12　隣地との関係で資産価値が上昇する例

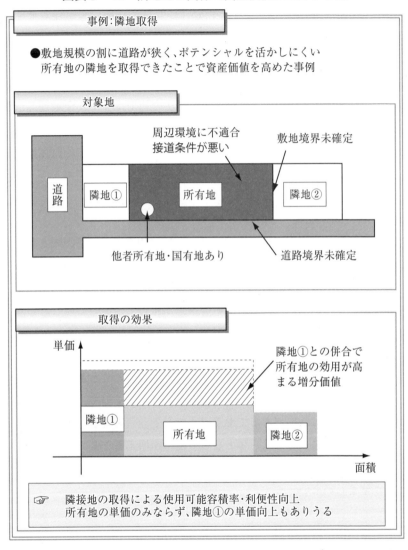

しょう。

(2) 不動産の遵法性について

　不動産に関連する法律・規制は多岐にわたり、しかもたびたび改正があり

第3章　不動産

ます。所有する不動産を適法な状態に保つ必要があるのはもちろんですし、遵法性に瑕疵（かし）があるとコンプライアンス意識の強い金融機関からの融資を受けることも難しくなります。所有する建物の1階ガレージを届出なしに店舗に改装する等の違反も、従前には頻繁に行われていましたが、故意の違反は建物の資産価値をかえって損なうこともあり、厳に慎むべきです。しかし、例えば建物の避難経路となっているベランダに鉢植えを置いただけで消防法に抵触することもある等、建物利用が始まると遵法性の完璧な維持は困難で、入居者の理解を得ることは容易ではありません。「重大な違反がないか」、「遵法性の回復に時間と費用がかからないか」といった観点からの判断を迫られることもあるでしょう。

〈留意点〉

・書類の管理

　　既存不適格建築物は原則として、確認申請を伴う次回の増改築を行う際に合わせて、その時点での建築基準に適合させればよいとされています。しかし、前回の建築時に法に適合していたかどうかの確認をするためには、建築確認検査済証や建物竣工図等の必要書類が手元にないと、増改築前の現在の建物が以前は適法な状態だった（＝既存不適格）のか否か（＝違法建築物）の確証がないことになってしまいます（第3章コラム3参照）。

　　したがって、建築関連必要書類の保管と売買の際の書類の引継ぎが非常に重要だということになります。必要書類がないと、確認申請を伴う増改築を行いたくても、建築当時の関連法規に適合していたことを別途申請者側で証明しない限りは、改築の申請すらできなくなってしまうのです。

　　中古建物を売却する際に建物に関する必要書類が残っていなかったために建物評価を減額されてしまうこともあり、留意が必要です。

249

Column3

既存不適格建築物と違法建築物

　建築基準法とその関連法規は、震災や事故等で規制内容に課題が見つかるたび、それを契機に改正が施されてきました。いったん各種法規に適合して建てた建物も、法改正により新しい基準には適合しないこととなってしまいます。基準が変わるたびに改修や建替えを義務付けることは困難であるため、これら「建築時には法に適合していましたが、法改正等の理由で現在の基準に適合しなくなった」建物を「既存不適格建築物」といいます。

　例えば、1978年（昭和53年）の宮城県沖地震を契機に、1981年（昭和56年）に建物の構造耐力基準を強化した建築基準法改正法が施行され、改正前の基準で建っていた建物は、"旧耐震基準"の建物として"現行の耐震基準に合致しない"建物となってしまいました。耐震基準に関する「既存不適格建築物」です。

　旧耐震基準による建物は、現行基準と同等の耐震性能がない場合が多い（運よく耐震性能がある旧耐震基準建物もある）のです。1995年（平成7年）の阪神淡路大震災では、旧耐震基準の建物被害が現行基準の建物より倒壊被害率が格段に高かったことから、現在は旧耐震建築物は適切に耐震診断を行い、現行の耐震基準と同等の耐震性能を備えるよう耐震化工事をするよう促されており、入居者の関心も高まっています。

　一方、違法建築物はこれと異なり、建てたときから法に合致していない、あるいは、建てた後に管理中に法に適合しない行為をしてしまった建物をいいます。

　例えば、1階の事務所を店舗に入れ替える際に、100㎡以上の用途変更は確認申請が必要なのに、無届無許可で用途変更していれば、違法建築物ですし、100㎡の敷地に容積限度いっぱいの延べ床200㎡の建物を建てている場合に、敷地の一部10㎡を故意に売却してしまったら

第3章　不動産

「建築物の所有者、管理者又は占有者は、その建築物の敷地、構造および
建築設備を常時適法な状態に維持するよう努めなければならない」維持
管理義務違反（道路収用等によるやむを得ない敷地の一部売却は既存不
適格）となります。

5　不動産の相続・贈与

　不動産はその流動性が低いこと等から、相続税計算上の評価額が取得金額
（あるいは売却可能金額）よりも低くなることが多くあります。小規模宅地
等の特例や貸家建付地の評価減が使える場合には、さらに評価額を低くする
ことができます。

(1)　相続財産の評価

　相続財産の評価は「財産評価基本通達」に評価方法が定められています。

①　更地

　土地等のうち、宅地と借地権は路線価方式または倍率方式によって評価し
ます。路線価方式は一般に市街化区域内にある宅地に適用され、その宅地が
接する前面道路の路線価を基に評価する方式です。倍率方式は、路線価が定
められていない市街化が進んでいない地域等で、その土地等の固定資産税評
価額を基に国税局長が定める一定の倍率を掛けて評価する方式です。

　路線価方式による評価は、前面道路の路線価（正面路線価）に奥行価格補
正を行い、接面道路の状況により側方加算等の加算を行い、さらに間口狭
小・奥行長大・不整形地等の補正を行って求めた㎡当たり単価に地積を掛け
て求めます。更地等の自用地は、この計算結果がそのまま評価額となりま
す。

　路線価は、公示価格（実勢価格に最も近いと考えられる基準となる公定価
格）の80％となるよう定められているため、宅地の相続税評価は自用地や更
地の場合でも時価よりも低くなるのが一般的ですが、不動産の流動性が劣る

251

地方や郊外では路線価による評価額を取引価格が下回るケースも珍しくなく、路線価方式による評価が有利とは現在必ずしも言えません。

② 借地

借地の評価は、その借地の態様によって計算方法が異なります。

イ．普通借地の場合

自用地の評価×借地権割合（同一地域ごとに国税局長が定める割合）

ロ．相当の地代の支払いがある場合と土地の無償返還の届出が提出されている場合

権利金を払っていない場合、または特別の経済的利益を供与していない場合は評価はゼロとなります。

ハ．定期借地権の場合

原則として、課税時期において借地権者に帰属する経済的利益とその存続期間を基に評価した価格によります。ただし課税上の弊害がない場合、下記の計算によることができます。

自用地の評価× A ÷ B × C ÷ D

A：定期借地権設定時に借地権者に帰属する経済的利益の総額

B：定期借地権設定時の通常の取引価格（または路線価÷0.8）

C：課税時における残存期間に応じた基準年利率の複利年金現価率

D：設定期間年数に応じた基準年利率の複利年金現価率

〈留意点〉

借地人と貸地人が親子の場合や、資産管理会社と同族関係者の場合など、借地関係の構成や届出書類に慎重を期しておかないと、評価が思うように下がらない場合や、思わぬ認定課税を受けることもあります。借地の態様の構成や実際の手続きの前に、税理士等専門家のアドバイスを求めることが望ましいでしょう。

252

第3章　不動産

③　底地

他人の借地権が設定されている土地（底地）の評価は、原則的には

（自用地の評価）－（設定されている借地権の評価）

で求めることができます。

特例として、上記②ロ．相当の地代の支払いがある場合と土地の無償返還
の届出が提出されている場合の底地は

（自用地の評価×80％相当額）

となります。

上記②ハ．定期借地権の場合の底地も、原則は

（自用地の評価）－（定期借地権等の価額）

ですが、定期借地権等の価額が下記の評価を下回る場合には、自用地の評価
から下記の評価を控除した金額によって評価します。

・残存期間が5年以下のもの……………………5/100×自用地評価

・残存期間が5年超10年以下のもの……………10/100×自用地評価

・残存期間が10年超15年以下のもの…………15/100×自用地評価

・残存期間が15年超のもの………………………20/100×自用地評価

④　建物

建物の評価は、固定資産税課税台帳に登録された価格（固定資産税評価
額）が基本となります。

⑤　貸家

他人に借家権が生じている貸家の評価は、

建物の固定資産税評価額×（1－借家権割合×賃貸割合）

借家権割合については、財産評価基準書の評価倍率表に記載があります
が、おおむね30％です。

⑥　貸家建付地

自用地の評価額×（1－借地権割合×借家権割合×賃貸割合）

253

⑦　小規模宅地等の特例

　事業の用または居住の用に供されている宅地は、一定の要件の下で一定の面積まで相続税評価を減額する特例があり、これを"小規模宅地等の特例"といいます。

　被相続人等の事業の用または居住の用等に使われていた宅地が相続または遺贈の対象となった場合、一定の要件の下で一定の面積までを限度として、相続税の課税価格に算入すべき価額を減額するものです。被相続人の自宅や事業をその配偶者や子供たちが円滑に承継できるよう配慮して設けられ、大別すると居住用の住宅の承継に関する「特定居住用宅地等」と、事業の承継に関わる「特定事業用宅地等」と「特定同族会社事業用宅地等」に加え、不動産の貸付を行っている宅地に係る「貸付事業用宅地等」の４種類があります。

　要件により減額割合が50％あるいは80％と大きく、面積限度も200㎡、330㎡、400㎡と３種類あり、どの特例を使うかは選択あるいは一部で併用もできますので、最も有利と考えられる減額特例を採用すればよいでしょう。ただ効果が大きい一方で改正による見直しも多く、小規模宅地等の特例だけに偏った相続税対策は税制変更リスクが大きいとも言えます。

(2)　不動産の相続・贈与

　不動産は相続財産としての評価を低くできる特徴があるだけに、遺産承継を含む相続対策において、その重要な位置を占めることが多いと言えます。一方で、不動産は個別性が強く流動性リスクも大きな財産である上、小規模宅地等の特例等に見られるように評価方法も変わることがあり、時価変動も大きいものとなります。したがって相続対策はいったん策定しても、必要に応じて見直していかなければならないのです。

　また、財産そのものとしての分割には不向きで、財産の入替えも労力とコストがかさみます。また相続人が相続後に受け継いだ財産を自分の望む不動産に入れ替えることも困難を伴います。したがって、あらかじめ相続者を念頭に置いた資産配分を考えておくべき資産でもあるのです。

第3章　不動産

Column4

法人を活用した所得分配効果

　個人が所有する不動産の収益は、当該個人の不動産所得となりますが、法人が所有または管理する不動産の収益は、その法人の収益となるだけでなく当該法人に従事する役職員の所得とすることができます。また、個人所得税の最高税率が高くなる一方で、法人税率は引下げの必要性が高まっており、また法人はその事業のための必要経費も計上できますし、所得税の場合のように損益通算の適否を心配する必要もありません。

　個人が所有する不動産の収入の一部または全部をその個人等が設立した法人の収入とするには、

　①　土地建物を個人から法人に現物出資または譲渡する

　②　個人所有の土地上に法人所有の建物を乗せる

　（借地権設定の態様に留意が必要）

　③　個人所有の土地建物の管理やサブリースを法人に委託する

等の方策があり、それぞれ課税の要件や法人化時の譲渡所得税の課税の有無、所得の分配効果などが異なるため、複数の手法を比較検討の上、最も有利な方策を取るべきでしょう。

6 海外不動産

　海外不動産投資の魅力としては、①不動産を所有する国、地域の経済成長を享受できる可能性が高いこと、②日本の不動産と異なるリスク・リターン特性があり、資産の一部を振り向けることでリスク分散が図れることが、挙げられます。

　一方、海外不動産投資の課題としては、①為替リスクがある、②カントリーリスクがある、③物件情報も市場に関する情報も少ない、④遠隔地の不動産管理となるほか税務申告も煩雑で、管理が簡単ではない、などがあります。

255

このように、海外不動産投資には、日本国内の不動産投資・保有と同様の
リスクがあることに加え、契約を含む制度体系が異なっているため、日本で
考える常識が通用しないことも少なくないのです。

例えば、外国居住者が不動産を所有することが禁止されている国や地域も
ありますし、英米法体系の国では日本のような対抗力のある不動産登記制度
がない国や州もあります。投資先の国の制度や事情に明るい専門家のアドバ
イスなしに投資することはまず考えられないでしょう。

しかし、富裕層の海外不動産に関する関心は確実に高まっています。それ
は、子弟、家族や親類が海外に居住することが増えていて、情報の少なさや
管理面ならびに為替リスク等の懸念を軽減できるケースが増えてきているこ
とに加え、日本の不動産にない成長性やリスク分散等の魅力を海外不動産投
資によって享受できると考えているからでしょう。

(1) 海外不動産の購入

① どこの国で買うか

世界の投資市場の単一化は進んでおり、投資先が先進国であれば海外に不
動産を持つ投資分散効果は期待するほど大きくないかもしれません。また先
進国であっても、上記のように制度体系も市場特性も日本とは異なるため、
適切なアドバイスが受けられる国や州での投資を行うのが基本となります。

また、アメリカ合衆国のように相続発生時に煩雑な検認裁判（プロベー
ト）手続が必要な国もありますので、どこに財産を保有するかは、相続手続
も踏まえて検討する必要があります。

② どんな不動産を買うか

日本で情報が入手しやすい不動産は、アメリカをはじめとする先進国の賃
貸戸建て住宅のほか、コンドミニアム、リゾートホテル等があります。小口
化された不動産投資商品や海外REITなどの証券化投資商品も選択肢となり
ます。

③ どうやって投資する物件を選ぶか

投資する国と投資する対象セグメントを決めたら、予算に合う対象物件を選定することとなりますが、不動産の個別性が強いことは世界共通であり、現地を訪問し複数物件を実際に確認するなどして、自分の目で選定したいものです。現地の適切なアドバイザーに依頼すれば、短期間の滞在でも効率よく複数の不動産を内覧することが可能となり、適切なアドバイスも得られるでしょう。

④ 資金はどうするか

投資資金を全額、日本から送金すれば投資分散効果をフルに享受できますが、為替リスクも最大となります。当該国で借入れを行えば、その分為替リ

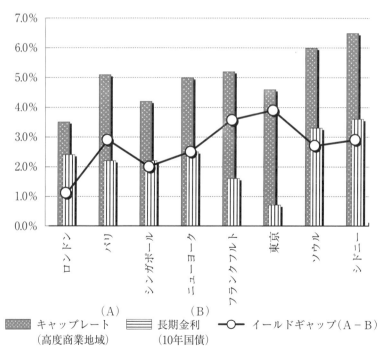

図表3－13 主要都市のイールドギャップ（2013年）

（出所）キャップレート：日本不動産鑑定士協会連合会「世界地価等調査結果」より

スクを軽減することができます。投資先の不動産市場によっては、不動産の利回りと調達する資金の利回り差（イールドギャップ）がかなり大きい場合もあります（**図表３−13**参照）。

⑤　管理はどうするか

　不動産は管理が重要であり、実際に投資する物件を選ぶ際には管理をどのような状況で任せられるのかも含めて検討すべきです。信頼できるエージェントか、コストが納得できる水準かだけでなく、現地での管理能力や実績はもちろんのこと、入居者の募集方法や建物管理書類の整理状況に加え、緊急時の対応能力、月次レポート等の報告能力、日本語での対応能力、業歴、信用力など広範にチェックしたいものです。

(2)　海外不動産の譲渡

①　いつ譲渡するか

　譲渡と換金のタイミングをいつにするかは、純投資として考える場合に特に重要な要素となります。適切なタイミングで換金できるように、投資先の地価動向に加え経済状況や政治状況に関するアンテナを張っておきたいものです。

　為替状況も検討材料ですが、不動産の譲渡と現地通貨からの円への転換（円転）は別々のタイミングで行うこともできます。

②　どうやって譲渡するか

　不動産を取得した際のエージェントが信頼できれば、同じエージェントに依頼することも合理的な選択肢となります。エージェントに頼らない相対での譲渡は、制度や市場に関する情報が少ないだけに慎重にすべきでしょう。

③　譲渡で手に入れた資金をどうするか

　当該不動産に関わる借入れがある場合はこれを返済し、残る譲渡代金は、

　　１）すぐに円転する

　　２）当該国通貨のままにして別の投資対象先に振り向ける

第3章　不動産

3）当該国通貨のまま使用する、あるいは円転するタイミングを待つ
の3通りの態様が考えられます。実際に譲渡の決定をする前に「その資金を
どうするか」を考えておき、為替状況によって上記3種を適切に組み合わせ
ていくとよいでしょう。

(3)　海外不動産の税務

基本的には、国内の不動産の申告と変わりません。ただ、所有する国と日
本と双方で税務申告が必要となるため、手間は煩雑となります。

毎年の収益は不動産所得となり、収益の外貨を円転した際には為替差損益
が発生し、その為替差損益は雑所得となります。譲渡した際の利益は為替差
損益を含めて譲渡所得となります。居住用や事業用の買換特例等の租税特別
措置は、基本的に国内の不動産を対象とするものなので適用できません。

所有する国の税法に従い税務申告して、支払った税額は日本の確定申告に
おいて税額控除できます。また、5,000万円以上の財産（預金・株式・不動
産等の合計）を海外に保有するものは、国外財産調書を当局に提出しなけれ
ばなりません。

なお、相続の際は、海外に保有する不動産についても、他の資産と合算し
て相続財産となります。

(4)　海外不動産の管理

海外に保有する不動産の管理は、国内の遠隔地に保有する不動産の管理以
上に、自ら管理することは難しく、信頼できるエージェントの存在が必要不
可欠です。管理エージェントは上記第3章6(1)⑤に記載の観点で選定すると
よいでしょう。

(5)　海外不動産と信託契約

米国など信託法制が広く浸透している国では、海外不動産の保有と管理に
信託を活用した投資商品が一般的な場合もあります。外国信託の活用につい
ては、第5章1⑿②を参照してください。信託は形式的な所有者に管理と運
用を任せ、実質的な所有者（受益者）の財産権を守る便利な仕組みですが、

259

受益者の権利・保護や手続き、税務等がそれぞれの当該国ごとに異なること
が少なくないため、投資先の事情に詳しい専門家のアドバイスが必須となっ
てきます。

7 不動産を取り巻く経済環境

(1) 不動産の証券化

　不動産を金融商品化する仕組みの導入によって、不動産そのものに投資し
なくても、不動産投資の特性も備えた金融商品を購入できるようになってい
ます。

① J-REIT

　J-REIT（不動産投資信託）は「投資信託及び投資法人に関する法律」の
整備等によって実現可能となった、不動産を主たる投資対象とする合同運用
スキームです。現在は東京証券取引所等に50を超える銘柄が上場され、一般
的な不動産金融商品となっています。一般的なJ-REITはクローズドエンド
型の投資法人制度によるもので、不動産を所有する投資法人が銀行等からの
借入れを行っており、公募されている投資口はレバレッジを効かせた後のエ
クイティ投資としての性格を持っています。不動産投資法人は一般的な不動
産会社と異なり、法人税負担がないような仕組みと運営がなされており、税
引前の収益を配当することができます。この点で、不動産投資信託の方が上
場企業よりも有利な条件での資金調達が可能と言えます。

　現物不動産を個人で所有するより手間がかからず、小額でも分散の利いた
投資結果を期待できる一方で、プロに投資判断と運営を任せる分のコストは
掛かり、レバレッジ後の価格変動リスクを負担している割に配当はそれほど
高いものにはなりません。

② 海外REIT

　REITは日本より先に、米国、オーストラリア等で発展した不動産金融商
品であり、この2カ国のほかにもフランス、イギリス、カナダ、シンガポー
ル、香港などに上場市場があります。それぞれ必ずしも上場している国の不

動産を保有するわけではありませんが、中心は当該国の不動産であることが多く、投資する場合はレバレッジ後の不動産リスクのほか、為替リスク、カントリーリスクも負担することとなります。

③　これらを合わせた投資信託

複数のJ-REITあるいは海外REITを投資対象とする投資信託も人気があります。

④　不動産特定共同事業

不動産会社等が不動産特定共同事業者（許可制）となって、出資等を行う投資家と共同で不動産事業を行うスキームで、1口数百万円程度から投資できる場合が多く見受けられます。不動産特定共同事業者と投資家等との間で出資契約を締結し、不動産から得られる収入から予定された配当を受けます。

不動産を対象とした投資商品ですが、劣後投資部分は不動産特定共同事業者（不動産会社）の負担としていることが多く、投資家の持ち分が優先部分であるため、一般にリスク・リターンの特性は不動産そのものより低めとなります。

⑤　不動産信託受益権

不動産を主たる対象資産とする信託財産の財産権（債権）で、信託銀行が不動産投資法人、不動産保有目的のSPC（特別目的会社）やファンドから不動産を預かっている場合などに広く利用されています。不動産をファンド等から取得する際に当該資産が不動産信託受益権化されていると、この受益権を取得し、信託契約を解除して信託の対象財産（不動産等）の交付を受けることとなります。不動産の購入ではなく、不動産を主たる対象とする債権の購入となるため、宅地建物取引法の適用を受けないこと、不動産を直接取得する場合の印紙税、登録免許税、不動産取得税とは取扱いが異なることなどに留意が必要です。

261

図表３－14　都市別の総人口・生産年齢人口推計値

	総人口（千人）			生産年齢人口（千人）		
	2005	2035	指数表示	2005	2035	指数表示
全国	127,768	110,679	86.6	84,455	62,866	74.4
東京23区	8,490	8,454	99.6	5,979	5,106	85.4
横浜市	3,580	3,598	100.5	2,484	2,127	85.6
大阪市	2,629	2,252	85.7	1,773	1,334	75.2
名古屋市	2,215	2,053	92.7	1,506	1,233	81.8
札幌市	1,881	1,756	93.4	1,320	1,017	77.0
神戸市	1,525	1,373	90.0	1,019	777	76.2
京都市	1,475	1,294	87.7	1,000	779	77.9
福岡市	1,401	1,450	103.5	995	900	90.5
川崎市	1,327	1,372	103.4	958	864	90.2
広島市	1,154	1,042	90.2	787	602	76.5
仙台市	1,025	944	92.1	722	563	78.0
北九州市	994	765	77.0	640	427	66.7
千葉市	924	918	99.3	643	528	82.1
那覇市	312	309	99.0	208	207	99.5

＊指数表示は2005年を100とした場合　＊生産年齢：15－64歳

（出所）総務省統計局、国立社会保障人口問題研究所

(2)　内外経済と不動産市況

　　不動産の市況は、内外の経済動向の影響を受け変動します。

　　不動産の価値は、その資産を持つことによる将来期待キャッシュフローの現在価値にほかなりません。当然不動産が存する国や地域の経済が成長して、不動産を持つ主体が得る賃料や事業収益が増えると市場が考えれば、不動産の価値を高く評価することができます。したがって、長期的には不動産の価値成長はその国や地域・都市の経済成長に連動すると考えられます。総人口や生産年齢人口は、住宅需要を生み出すだけでなく、都市の経済活力の基となります（**図表３－14参照**）。

　　しかし短期的には、不動産の価格は売買市場の需給で決定します。買い手が増えれば価格が上昇し、売り手が多ければ下落します。グローバル化している金融不動産市場において、日本に流れ込む海外の投資資金量や、国内の

第3章　不動産

図表3-15　東証リート指数と東証株価指数（TOPIX）の推移

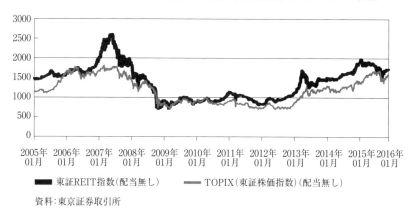

資料：東京証券取引所

図表3-16　不動産取引額と件数の推移

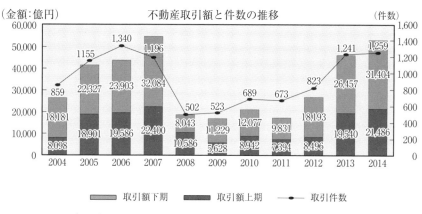

（出所）都市未来総合研究所「不動産売買実態調査」より

　他の金融資産（株や債券など）との選択で、日本の不動産投資市場における需給は大きな影響を受け、2007年（平成19年）のファンドバブル（国内外の不動産投資ファンドが不良債権処理・リストラ等で安く売られたビルを買収し付近の土地の価格を押し上げたこと）やその後のリーマン・ショックにおいても、日本の不動産市場は日本のファンダメンタルズ以上に世界経済の影響を強く受けました（**図表3-15、3-16参照**）。

　不動産価格は売買市場を通じて、長期的には経済成長、短期的には売買需

263

給の影響を強く受け、賃貸市場はその中間的な影響があります。売買市場と賃貸市場は必ずしも同時に上下しません。賃貸需給は借りたい人の実需面積とビルやマンション等の賃貸用不動産の供給面積で決定され、売買市場は、市場に出る売却物件の量と不動産投資市場に流れ込むマネーの量で決定されます。

　賃貸市場が引き締まって賃料が上がれば（上がるとの期待があれば）売買価格は上昇し、逆に賃料が下がれば（下がる予想が大勢であれば）売買価格も低下します。賃貸市場と売買市場の間の連関性はありますが、賃貸市場の期待利回りは変動しますので、まったく相関が一致するわけではないのです（**図表３−17**参照）。

図表３−17　不動産市場とファンダメンタルズの関係

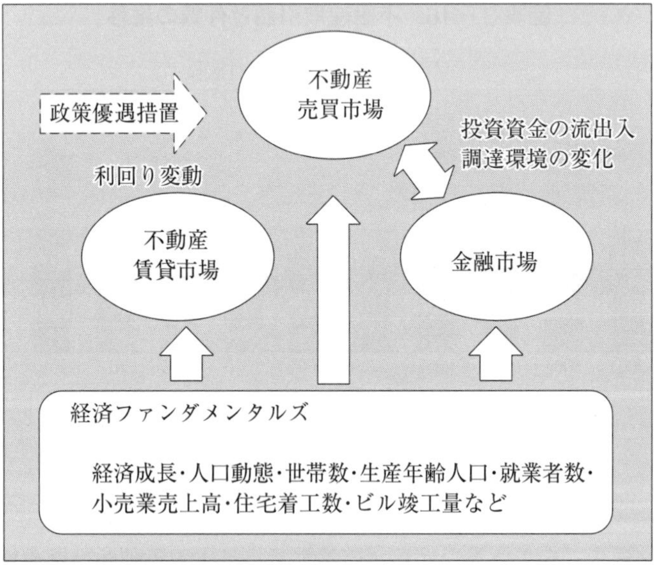

第3章 不動産

【本章のまとめ】

・不動産は、利用・純投資・相続財産としての3つの側面があり、それぞれの側面から投資効果を判断すべきです。投資金額が大きく、投資費用も掛かるため慎重な投資判断が求められます。

・特に実物不動産は日常的に取引する資産ではなく、適切な情報入手と外部専門家のアドバイスが必要です。総体としてはミドルリスク・ミドルリターンの投資特性を持ちますが、個々の不動産ごとの特性はばらつきが大きく、特に流動性リスクが重要な課題となる資産です。

・外部専門家を活用する際には、その専門家ごとの得意分野と不得意分野を知り、適切に使い分ける必要がありますが、有能な外部専門家に本気になってもらうためのスキルが必要となります。

・不動産の税制は、保有・取得・収益それぞれに固有の税金があり、租税特別措置等の政策優遇税制は毎年のように変更されます。プライベートバンカーはこれらの税制に習熟するとともに、税制変更リスクについても意識したアドバイスが求められます。

・不動産の法令制限は多岐にわたり、すべてを網羅して理解しておく必要はありませんが、法令制限ごとの留意点を押さえ、遵法性に照らした不動産管理を実現することが資産価値維持のためには欠かせません。

・不動産は、相続財産としては有利な側面がありますので、その特徴と課題を理解し、ニーズに応じた最適な対策を講じるべくアドバイスしたいものです。

・海外不動産への富裕層の関心は高いですが、国内不動産以上にリスクのある投資分野であり、適切な情報入手と管理には外部専門家の協力が必要です。海外不動産投資で得た外貨をどのように運用するのかも視野に入れておきたいものです。

《参考文献》

・「不動産の評価　権利調整と税務（平成30年10月改訂）」鵜野和夫著　清文社
・「不動産証券化ハンドブック2018」一般社団法人不動産証券化協会

索 引

■3■
3つのCの役割 ································ 12

■4■
4つの心のハードル ····················· 77

■J■
J-REIT ···································· 260

■N■
net investible asset ···················· 4

■P■
peer's review ·························· 30

■S■
SWOT ·································· 32

■い■
遺産分割対策 ··························· 195

一族会議 ······························· 172

一族史 ································· 170

一般定期借地権 ······················· 244

医療保険制度 ··························· 128

■う■
ウェルスマネジメント ················· 112

運用対象期間 ·························· 149

■え■
エージェンシー問題 ··················· 23

■お■
オールドマネー ·························· 3

■か■
鑑定評価額 ···························· 217

■き■
キャッシュフロー表 ··················· 132

キャリアアンカー ······················ 52

キャリア戦略 ··························· 47

強制貯蓄機能 ····························· 7

■け■
ゲートキーパー（購買代理）········· 90

結晶性知能 ····························· 52

■こ■
コアアセット ·························· 178

コアサテライト戦略 ··················· 178

公正証書遺言 ·························· 200

個人のバランスシート ················· 130

個人版ALM ··························· 134

■さ■
財的資本 ······························· 165

サテライトアセット ··················· 178

■し■
事業承継策 ···························· 183

自社株の相続税納税猶予制度 ····· 185

自然災害リスク ······················· 226

自筆証書遺言 ·························· 200

受動的資産 ····························· 22

シングル・ファミリーオフィス

·································· 26

人的資本 ······························· 165

人的リスク ···························· 135

信頼されるアドバイザー ·············· 63

■す■
スリーサークルモデル……………16

■せ■
成長重視型（多世代資産保全)…177
生命保険………………………138
節税対策………………………196

■そ■
相続財産の評価………………194
相続時精算課税………………197
相続対策の基本………………195
損害保険………………………138

■た■
第三分野保険…………………139
宅地建物取引業法……………245
建物のリスク…………………228
タワーマンション節税………216
短期人事ローテーション………68

■ち■
知的資本………………………165

■と■
投資政策書……………………142
同族内事業承継………………183
取引事例比較法………………217

■に■
ニューマネー……………………3
人間力……………………………70

■ね■
年金制度………………………129

■の■
納税資金対策…………………195

能動的資産………………………22

■は■
売買手続き……………………218
ハザードマップ………………226

■ひ■
非金銭的報酬……………………10
非金融系コンテンツ…………101
必要資金分析…………………147
非同族事業承継（M&A)………184
秘密証書遺言…………………201

■ふ■
ファミリーオフィス……………26
ファミリーガバナンス………154
ファミリーミッション・ステートメ
　ント……………………………114
不動産収支表…………………232
不動産取得税…………………239
不動産信託受益権……………261
不動産特定共同事業…………261
不動産売買仲介業者…………234
不動産ポートフォリオ………230
分配重視型（一世代資産保全)…173

■ま■
マルチクライアント・ファミリーオ
　フィス…………………………27

■み■
ミニマムチャージ………………58

■も■
目標運用利回り………………147

■ゆ■

遺言信託………………………202

■ら■

ライフイベント表………………132

ライフスタイル・コスト…………7

ライフステージ…………………90

■り■

リスク許容度……………………151

リタイアメントプランニング……127

■れ■

暦年贈与…………………………197

■ろ■

路線価評価………………………217

プライベートバンキング（上巻）

◆刊行によせて：日本証券アナリスト協会

◆はじめに

　執筆者：米田　　隆（よねだ　たかし）

　履歴

　　1981年　早稲田大学法学部卒業

　　同年　　株式会社日本興業銀行入行

　　　　　　企業審査部、PB推進部に勤務

　　1985年　米フレッチャー法律外交大学院修士（国際金融法務専攻）

　　1999年　エル・ピー・エル日本証券株式会社　代表取締役社長

　　2008年　同社取締役会長

　　2009年　AforL　代表取締役

　現職：株式会社グローバル・リンク・アソシエイツ　代表取締役

　執筆者：日本証券アナリスト協会　PB教育担当

◆第1章　RM（リレーションシップ・マネジメント）

　執筆者：米田　　隆（よねだ　たかし）

　履歴

　　1981年　早稲田大学法学部卒業

　　同年　　株式会社日本興業銀行入行

　　　　　　企業審査部、PB推進部に勤務

　　1985年　米フレッチャー法律外交大学院修士（国際金融法務専攻）

　　1999年　エル・ピー・エル日本証券株式会社　代表取締役社長

　　2008年　同社取締役会長

　　2009年　AforL　代表取締役

　現職：株式会社グローバル・リンク・アソシエイツ　代表取締役

◆第2章　WM（ウェルスマネジメント）

執筆者：北山　雅一（きたやま　まさいち）

履歴

1979年　慶應義塾大学商学部卒業

同年　　大手監査法人にて銀行、証券会社、証券投資信託委託会社の監査に従事

1990年　株式会社キャピタル・アセット・プランニングを設立　代表取締役に就任　現在に至る

現職：株式会社キャピタル・アセット・プランニング　代表取締役
　　　日本証券アナリスト協会検定会員、公認会計士、税理士

◆第3章　不動産

執筆者：太田　貴之（おおた　たかゆき）

履歴

1990年　東京大学工学系大学院修了

同年　　安田信託銀行株式会社（現みずほ信託銀行株式会社）入行
　　　　投資分析・開発・流動化・売買・最適化等の助言を行う不動産コンサルタント業務を担当、現在に至る

現職：みずほ信託銀行株式会社
　　　不動産コンサルティング部　次長
　　　日本証券アナリスト協会検定会員、一級建築士

プライベートバンキング　上巻

2012年12月5日　初版第1刷発行
2015年1月5日　初版第2刷発行
2016年6月30日　改訂版第1刷発行
2018年11月5日　改訂版第2刷発行
2019年7月12日　改訂版第3刷発行

編　者 ── 公益社団法人 日本証券アナリスト協会

発行所 ── ときわ総合サービス 株式会社

〒103-0022　東京都中央区日本橋室町4-1-5
共同ビル（室町四丁目）
☎ 03-3270-5713　FAX 03-3270-5710
http://www.tokiwa-ss.co.jp/

印刷／製本 ── 株式会社サンエー印刷

落丁・乱丁本はお取り替えいたします。